爱上历史丛书

宋朝历史一瞥

文盛武衰

葛剑雄
主编

徐洪兴
姚荣涛
著

SPM 南方出版传媒 广东人民出版社
·广州·

图书在版编目（CIP）数据

文盛武衰：宋朝历史一瞥 / 徐洪兴，姚荣涛著；葛剑雄主编. — 广州：广东人民出版社，2021.7

ISBN 978-7-218-14668-3

Ⅰ.①文… Ⅱ.①徐… ②姚… ③葛… Ⅲ.①中国历史—宋代—通俗读物 Ⅳ.①K244.09

中国版本图书馆 CIP 数据核字（2020）第 243235 号

WENSHENGWUSHUAI:SONGCHAO LISHI YIPIE

文盛武衰：宋朝历史一瞥

徐洪兴 姚荣涛 著

出 版 人：肖风华

责任编辑：李力夫
责任技编：吴彦斌 周星奎
装帧设计：安 宁

出版发行：广东人民出版社
地　　址：广州市海珠区新港西路 204 号 2 号楼（邮政编码：510300）
电　　话：（020）85716809（总编室）
传　　真：（020）85716872
网　　址：http://www.gdpph.com
印　　刷：北京彩虹伟业印刷有限公司
开　　本：880mm×1230mm 1/32
印　　张：9.5　　**字　　数**：200 千
版　　次：2021 年 7 月第 1 版
印　　次：2021 年 7 月第 1 次印刷
定　　价：58.00 元

再版前言

本书初版于1997年。这次再版，完全按原版排印，仅根据作者的要求，作了个别文字上的修改。一则不能让钟爱我们的读者误以为是一本新书，一则作者都认为没有重写或全面修改的必要。

为什么写在23年前的旧作不需要改写，就能直接供给读者呢？一方面这是作者的自信，二十余年来自己和读者都没有发现什么讹误不妥之处，自然保持原貌为好。另一方面，这也是历史类书籍的优势——以历史事实为基础，只要这部分正确，就有其长久的价值。所以我在本书的《总序》中说，完成于九百多年前的《资治通鉴》的价值“并没有随着北宋的覆灭而丧失，相反，随着时间的推移，越来越受到历代统治者的重视”。到了今天，你可以不赞成《资治通鉴》所传达的价值观念和它所总结的经验教训，但改变不了它们曾经受到历代统治者的高度重视，也为中国当代政治家所重视的事实。你可以不看书中“臣光曰”的大段议论，但如果要了解历史事实、特别是唐后期和五代期间的史实，就必须读《资治通鉴》。

多年前，师兄周振鹤教授提出“历史是介于科学与人文之间”的观点，我深以为然，并且经常运用演化。一切过去曾经存在的人和事都是客观存在，是事实，研究并复原它们属于科学的范畴，应该只有唯一正确的答案。如果客观条件具备，这一过程完全可以重复，而且可以得到验证。但现存的历史都是后人有意识、有选择的记录，而人的意识和选择属于人文，不必也不可能用科学的标准来衡量。至于人们的历史观念和对历史的评价纯属人文，更不必也不可能找到唯一的标准答案。

我在《总序》中说明，作为普及性的历史书，本书的目的是向尽可能多的读者提供一点历史事实、历史经验和历史智慧。对于历史事实，我们可以根据自己的研究成果，或是吸收他人已有的可靠的研究成果，作如实的叙述。如果不得不涉及至今尚未被揭示的，或存在争议的事实，一般都会加以说明，或者作出自己的判断。对这一部分，如果出现错误，即使是次要的、细节的，也要及时纠正。就在交稿前，有网友在我的微博上指出，我在《汉魏故事》一文中称曹丕为“建安七子”之一是错的。看到后，我颇感意外，曹丕是“三曹”之一，当然不属“建安七子”，但翻到那一页，我当初就是这样写着，二十多年来居然没有发现。要不是那位读者发现并指出，这次再版还会错下去。

但如果是对本书提供的“历史经验”“历史智慧”部分，那基本都属于人文，并没有标准答案，作者与读者之间完全可以有不同的见解和观点，见仁见智，何妨求同或求异！所以这部分就不必修改了。

本书初版时，我和全体作者都属中青年，最年长的我也还不满六十。如今，最年轻的两位作者都已接近我当时的年龄，而作者之一、复旦大学法学院的姚荣涛教授不幸已于2020年6月因病逝世。本书的再版也是对姚教授的纪念和安慰。

葛剑雄于庚子岁末

葛剑雄

总序

北宋元丰七年（1084年）十一月，经过近19年的努力，司马光和他的助手们终于在西京洛阳完成了294卷历史巨著——《资治通鉴》。在呈报给皇帝的表文中，司马光希望这部书能使皇帝"鉴前世之兴衰，考当今之得失，嘉善矜恶，取是舍非，足以懋稽古之盛德，跻无前之至治，俾四海群生，咸蒙其福"。可是不久，继位的哲宗和之后的徽宗辜负了司马光的一片苦心，并没有吸取这部书中所提供的历史经验和教训，更没有赢得"稽古之盛德"和"无前之至治"。就在《资治通鉴》问世后的42年，金朝的大军兵临开封，宋朝失去了半壁江山，连徽宗和他的儿子钦宗都当了俘虏，"四海群生"遭遇的不是福，而是无穷的祸。

但《资治通鉴》的价值并没有随着北宋的覆灭而丧失，相反，随着时间的推移，越来越受到历代统治者的重视。今天，包括《资治通鉴》在内的古代优秀历史著作，依然是值得我们珍视的宝贵遗产。

我们之所以重视《资治通鉴》一类历史著作，一个重要的原因，是它们不仅给人们提供了历史事实，而且明确地表达了作者对历史的看法和他所总结的历史经验。尽管由于时代不同了，我们不会完全同意他们的见解，或者只能将他们的看法作为批判的对象。但有一点是可以肯定的，他们所总结的一些具体的历史经验，具有永恒的价值。

历史发展有其基本的规律，这是不以人们的意志为转移的，是必然的。但任何一个社会发展阶段、任何一个朝代、任何一位君主、任何一个事件，都有其偶然性，不可能都按照某一种具体的规定出现或消失，兴盛或衰亡。在很大程度上，直接影响到这些人或事的，是人事，而不是天命；是偶然因素，而不是必然性；其结局往往千变万化，而不是只有一种可能性。

就拿中国的历史来说，封建社会占了目前我们所知道的历史时期的大部分。如果只研究封建社会的一般规律，只看到这个社会从产生、发展到消亡的大过程，就无法解释各个朝代的兴衰。在封建社会处在上升的阶段，在地主阶级被称为新兴的时期，照样有王朝衰落以至灭亡，而另一个勃兴的新朝并没有摆脱封建社会的特性，另一批成功的君主也不可能不代表地主阶级的利益。为什么同样是封建王朝，有的能持续三四百年，有的却只存在了一二十年，甚至胎死腹中？为什么同样是地主阶级代表，有的君主能开疆拓土，有的却只会割地赔款？有的可以清心寡欲，有的却一定要穷奢极侈呢？为什么在同一个阶级中也有忠奸贤愚，而同样是忠臣，结果却截然不同呢？

我们当然应该特别重视对历史发展总体性和规律性的研究，只有这样，才能把握住历史的大方向，才能对我们的事业有必胜的信心和执著的追求。但这并不意味着可以忽视具体的、一般性的历史经验，因为如果我们不重视这一类经验，我们的追求就未必能取得预期的结果。而且，对个人和一个部门来说，这类经验更具实用性和启发性，更易形成自己的智慧，更易转化为自己的财富。

这套书共8卷，每卷选择一个在中国历史上影响较大的朝代或时期，在该时段中选择一二十个题目，可以是人物、事件、制度、观点、阶段等等，通过具体的史实，提出作者的看法和见解。有时，通过史实的叙述道理已不言自明，作者自然就不必多说了。

我们不是写中国通史，所以只能写每本书涉及的阶段，但也不限于一朝一代，可以兼及前后左右。我们也不是作一朝一代的通史，只是从这一朝代或阶段中选取我们认为意义较大、便于表达而作者又有较好研究基础的题目。见仁见智，在所不免，读者或许会对自己认为重要的题目没有选入感到遗憾，那就只能请大家谅解了。

因为希望我们的书有更多的读者，在每一卷的开始都有一篇概述。这主要是为对该阶段的通史不太熟悉的读者准备的，也是为了使读者能对下面这些题目的相互关系和背景有一定的了解，具有这方面基础的读者完全可以不看。由于每篇都有相对的独立性，尽可以挑自己感兴趣的先看，不必照编排的顺序。我自己看书时常常如此，看了有味道的文章往往会不止看一遍，而不感兴趣或看了开头就乏味的文章从此不再看。当然，作为这套书的主编和作者之一，我还是希望书里的每一篇都能吸引尽可能多的读者。

1999年10月

目录

承上启下
两宋历史概述

在以往许多史家的笔下，宋朝是中国历史上一个糟糕透顶的朝代，它往往与秦朝并称，曰“孤秦陋宋”，与之相对的则有所谓的“炎汉盛唐”。事实果真如此吗？恐怕未必尽然。

有宋一朝，自公元960年迄1279年，历时凡320年。其间，由于北方女真族建立的金国南侵，宋朝又有了“北宋”（960—1127年）和“南宋”（1127—1279年）之分，前者以东京为国都，后者以临安为京城，所以人们一般又称宋朝为“两宋”。

宋朝从“陈桥兵变”而“黄袍加身”的开国皇帝赵匡胤（宋太祖），到由陆秀夫背负投海而死的末代皇帝7岁的赵昺（因无庙号而习称“帝昺”），前后共经历了18个皇帝，北宋、南宋恰好各占其九。如：弟即兄位，而其即位的合法性成为千古之谜的赵匡义（后改名赵光义、赵炅，即宋太宗）；与辽国签订“澶渊之盟”，并伙同道士们一起伪造“天书”的赵恒（宋真宗）；锐意改革，“思除历世之弊”的赵顼（宋神宗）；不乏艺术天赋，但在政治上却极其昏庸，后来沦为金国俘虏的赵佶（宋徽宗）；侥幸成为南宋的建立者，但却不思进取、苟且偷安的赵构（宋高宗）；以崇奖理学而出名的赵昀（宋理宗）；年仅6岁就被蒙古军队俘去元朝大都、后出家为僧的小皇帝赵㬎（宋恭帝）等。

宋朝并不是一个大一统的王朝，在其存续的320年间，北部和西部先后有契丹族建立的辽国、党项族建立的西夏国、女真族建立的金国，以及后来蒙古族建立的元朝等政权，与之先后对峙共存。辽、金统治者常称宋为“南朝”，而宋则称它们为“北朝”，可以说，这是中国历史上又一个南北分裂的时期。元朝人在编写前代历史时，《宋史》《辽史》《金史》三部正史并列，这基本上反映了当时中国境内的实际情况。

在以往许多史家的笔下，宋朝是一个糟糕透顶的朝代，它往往与秦朝并称，曰“孤秦陋宋”。与之相对的则有所谓的“炎汉盛唐”，即汉朝和唐朝。事实果真如此吗？恐怕未必尽然。但既然有此一说，总有其一定的道理，所以，我们就先来说说宋朝的“陋”。

一

有宋一朝之所以会颇受鄙薄或非议，被冠以“陋”字，我们以为不外有两点：一是军事上的孱弱无力，在外族的入侵面前屡战屡败，北宋、南宋均亡于外族之手；二是政治上的因循苟且，“冗兵、冗官、冗费”，而稍有点作为的政治改革，结果都归于失败。造成以上情形的原因，当然可以找出不少，但主要的却是与宋初最高统治者的立国政策密不可分。

公元960年，后周大将、殿前都点检赵匡胤，利用周世宗去世，主幼国疑，假报军情，发动“陈桥兵变”，“黄袍加身”而成了宋朝的开国皇帝。

可是，赵匡胤所得到的这份政治遗产，实在很难恭维，说它内外交困也决不为过。因为，就对外而言，后周所统辖的境土十分狭小，在其北方，不但有强大的契丹（辽）虎视眈眈地觊觎着“南朝”，在太原一带还有一个在契丹卵翼之下的北汉政权；在长江上下游及其附近地区，则有四川的后蜀、江陵的南平、湖南的楚、杭州的吴越、金陵的南唐；还有广东的南汉、福建的闽。这些割据政权，可以说是中唐以来藩镇割据局面的延续。对内而言，赵匡胤夺取后周天下之时，所接收的实际上也只是一个烂摊子，即使不算那些怀有二心的原后周节度使，如李筠、李重进之流。就这个政权本身来说，它所承继的是五个短命的王朝。在短短的53年时间里，朝代如同走马灯似的更替了五个，而皇位也像轮流坐庄一样换了八个姓氏。这种“似翻鏊上饼”的格局，之所以愈演愈烈，无不与手握重兵的地方藩镇（节度使）的内部篡夺相关。所以，宋太祖登基之后，一方面积极筹划南征北战的统一大业；另一方面，则必须时时处心积虑地思考，如何才能消除以往那种恶性循环的政治局面，彻底解决这个关乎赵宋王朝长治久安的大问题。

在对外统一方面，赵匡胤还是比较成功的。他根据当时所面临的实际形势，制定了“先易后难”“先南后北”的基本方针。他花了13年的时间，解决了南方的9个割据政权。他的弟弟——即位的宋太宗赵光义，又花了3年的时间，灭掉了北汉。到公元979年，除了被后晋割给契丹（辽）的燕云十六州还在辽王朝的控制之下，边疆地区还有西北的高昌、龟兹，西南的大理、吐蕃等之外，原来的“五代十国”已全部归并到了唯一的中原王朝——宋朝的版图之中。由此，自唐代“安史之乱”以来，中国内地延续了二百余年之久的割据状态得以结束，重新出现了统一的中央集权国家。

在对内根除篡夺权位方面，赵匡胤做得也相当成功。即位后不久，他就相继解除慕容延钊、石守信等人统领禁军的兵权，让其为地方节度使。从公元963年起，赵匡胤开始用文臣来管州事。对原后周拥兵的异姓王和带相印的大藩数十人，赵匡胤或借故把他们调迁，或遥领他职，或在他们死后不再让其子孙袭职。并且，逐步任命新的文臣来替代旧的武将。各国统一后，太宗赵光义继续以文臣换充武将，并利用内臣即宦官领兵或充监军，以挟制将帅。在收缴武将兵权的同时，宋初皇帝又对兵制进行了重大的改革：

首先，对禁军采取了汰老弱、充精壮的强化措施，这既强化了中央禁军，又削弱了地方的兵力。

第二，对禁军实行“内外相制”，即一半兵力驻扎在京师，另一半分驻各军事要地；用京师的禁军足以对付分驻各地的禁军，调集各地的禁军则又能抗衡京师禁军。

第三，设置“殿前都指挥使”“步军都指挥使”和“马军都指挥使”，三官合称“三帅”。他们只分别负责部分禁军的管理和训练，无权调遣所部禁军。禁军的调遣权名义上归枢密院，而枢密院作为最高军事机关，直接向皇帝负责，所以实际上只有皇帝一人可以调遣禁军。如果禁军外出作战，就由皇帝临时派遣将领作为统帅，并且由皇帝亲自制定作战方案，有时甚至还会直接授予作战的“阵图”，带兵将领不得随意更改，而不管这个“阵图”是否符合当时战场上的实际情况。

第四，禁军将领由朝廷直接任命，经常被调任，遇有战事统兵将领是临时委派的。另外还定出“更戍法”，把禁军派往外地，每三年一轮换。造成“兵无常帅，帅无常师”“将不识兵，兵不识将”“不使上下人情习熟”，不让将领与士兵建立起牢固的感情。

第五，把对地方军——厢军、乡兵和蕃兵的指挥权收归各州，节度使成为无权的虚衔。这样的军事体制，使禁军将领和地方藩镇都无力发动“黄袍加身”的兵变。

武将这个最棘手的难题解决了，接下来要解决的是从中央到地方政府的体制问题。宋初最高统治者采取的措施是：

一是分散文臣之首宰相的权力。宋代的最高行政机构是“中书门下”，首脑称“同中书门下平章事”，简称“同平章事”。其副手称“参知政事”，就是副宰相。在编制上，宰相没有定员，一般都有数人。宰相的权限仅限于管理行政事务。最高军事机构是“枢密院”，首脑为“枢密使”或“知枢密院事”，其副手称“枢密副使”。枢密院掌管军事政令，调动军队。宰相与枢密使，一文一武，互不通气，分别对皇帝负责。地位仅次于这两者的是“三司”，掌管国家的财政。其最高长官是“三司使”，由于其地位特殊，所以又被人习称为“计相”。

二是强化对官吏的监督。宋代的中央监察机构，有职责完全相同、却分别独立的两个：一为“御史台”；一为“谏院”。其职责就是纠察、弹劾包括宰相、枢密使、三司使在内的各级官员。皇帝还特许这两个独立的监察机构的官员可以“风闻言事”，即使检举错了也不受什么严厉的处罚。

三是以“内制”限制“外制”。宋代还继承了唐代皇帝培养扶植体制外势力的一些做法，如选一部分翰林学士作为顾问参与决策，称作“内制”。“内制”经常绕过外面的政府机构，以突如其来的方式宣布某些措施或任命等，目的无非在于制约作为常规政府机构的外朝。

四是强化对地方的控制。在地方官设置上，同样是围绕着加强中央集权这个基本原则展开的。以设立大行政区“路”取代唐代以来节度使兼辖支郡的旧制。下面分设转运使司、提点刑狱司、安抚使司，后来又加设了提举常平司。地方诸司的职权完全分立，起到彼此制约的作用。此外，漕司、宪司、仓司又有监察州县地方官的职责。地方实质性行政机构是州（府、军、监）、县两级制。州、县的长官由中央任命，称之为“知某州事”“知某县事”，当地人不能在当地任官，地方官一般三年一换。在各州还设置了“通判官”，通判由朝廷直接派遣，有权与知州共同处理州事，并监督知州的行动，直接向朝廷方面报告情况，各州的公文必须要有知州和通判的联合署名，方能生效。

五是创设极其复杂的官制系统。宋代的官制系统是“名”

与“实”相分、“职”与“权”相分的，有“官”“职”“差遣”之别。“差遣”是真正意义上的职务，但在性质上又属于临时的，所以称之为“知……”“判……”“权……”，意即可以随时调换。总之，宋初的皇帝为了不让甫建的王朝重蹈五代覆辙，为了确保赵姓江山能长久存在下去，所以就“以防弊之政，为立国之法”（王夫之语），多管齐下，“兵也收了，财也收了，赏罚刑政一切收了”（朱熹语）。而其结果：“君弱臣强”“外（地方）重内（中央）轻”的弊病及兵将联手兵变的危险是被消除了，但代价是大大削弱了军队的战斗力，这成为以后宋朝对辽、对西夏、对金及对蒙古的战争屡战屡败的重要原因之一。另外，专制主义的中央集权得到了前所未有的强化，一切权力都集中到了皇帝个人的手中，但同时也形成了名实分离、叠床架屋，滥官充斥、工作效率低下的庞大的冗官体制。

二

北宋王朝建立后，赵匡胤曾先后两次进兵攻打太原的北汉政权，但都因辽国的干预而失败。公元979年，宋太宗消灭了北汉，便想乘胜移师河北，一举收复“燕云十六州”之地。宋辽军队在高粱河决战。结果宋军大败，宋太宗自己也身中两箭，乘着驴车逃回开封。三年以后（982年），辽景宗去世，12岁的辽圣宗即位，政权由其母后萧太后控制，宋太宗认为辽国“主幼国疑”，有可乘之机，于是，在公元986年（雍熙三年），宋军兵分三路大举攻辽，结果在岐沟关一役又遭惨败。宋军的这两次大败，除了指挥者失误之外，还有两个因素，即一方面与当时辽国的军事力量强悍有关，另一方面则与宋军本身的素质有关。

北宋主动攻辽两次大败以后，便放弃了以武力收复“燕云十六州”的打算，确立起“守内虚外”的基本国策，只在河北平原上与辽国对峙。反过来，连连获胜的辽国，见北宋软弱可欺，开始采取步步进逼的攻势，不断派兵南下掳掠。公元1004年，萧太后、辽圣宗率20万大军南侵，一路攻城略地，深入到黄河北岸的重镇澶州城下。在寇准等人的坚持下，宋真宗不得不御驾亲征，赶往前线督师以振士气。最后宋辽订立城下之盟，以宋朝每年向辽输纳银10万两、绢20万匹的“岁币”达成和议。

当北宋王朝正在为北方强大的辽国大伤脑筋之时，西部边境也开始不太平了。公元1038年，党项族的元昊称帝，在今宁夏的银川建立政权，国号“大夏”，史称“西夏”。次年，元昊发动了对宋的掠夺战争，宋军屡败，直到宋廷派出范仲淹、韩琦负责西北战事，才基本上阻止了西夏军队的侵扰。由于西夏的国力远不如辽国，很难对宋取得实质性的军事胜利，党项族百姓也因战争不断而日趋困苦。于是宋夏和议。元昊取消帝号，宋封其为“夏国主”，每年送给西夏银7.2万两、绢15.3万匹、茶3万斤，双方重开互市。北宋又一次以妥协换取了边境的和平。

到了北宋中期，宋初确立起来的、旨在强化中央专制集权的那一套制度和措施，此时已经开始走向其反面。各种社会矛盾发展到了相当尖锐的地步，外患内忧接踵而来。外有西夏的入侵，辽朝的勒索；内则官僚机构庞大臃肿，官吏们苟且偷安，民变、兵变纷起，自然灾害不断，国家财政拮据。总之，北宋王朝遇到了立国以来从未有过的统治危机。

当时已有所谓的“三冗”之说：一是“冗兵”。为了应付边患，宋军的数量一增再增，从宋太祖时的20万，到宋真宗时的43万，再到宋仁宗时的82万，加上地方厢军，全国共养兵达125.9万，军费开支也随之直线上升，但数量并不能代表质量，故曰“冗兵”；二是“冗官”。为了强化皇帝权力，牵制各级官吏，造成官僚机构重叠、官制混乱、官吏泛滥，宋仁宗时期的州县地方官已比宋初增加了四倍多，所以当时就有人说：“自古滥官，未有如此之多。”官一多，官俸的支出自然就多，但工作效率却并不与之成正比；三是“冗费”。巨额的兵饷和官俸已使国家的财政难以承受，还要加上皇室的奢靡、对外屈尊的“纳币”“岁赐”等等，使国家的财政收支从初期的盈余大半，演变为中期的小有盈余、收支相抵，乃至出现财政赤字。

然而兵多不足保边，官多不能治国，费多蚕食国力，转嫁危机引起“民变”。于是，从真宗朝开始就有少数有识之士发出革除弊政、挽救统治危机的呼声，最后形成仁宗朝范仲淹主持的“庆历新政”，及神宗朝出现的“王安石变法”。

范仲淹的“庆历新政”，主要是想解决当时日益腐败的吏治。他不敢去触动中央集权极端化这个危机的真正根源，只是把由这一根源所带来的某些结果作为其改革的对象。在那份作为“新政”纲领的《答手诏条陈十事》中，最实质性的内容就是通过整顿吏治来巩固宋王朝的统治。即使如此，也触犯了一大批既得利益者，于是谤议蜂起，在严防“朋党”的一片喧嚣声中，“新政”不到一年即告夭折。

“庆历新政”失败了，前面提到的那些矛盾并未得到解决，于是一场比庆历新政规模要大得多、追求富国强兵的改革运动——王安石变法，于公元1069年在年少气盛的宋神宗的支持下拉开了帷幕。王安石变法的内容十分广泛，牵涉国家的经济、政治、军事、文化、教育各个层面，有均输法、农田水利法、青苗法、募役法、方田均税法、市易法、将兵法、保甲法、保马法、军器监等，还设立了“经义局”，对部分儒经重新注释，在太学实施“三舍试升法”，科举考试罢诗赋、帖经、墨义，专考策论和大义等。王安石的变法，遭到了以司马光为代表的一批元老重臣的强烈反对。但他顶着反对浪潮，坚定地进行变法，还提出了“天变不足畏”“祖宗不足法”“人言不足恤”的“三不怕”原则。“新法”的实施，在一定程度上收到了效果，国家的财政收入有所增加。但“新法”也存在一些弊端，尤其是一些执行“新法”的官吏趁机敲诈勒索百姓，给反对变法者提供了口实。又由于宋神宗支持王安石的决心不大，变法派内部也发生了分裂。公元1085年，宋神宗去世，不满10岁的哲宗即位，朝政落入祖母高太后手中。高太后是一个积极的反变法派，她重新起用司马光为相，尽废“新法”，王安石变法也宣告失败。

王安石变法失败了，北宋王朝这辆破车依旧沿着崎岖不平的古道颠簸下去，愈发地破败不堪。而在此时，一个比契丹、党项更落后且更强悍善战的民族——女真族，在东北的白山黑水之间悄然崛起了。公元1115年，完颜阿骨打统一了东北女真各部后宣告建立奴隶制政权，国号为“金”。金国建立后马上展开了对辽国的大规模进攻。而此时的辽国，契丹族受汉文明的影响已深，已经从游牧为主变为以农耕为主，封建化进程的加速使得统治集团更加腐朽，所以在与金国交战时变得不堪一击。当时的北宋也想乘机收复“燕云十六州”的失地，所以就与金国南北夹击攻辽，并许诺将原先给辽国的“岁币”转给金国。辽军在与金军的作战中虽屡战屡败，但对付宋军还是绰绰有余。所以当金兵灭掉了辽国，金朝统治者从北宋对辽作战的无能中，看到了宋军的孱弱，于是在金兵攻占辽国首都燕京后，就提出要在“岁币”之外另加 100 万贯“代税钱”，并且在灭辽后不久就发动了对中原的侵略战争。公元 1126 年，金军渡过黄河，直逼北宋首都开封。当时的皇帝宋徽宗慌忙将帝位传给皇太子赵桓（宋钦宗），自己逃往南方。金兵向求和的宋钦宗提出了巨额“犒军费”、割地、扣押人质等非常苛刻的条件，无能的宋钦宗在一些投降派大臣的怂恿下，打算接受。但在一些主战派大臣和广大百姓的强烈反对下，才未接受，此时各地勤王的援兵已陆续赶到，女真族恐后路被切断，没待勒索足够数额就匆匆北撤。于是，宋徽宗又回到了开封，过起与以往一样的腐朽生活。但时间未过半年，金兵又卷土重来。公元 1127 年，开封城被攻陷，徽钦二帝及亲王、大臣、后妃、贵戚等 3000 余人被俘虏，连同朝廷的法物、礼器、祭器、天下州府图、文籍、浑天仪、针灸铜人、漏刻等各种珍宝古器，一起被押往金国。北宋就此灭亡。

三

就在北宋灭亡的同一年，宋徽宗的另一个儿子康王赵构，在南京应天府即位，是为宋高宗，改元“建炎”，史称南宋。宋高宗一上台，一度摆出抗金的姿态，起用李纲、宗泽等抵抗派大臣。但不久宗泽即被解除宰相职务，一些在河北、河东的抗金义军也被勒令解散。公元1128年，金兵分三路南下，其中一路攻下徐州，渡过淮河，直逼扬州。宋高宗退到杭州，金兵又打过长江，进逼杭州，他只能退到浙江宁波的海上。金兵无法下海追击，在杭州等地掳掠一番后北撤，在黄天荡被韩世忠的军队阻截了48天才脱身。此后金兵不再渡江，宋高宗得以回到杭州，从此在杭州定都，称为“临安”。

南宋政府在临安安顿下来后，出现了几个有名的抗金将领，岳飞是其中最著名的。岳飞的“岳家军”从金兵手中夺回了建康，制定了“连结河朔”的战略方针，击败了甘当“儿皇帝”的刘豫伪齐政权，收复了长江以北不少失地，尤其是“郾城大捷”中大败金兵主力金兀术（宗弼），这令金兵感到震惊，称“撼山易，撼岳家军难”。经过长期的战争，金国的精锐部队大大削弱，实际上已无力消灭南宋，于是提出和议，但首要条件是杀掉岳飞。宋高宗与投降派宰相秦桧，以“莫须有”的罪名害死了岳飞。公元1141年（绍兴十一年），宋金签订“绍兴和议”，南宋向金称臣；宋金以东起淮河，西至大散关为界；宋每年向金纳贡银25万两，绢25万匹。此后南宋王朝就苟安于南方，中原地区全部为金国掌控。

公元1161年（绍兴三十一年），金国宗室海陵王完颜亮发动宫廷政变，杀金熙宗夺取皇位。完颜亮激赏北宋柳永《望海潮》词中描写杭州“市列珠玑，户盈罗绮”，“有三秋桂子，十里荷花”的佳句，又看到画工所画“临安图”的富丽，决心再一次南下侵宋。这时主战派在南宋朝廷占了上风，于是在淮河、长江沿线组织抗击。完颜亮不顾金国内部后院起火，决心渡过长江，在采石矶遭到以虞允文为首的宋军顽强抵抗，完颜亮渡江失败，部下反叛，杀了完颜亮。金兵的这次侵宋以失败而告终。

击退完颜亮南侵后，宋高宗以“年老倦勤”而传位给宋孝宗。孝宗即位后想有一番作为，起用坚决抗金的张浚为枢密使，负责江淮军事，并准备北伐；为岳飞的名誉平反；驱逐朝中的秦桧余党等。但北伐没有成功，恢复中原的机会从此失去。不过，经此变故，宋金达成新的和议，史称“隆兴和议”。宋金的边界虽未变化，但宋金关系由“君臣”变为“叔侄”，所纳钱、绢也减少了五分之一。这以后，宋光宗即位，政事荒废。在太皇太后与赵汝愚、韩侂胄等人的干预下，强迫光宗退位，宋宁宗继立。韩侂胄掌权，又展开北伐，史称“开禧北伐”。但他所用非人，措置失当，北伐失败。宋金又开和议，先决条件是杀掉韩侂胄。韩侂胄自以为策立宁宗有功，颇为骄横，不得人心，随后，礼部侍郎史弥远等密谋杀了韩侂胄，其首级被送往金朝。公元1208年，宋金达成“嘉定和议”，边界虽还维持原状，但“岁币”的数量却大大增加了。

历史似乎是在重演。当女真人取代契丹人获得中国北疆的统治权，进而又南下中原建立征服王朝之时，一个新的骑马民族——蒙古族，在漠北草原上迅速强大起来。当初金国怎样对待辽国的，现在蒙古也怎样对待金国。从公元 1211 年到 1214 年，成吉思汗向金国展开了大规模的进攻。金兵不是蒙古铁骑的对手，金国 90 余郡被破，黄河以北大部分地区落入蒙古人之手，并包围了中都。金宣宗遣使献上贡物求和，蒙古军这才撤走。女真人在领略了蒙古骑兵的威力之后，自知不敌，便放弃中都，迁到原来北宋的京城开封。好在成吉思汗此时的兴趣已开始转向西方，蒙古军主力西侵中亚，金国才没有马上灭亡。

公元 1227 年，成吉思汗病死于甘肃六盘山。此时中国边境上的西夏、畏吾儿等都已在蒙古人的统治之下。蒙古人接下来的目标首先就是中原的金国了。和辽朝统治者一样，女真贵族在进入中原几十年后也迅速地腐朽没落，除了生活日趋骄奢淫逸之外，还残酷压榨各族人民。他们因东北故土和黄河以北征服地区的丧失，就想"南窥江汉"，夺南宋之地来做补偿。但此时的女真军队已不能与上一世纪同日而语，虽然宋军总体上仍不如金军，但大举进攻也十分困难，只夺得边境上的一些城镇，最后对南宋的侵略也不得不停止。当窝阔台继为蒙古大汗以后，发动了对金的猛烈进攻。南宋趁机与蒙古联手，共同向金进攻。公元 1234 年，金国在蒙古和南宋的联合打击下灭亡了。

金灭亡之后，南宋也已岌岌可危。然而从公元 1235 年至 1279 年，南宋还是维持了 45 年的时间，这其中的原因，一是南宋军民寸土必争的奋力抵抗；二是蒙古内部出现了争夺汗位的内讧。到忽必烈夺得汗位，并于 1271 年迁都燕京（后改名大都），建国号为"元"以后，对南宋的进攻到了最后时刻。公元 1276 年，蒙古军队攻陷临安，俘虏了恭帝和谢太后及宗室、官员等而去。宰相陈宜中逃出，与张世杰、陆秀夫等拥立益王赵昰，是为宋端宗。两年后，端宗病逝，文天祥、陆秀夫等又立其弟卫王赵昺为帝，在广东一带艰难地支撑着。公元 1279 年，元军从海陆两路发动进攻，文天祥在潮阳战败被俘，张世杰的水军亦败。崖山四面被围，陆秀夫见一点希望也没有了，于是背负小皇帝毅然蹈海自尽。南宋灭亡。

四

国运维艰的宋王朝，从开封到临安，前后持续了 320 年，两度亡于外族之手，这是人们认为宋朝“陋”的主要原因。

后世许多论者，往往把两宋军事孱弱，对外族入侵屡战屡败，最后亡于外族，简单地归咎于宋初强干弱枝、右文抑武等强化中央集权的基本国策。上述看法有一定的道理，但问题在于，中央集权的强化与国势的孱弱并无必然联系。考诸历史我们可以发现，在中国历史上，真正称得上武功显赫、使周边民族臣服的时代，往往都是中央集权统治十分巩固之时，如秦始皇、汉武帝、唐太宗当政时期。所以，对两宋军事之弱，我们不能仅仅把眼睛盯在汉族政权的一方，同时还应该认真地考察与宋政权对峙的诸少数民族政权的特点和力量。

在我国古代，内地农耕社会与周边少数民族——主要是西部、北部的游牧或狩猎民族，我们一般称之为“骑马民族”——之间时有冲突。这种冲突，固然不乏中原王朝为炫耀上国的武威、开拓更大的疆域而引起的，但更多的却是“骑马民族”的军事力量侵入中原农耕文化圈所造成的，这与这些民族特定的生产方式和生活方式有很大关系。恶劣的自然环境的逼迫、内地农耕社会巨大财富的吸引、落后社会制度所固有的掠夺性和野蛮性，这一切驱使着西北少数民族不断南侵。此外，这些民族在长期的社会生产和生活实践中培养起来的民族特性、社会组织形式等因素，使他们在冷兵器时代的战争中往往处于军事上的优势地位。这一切，都为其南侵创造了条件。

另外还有两个必须重视的重要因素：

其一，是对战略要地的把握问题。由于古代中原的主要战争威胁，是来自蒙古高原和东北的少数民族，所以历代中原王朝都把其核心防线设在北方。而历代统治者总是不惜耗费巨大的人力、物力来修筑或加固万里长城，也是出于这方面的考虑。在中国古代，长城不仅是一条军事防御线，也是一条自然与经济、民族的重要分界线。而长城南北的带状地区，则成为古代骑马民族与中原王朝的主要交战地带。其中争夺最激烈的地区，不外乎是河套平原、河西走廊、辽东地区，及华北地区所谓的“燕云十六州”。这几个战略要地一旦落入骑马民族之手，中原王朝的边境就不得安宁，腹心地带的安全也会受到威胁。然而，就是在两宋时期，以上的这些战略要地都不在中原王朝的掌握之中。尤其是“燕云十六州”的丧失，中原实际已无险可守，这就给契丹、女真、蒙古等骑马民族的南下，提供了极其有利的条件。于是，民族战争在两宋300年间一浪高过一浪，也就不是什么太奇怪的事了。其二，是南侵外族内部的情况，即外族本身的强弱对中原王朝也是至关重要的。如唐太宗对突厥用兵之所以能成功，固然与当时中原的强盛有关，但还有一个重要原因，那就是此时的突厥已过了其强盛期，分裂为东西两部，且其内部还有颉利可汗与突利可汗之间的矛盾。北宋初期，它所面临的是代突厥而起的强大而又统一的契丹，是在其全盛时期；代辽国而起成为北宋强敌的金国，也正好处在女真族历史上的鼎盛时期；至于南宋后来面对的由蒙古人建立起来的元朝，又比以前的金、辽更为强盛。更何况，这三者都是深受汉文明影响、模仿汉制建立起完整的封建政权体制、已学会运用先进武器（如攻城的火器）的骑马民族，而非以往那些原始、单纯的游牧或狩猎民族。

所以，从某种意义上说，宋朝统治者采取“守内虚外”的国策，也有其无可奈何的一面，至少在宋朝立国之初，他们不是不想收回失地，而是实在没有能力收复失地，以后则变成一种恶性循环。

另外，两宋时期，政治上的弊病虽然不少，但也并非一无是处。如当时的中央集权统治还是比较开明的，绝不比历史上其他朝代更“陋”。如宋太祖曾立有“不杀士大夫及上书言事人”的“祖宗家法”，后来嗣君基本都能遵循。所以，宋代的士大夫以敢说话而闻名于史，尤其是敢于批评现实政治，批评皇帝。在两宋 300 多年里，没有出现过如汉、唐、元、明、清那样大规模的农民起义；也没有出现过如汉、唐、明那样外戚或宦官专权的统治阶级的内乱。这些情况，在中国历史上都堪称鲜见，这与两宋的文官政治有一定关系。

五

一些人喜欢用“积弱积贫”“冗官冗费”这类套话来形容宋朝的状况，这实际是知其一而不知其二。有宋一朝，还有为其他朝代所没有的优势，那就是两宋经济的繁荣和文化的昌盛。

宋朝国内的政治统一，为社会经济的恢复和发展提供了一个安定的环境，而“守内”政策又为进一步优化这个环境提供了有利条件。无论是农业、手工业，还是国内商业、对外贸易，宋代都有长足的发展。从唐代开始，我国南方的经济发展已领先于北方，到了宋代，南方经济的持续发展就远远地超越了北方。当时，经济最发达的地区在东南即长江三角洲、宁绍平原地区，那里的经济发展状况已经到了足以影响全国经济形势的地步，所以时谚有“上有天堂，下有苏杭”“苏湖熟，天下足”的说法。

宋代农业生产发展的重要标志，一是耕地数量的增加；二是耕地质量的提高；三是耕作制度的改进；四是耕作技术的提高；五是经济作物产区的出现和单产的提高。宋代手工业也比前代有了很大的发展。宋代手工业的新特点是各个行业的规模扩大，分工细密，生产技术和产品数量质量都有所提高，并出现了一些专业性的著名城镇。在农业、手工业发展的基础上，加上政治统一、水陆交通的便利，以及国家对轻商、抑商政策的修正，又促进了宋代商业的空前活跃。宋代商业的发达主要表现在：城市的迅速发展，百万居民以上大都市的出现；对外贸易十分活跃，除与周边地区的互市外，海上对外贸易发达成为特色之一；商品经济的发展刺激了货币流通的发展，纸币在宋代尤其是在南宋，成为主要的流通手段。

至于两宋时期的文化，更值得大书特书。深契于魏晋南北朝隋唐历史的史学大师陈寅恪先生，曾说过一句话：“华夏民族之文化，历数千年之演变，造极于赵宋之世。”（《金明馆丛稿二编》第245页）在陈先生看来，赵宋的文化繁荣显然超过了他所熟知的李唐。而宋史研究大家邓广铭先生认为：“宋代文化的发展，在中国封建社会历史时期之内达于顶峰，不但超越了前代，也为其后的元明之所不能及。”（《宋代文化的高度发展与宋王朝的文化政策》，《历史研究》1990年第1期）邓先生之语则指出了即便宋以后出现的封建王朝，在文化上也难以企及两宋。这都是很有根据的论断。

由于宋代确立了“右文抑武”的基本国策，使得大量读书人通过科举考试进入社会上层，从而逐渐构成了一个包括皇帝在内的，上自朝廷重臣、下至各级官吏，再延伸到地方乡绅的庞大的有文化教养的阶层。在言论相对自由的社会氛围和文化事业相对发达的条件下，这批人讲学论道，著书立说，热心于文化事业发展，促进了宋代文化的勃兴。

宋代文化的昌盛，表现在各个领域：

在哲学方面，两宋时期，学者众多、学派林立，一部《宋元学案》，所收录的人物百分之九十五是宋代的。而如胡瑗、孙复、石介、范仲淹、欧阳修、周敦颐、李觏、邵雍、张载、二程、王安石、司马光、三苏、胡安国父子、杨时、郑樵、吕祖谦、张栻、朱熹、陆九渊、陈亮、叶适、文天祥、王应麟等等，都是人们耳熟能详的。至于学派，举其荦荦大者而言，就有“濂学”“洛学”“关学”“荆公新学”“蜀学”“朔学”“象数之学”“中原文献之学”“永康之学”“永嘉之学”“闽学”“心学”“湖湘学”等等。两宋哲学的主流是“理学”，理学的出现，标志着传统的儒家思想在新的历史条件下完成了更新的任务，重新成为中国的主导意识形态。宋代理学的内部尽管十分复杂，可以分为理论及实践的几个不同派别，但它们具有一些共同的性质和特点，共同承担并体现了这一时代的民族精神。这些特点包括：一、以不同方式为发源于先秦的儒家思想提供了宇宙论、本体论的论证；二、以儒家的圣人为理想人格，以实现圣人的精神境界为人生的终极目的；三、以儒家的仁义礼智信为根本道德原理，以不同方式论证儒家的道德原理具有内在的基础；四、为了实现人的精神全面发展而提出并实践各种“为学功夫”，即具体的修养方法。

在文学方面，宋代的文学在中国文学史上有其独特地位，人们通常用“宋词”来涵盖这一时期的文学主流。此说虽点出了宋代文学最有成就的一个方面，但却流于太简，缺漏不少。实际上在文、诗、曲、小说、戏剧等方面，宋人的成就也是相当高的。如唐宋散文八大家，其中宋人就占了六席，欧阳修、王安石、苏东坡的文章，决不在韩、柳之下。而宋诗之美，在清瘦，在义理，在意态。这些方面中国文学史著作所论很多。而引发后世新的文学样式的小说与戏剧之雏形，也是在两宋时期出现的。

在史学方面，宋代的史学也相当发达。在官修史书中，有

“起居注”“时政记”“日历”“实录”“会要”“国史”等类别，这些类别都有专职的机构负责。但宋代史学的成就，主要是体现在私家著述的质量及其创立的体裁方面，这至少表现在三个方面：一是编年体史书的质量很高；二是当代史的研究发达；三是史学体裁的创新。如在史学体裁创新方面，司马光在编写《通鉴》时，首先把有关资料编成“长编”，最后又把没有采入正文的内容或奇异记载，编成另册，名之为《考异》，与《通鉴》并行。这在中国历史编纂学上，开创了一种新的而且是很好的方法和体裁。其他如袁枢创立的“纪事本末体”，朱熹的“纲目体”等。

在教育方面，宋代的教育事业之兴旺发达、教育的普及程度之广泛，在中国古代史上都具有很特殊的地位。当时，无论是中央还是地方，学校教育受到了统治者的高度重视。整个北宋时期，在政府组织下的大规模的“兴学”活动就出现了三次：一是宋仁宗庆历年间的太学兴建；二是宋神宗熙宁、元丰年间的太学“三舍法”实施；三是宋徽宗崇宁年间的“三舍法”向州县学推广。宋代教育事业通过这三次大规模的发展而进入繁荣期。此外，私学方面在两宋也发展迅速，各种书院以及蒙馆、乡校、村学、私塾、冬学等启蒙学校遍布全国。重视知识、重视文化乃至“尚文”精神，成为一种社会风气。

在图书的收藏、编订、刊刻、整理等文化事业方面，两宋也出现了“郁郁乎文哉”的景象。当时，国家和私人的藏书丰富，整理精当。政府专门组织大型书籍的编修。尤其值得称道的是图书出版事业的兴旺发达。宋代是我国雕版印刷的黄金时代，而且还有活字印刷的发明和应用，这为大量刊刻图书提供了物质条件。伴随着社会经济和文化的发展，社会风气普遍尚文，所以两宋的刊刻书籍呈现出空前繁荣的局面。所刻书籍涉及各个领域，如儒佛道三家的经典、历史、天文、地理、农工、医药、诗文词集、小说、民间必用书籍、前人及当代人的著作等等，应有尽有。刻书机构遍布全国，除了有官刻、家刻（私刻）和坊刻三大刻书系统外，还有寺院刻书、道观刻书、祠堂刻书等等。由于书籍的大规模刻印和流通，以至于刻书和卖书成为两宋新兴的行业。而书籍的大量增加，又反过来促进了两宋文化的发展。

至于宋代文化中的其他方面，如金石、书法、绘画、音乐、舞蹈等等，也都可圈可点。但还有一个方面却万不能忽略，那就是两宋时期科学技术的高度发达。

中国自隋唐至两宋600多年间，是我国古代文化发展的一个高峰。但就科学技术而言，真正发达的时期是在两宋而不在隋唐。相比而言，隋唐时期的人文文化堪称发达，而科学文化却黯然失色，人文与科技之间处在一个不平衡的状态之中。但在两宋时期，这两方面则处在一个比较平衡的状态中。《中国科学技术史》作者、英国著名的汉学家李约瑟博士曾对此作过比较，他认为："对于科学史家来说，唐代却不如后来宋代那么有意义。这两个朝代的气氛完全不同。唐代是人文主义的，而宋代则较重于科学技术方面……每当人们在中国的文献中察考任何一种具体的科技史料时，往往会发现它的主焦点就在宋代。不管在应用科学方面或在纯粹科学方面都是如此。"

两宋时期，在整个社会经济、文化全面发展的推动之下，科学技术也得到了长足的进步。两宋的科技成就，不仅成为我国古代科学技术史上的一个高峰，而且在当时世界范围内也居于领先地位。别的且不说，就对整个人类文明发展产生重大而深远影响的我国古代四大发明，其中的三项——活字印刷、火药、指南针——就是在两宋时期完成或开始应用的。讲到两宋科学技术时，人们还常常提到沈括及他的《梦溪笔谈》。如李约瑟博士把沈括誉为“中国整部科学史中最卓越的人物”，而他的《梦溪笔谈》则是“中国科学史上的坐标”（《中国科学技术史》第 1 卷）。

然而，两宋时期的科学技术成就，决不仅仅是三大发明、沈括及其《梦溪笔谈》。如数学方面，两宋时期可谓在中国古代以筹算为主要计算工具的传统数学的发展过程中，达到了登峰造极的地步，在许多方面都取得了极其辉煌的成就，这些成就都远远超过了同时代的欧洲。如高次方程的数值解法要比西方早了近 800 年，多元高次方程组解法和一次同余式的解法要比西方早 500 余年，高次有限差分法要比西方早 400 余年，等等。贾宪、秦九韶、杨辉等数学家，堪称中国数学发展史上的杰出代表。至于天文学、物理学、化学、地学等等，两宋的成就也令人瞩目。

总之，有宋一朝，武运、国势的萎弱，与经济上的繁荣、富庶，文化上的昌明、发达，形成极其鲜明的对照，貌似不和谐地并存于一体，这可以说是两宋历史的最大特点之一。有人甚至把这一特点称之为“宋代文明之谜”，以为比古希腊文明“更难于解说”（详见景戎华《造极赵宋，堪称辉煌》，《读书》1987 年第 5 期）。

六

如果把两宋时期置于中国古代历史的长河中加以鸟瞰的话，我们认为，以“承上启下”四个字来定位是比较确切的。

在中国历史的演进过程中，唐宋之际是一个重大的转折时期，许多重大的变化，包括政治、经济、社会结构文化等，都是在这一历史时期完成的，这可以说是史学界公认的看法。

大致说来，种种变化的萌芽在中唐以后就开始出现，但变化的加速和完成，基本上都在两宋的300年间，由此，直接影响到整个中古后期的历史发展和演变。

就政治而言，大家知道，中国封建时代实行的政治体制是君主专制的中央集权。在这种政体下，国家的政治、经济、司法、军事等一切大权，最后都集中于皇帝一人之手。如果从权力的结构上来看，君主专制的中央集权制度，包括了君主专制和中央集权两层含义。前者是指皇帝一个人的专制独裁，“天下事无大小皆决于上”；后者则体现中央与地方的关系，即由中央政府直接有效地控制地方上的行政、财政、司法、军事诸权力，“如身之使臂，臂之使指，莫不从制”。中国历史上君主专制的中央集权制度，萌发于战国时期，至秦始皇荡灭六国后正式确立。这个政体虽然在秦朝已经建立起来，但它的完善和不断强化却经历了一个相当漫长的过程。可以这么说，至少在隋唐之前，皇权独尊、中央至上的地位，并没有真正完全确立，尽管在理论上它们早已经被确认了。挑战主要来自统治集团的内部，其具体表现就是中央皇权与宗室、外戚、权臣以及地方豪族势力之间的不断较量，后者常常以违法犯禁、谋反作乱、分裂割据等手段，对中央皇权构成严重的威胁。所以，从总体上说，我们可以唐宋之际作为中国古代君主专制的中央集权制度历史演变过程的分界线。在此之前，其主要特征表现为权力由地方逐渐向中央集中；在此之后，其主要特征则表现为中央与地方各级政府的权力逐渐向皇帝个人集中。而两宋恰恰就是处在这两者的关节点上，到宋代以后，则是君主专制独裁的恶性膨胀，到明清达到极点。以上可谓两宋时期在中国政治史上的承上启下。

就经济而言，唐宋之际最有代表性的经济变动就是土地所有制的变化。具体说就是均田制被破坏，封建的土地国有制进一步削弱。“不抑兼并”“不立田制”政策的推行，使得地主土地私有制普遍发展起来，土地买卖频繁、转移过程加速、商品化程度提高，及由此产生的官田私田化。在土地所有制形式改变的条件下，租佃制取代了荫户制，地租的形式也从分成制变为按产量来固定租额的定额制。地租形式的变化客观上又造成农民对国家和地主人身依附关系的减弱，为进入手工业者行列提供了条件，再加上国家对轻商、抑商政策的修正，独立工商业者社会地位的改善，又促进了手工业和商业的发展。以上可谓两宋时期在中国经济史上的承上启下。

就社会结构而言，南北朝以来，统治阶层内部，士庶之间地位悬殊，界限森严，彼此隔绝，隋唐时期遗风犹存。但到宋代，随着经济制度的改变，士庶的界限也被打破了。统治者“取士不问家世”“婚姻不问阀阅”，统治阶层从贵族化向平民化转变，这是其一；统治阶层内部升降沉浮的现象频繁，这是其二；统治阶层与皇权的关系变得密切，不再如南北朝时门阀大族可以不关心王朝的更替，而是与王朝的兴衰息息相关，进而对国家政治关注的程度大大提高。农民阶级的结构变化，则是自耕农减少，佃农大量增加，从而使得农民用自己的工具租种地主的土地，向地主交纳地租这一中国封建社会的典型形态得以定型。

就文化而言，内容就更为广泛了。上到民族精神、价值取向，下到礼仪风俗、衣食住行，唐宋之际无不发生丕变。从总的发展趋势来看，中国文化的转折是向平民化、理性化方向靠拢，当然这是相对先秦、汉魏的文化而言的。如儒学的理学化、佛教的禅宗化、道教的内丹化、文学的散文化、知识的普及化、礼俗的通俗化等等。晚清的大思想家严复在写给熊纯如的信中曾这样说道：

> 古人喜欢读“前四史”(《史记》《汉书》《三国志》《后汉书》)，是因为它们文字优美。如要研究政治、风俗和人的思想，宋代是最值得注意的。中国今日的许多现象，好坏不论，大多是宋朝开始出现的，这种说法离事实不会太远。(参见《学衡》第13期)

严复此言主要是针对思想文化来讲的，实可视为极有见地之论。

陈桥兵变
五代战乱终结

合久必分，分久必合，这是中国历史上周期性的规律。但历史的进程，往往是透过无数个体的非自觉的活动来展示其必然性的。

在排列中国中古以后的封建王朝时，为了记诵方便，人们常简约地说成“唐、宋、元、明、清”。实际上，在唐与宋之间，还夹着一个历时五十多年的“五代十国”时期。

公元907年，原为黄巢农民军将领、后投降唐朝的朱温（降唐后赐名“全忠”）灭唐而建立起梁朝。为与魏晋时期南方的“梁朝”区别开来，历史上把朱温建立的梁朝称作“后梁”。在这以后的半个世纪里，后唐、后晋、后汉、后周相继而起，占据了黄河流域，史称“五代”。与此同时，在中原周边地区前后还有十个较小的割据政权，即吴、南唐、吴越、闽、楚、南汉、南平、前蜀、后蜀、北汉，其中除北汉地处北方之外，其余九个都在南方，它们在历史上就叫作“十国”。另外，兴起于东北辽河流域的契丹族，在公元 916 年也建立了契丹国，公元 947 年改国号为“辽”。

五代十国时期，中国处在一个四分五裂、战乱不已的状态之中。走出战乱，重新统一，这个历史的必然，却偶然地落在了一个行伍出身、名叫赵匡胤的人头上，他就是后来宋朝的开国皇帝。就让我们先从赵匡胤说起吧！

一

古时中国对皇帝，尤其是开国皇帝，史家、小说家们总要给他们涂上一层“真命天子”的油彩，似乎他们能够得天下，是上苍在其出生前便已做好的安排。对宋朝开国皇帝赵匡胤来说，自然也不能脱此窠臼。赵匡胤生于五代时期后唐明宗的天成二年（927 年），相传他在洛阳出世时，房间里一片红光，并伴有一股特异的香味，经久不散，人们因而称其为“香孩儿”。这当然是一些好事者杜撰出来的虚妄之谈，但在“天命论”盛行的旧中国，对巩固赵氏王朝有其特殊作用。

赵匡胤的父亲名叫赵弘殷，是个武将，赵匡胤也自小习武，有一身不错的功夫。后汉末年，赵匡胤投到枢密副使郭威帐下从军，得到郭威的赏识。后汉隐帝乾祐四年（951 年），郭威在澶州发动兵变，篡汉自立，成为后周开国皇帝，即周太祖。赵匡胤积极参与兵变，受到了周太祖的重用，在军中的地位逐渐上升。后周的显德元年（954 年），在与北汉作战中，赵匡胤身先士卒，立下大功，被周世宗柴荣提拔为都虞候（高级将领）。柴荣本是郭威妻兄之子，周太祖无子，把柴荣收为养子，周太祖死后，他继承了皇位。

显德三年（956年），赵匡胤随周世宗征讨南唐，他率奇兵奔袭清流关，生擒两名南唐守将，并乘势进占滁州。周世宗得到捷报，派翰林学士窦仪到滁州接管原南唐的物资仓库。在交接完毕之后，赵匡胤又要提取仓库中的绢匹，被窦仪拒绝。窦仪对他说："在我奉旨接管仓库之前，您即使把仓库搬空也没关系，现在仓库已经成为朝廷公物，必须有皇上的诏书，我才能发放。还请将军原谅。"赵匡胤一听，顿时明白自己行为的不当，连忙对窦仪说："谢谢学士的提醒，我差一点犯下大错。"在战场上冲锋陷阵的赵匡胤，能够如此清醒，显示出他不是一位头脑简单的武将，他很懂得在必要的时候与场合如何约束自己，如何显示风度。

占据滁州城后，赵匡胤的部下奉命到城外肃清南唐散兵游勇、搜捕乡间盗贼，却把100多名百姓当做土匪抓了回来。依照当时的法律，这些"土匪"将被公开处死。赵匡胤的谋士赵普反对滥杀无辜，说："这些人究竟是不是土匪还没有审问清楚，就要把他们全部处死，如果其中有被诬良为盗的，岂不是错杀百姓吗？"赵匡胤听了不以为然，回答道："真是书生之见，脑筋转不过弯！你要知道，这里的百姓本来就都是我大周朝的俘虏，我没有把他们全部抓来，已经是法外施仁，这些家伙还要劫掠偷盗，也太不知好歹了，如果再不依法严惩，百姓还会敬畏我们吗？"赵普又说："唐朝虽然是我们的敌人，但他们的百姓是没有什么罪过的，将军胸怀天下，为什么还要把天下百姓分为敌我呢？'王道'的核心是实行仁政，务请将军慎重处理这个案件。"赵匡胤无奈，只得说："你愿意多事，就由你来审讯吧。”赵普得到特许，立即进行认真审理，对这100多个被捕者逐一甄别，发现其中绝大多数人是无辜的，个别人也只是有小偷小摸行为，于是把情况如实向赵匡胤禀报，经赵匡胤批准，除了对有偷盗行为的人根据赃物数额定罪量刑外，其余一律无罪释放。百姓因此纷纷称颂赵匡胤仁慈英明，赵普为赵匡胤博得了民望。赵匡胤则更明白了实施“仁政”的功效。

南唐在滁州失守之后，向后周提出割地求和，被周世宗拒绝，南唐国主李璟无奈，任命其弟李景达为元帅，统领6万人马北上抗周；周世宗则急调赵匡胤率兵占据江北要塞六合。李景达原计划先取江北重镇扬州，然后攻打六合，但因扬州战事失利，临时决定先取六合。此时据守六合的赵匡胤手下只有2000人，与李景达兵力相差悬殊。赵匡胤采取以逸待劳、以守为攻的战略，又严整军纪、张扬士气，最终打得南唐军几乎全军覆没，只有李景达等数名唐军将领逃脱南返。赵匡胤继续辅佐周世宗征服南唐，最终迫使唐主退位传子，把江北部分的领土全部割让给后周。因为伐唐的赫赫战功，赵匡胤先被周世宗提拔为定国节度使、殿前都指挥使，后又改授义成军节度使、忠武军节度使等。在赵匡胤的极力推荐下，赵普被封为节度推官。赵匡胤所获职衔中，最具价值的是殿前都指挥使，即禁军高级指挥官。禁军是皇帝的亲兵，全国最精锐的部队。

在迫使南唐称臣屈服以后，周世宗把目光转向辽国。辽国军事实力较强，又曾与北汉联合骚扰后周边境，被周世宗视为实现统一大业的巨大障碍。显德六年（959年），周世宗决定亲征辽国，任命赵匡胤为水路都部署，另任命亲军都虞候韩通为陆路都虞候，分水陆两路北上征伐辽国。赵匡胤率领战船，浩浩荡荡向北进发。辽国没有防备，赵匡胤兵不血刃，接连收复原被后晋石敬瑭所割让的瀛州、莫州等边地，其中包括边境重要关隘益津关、瓦桥关等，又立下了大功。

收复瀛州、莫州等地后，周军原打算直捣辽都，但因周世宗突然身患重病，只好草草收兵，回到开封。周世宗自知病体难愈，不久于人世，开始安排身后之事，为 7 岁的儿子柴宗训继承皇位扫清道路。在周世宗心中，周太祖郭威的女婿、殿前都点检张永德，是对其子即位威胁最大的人。都点检是禁军的最高统帅。为保证柴宗训顺利继承皇位，周世宗罢免了张永德的殿前都点检之职，任命赵匡胤为殿前都点检，赵匡胤的声名因此而更加显赫。就在这一年，周世宗病死了。周世宗万万没想到，恰恰是这个他极为信任的赵匡胤，夺取了他的传国玉玺。

二

周世宗死后，宰相范质等人尊奉皇子柴宗训即位，史称恭帝，恭帝的继母符后被尊为皇太后。赵匡胤随即被改授归德军节度使，兼检校太尉，仍保留殿前都点检一职。在跟随周世宗南征北战的过程中，赵匡胤已经成为众将领中的执牛耳者，得到殿前都点检一职之后，更可谓是权势熏天。只是在一代英主周世宗的统御下，他必须极力表现其对后周王朝忠贞不贰的形象。

周世宗一死，后周王朝群龙无首，在五代时期军人干政的背景下，赵匡胤代周自立，只是时间问题了。赵匡胤的老朋友慕容延钊，此时担任副都点检，两人称兄道弟，来往频繁，经常闭室密谈，所谈内容外人无从知晓。此外，赵匡胤除了有自己的谋士赵普、亲兄弟赵匡义（赵匡胤当皇帝后为避名讳而改成赵光义）这样的得力助手之外，还有一帮在军中担任要职的“铁哥们”，人称“义社十兄弟”，他们是：杨光义、石守信、李继勋、王审琦、刘庆义、刘守忠、刘廷让、韩重斌、王政忠，加上赵本人正好为十。当一切准备工作都已完毕，于是一场“黄袍加身”的大戏终于开演了。

显德七年（960年）正月初，后周小朝廷的君臣们还正忙着过年，突然从镇州、定州传来北汉和辽国联合入侵的紧急军情，请求汴京迅速派大军抵御。当时，7岁的恭帝懵懵懂懂，还是个小孩子，浑然不知缓急真伪，全由符太后与宰相范质商议定夺。而一介书生的范质，根本不了解边境实际情况，沿袭周世宗在位时的习惯做法，向符太后推荐赵匡胤率兵北上御敌，他对符太后说：“都点检赵匡胤忠勇绝伦，副都点检慕容延钊骁勇强悍，如果派他俩分别担任统帅和先锋，再下令让各地将领听从赵匡胤统一指挥，就可以保障天下太平。”范质只知道周世宗在世时赵匡胤“忠勇绝伦”，不懂得此一时彼一时的道理，在老皇帝刚死，新皇帝孱弱的情况下，把天下军队交由一个将领，与把天下拱手交与这个武将只有一步之遥了。符太后年轻守寡，更不懂得政务军务，对范质自然言听计从，任命赵匡胤为北上御敌统帅，慕容延钊为御敌先锋。赵匡胤得到命令，便命慕容延钊率先头部队立即出发，又调集石守信、王审琦、高怀德、张令铎、张光翰、赵彦徽等各部将领拱卫都城，让石守信、王审琦留守汴京，自己则率领大军于正月初二早晨开拔北上。

赵匡胤未出汴京，城里就已流传起将要“策点检为天子”（拥戴殿前都点检即赵匡胤当皇帝）的谣言。这种谣言当然不可能是空穴来风，也不可能出自市井街巷，它即使不是赵匡胤亲自炮制，也是赵匡胤授意或默认的。谣言闹得满城上下惊慌不安，历年来兵变动乱给社会生活带来的祸害，百姓们记忆犹新，胆小的人已经在准备逃难，只是瞒过了内廷的符太后、恭帝和宰相范质等人，他们还在等待着赵匡胤的捷报。不过，军队出城时非常整齐有序，说明部队在赵匡胤的牢牢控制之下，民心也稍稍安定了一些。

赵匡胤率领大军浩浩荡荡向北开进，到达陈桥驿时已是傍晚，便下令宿营。陈桥驿在汴京东北40里处，离汴京不远，但又在汴京耳目所及之外，是发动兵变的理想场所。

大部队在陈桥驿驻扎之后，赵匡胤麾下的亲信楚昭辅伙同号称善观天象的散指挥使苗训，四处散布流言，声称见到了“日下有日”的异常天象，并把它解释成马上就要改朝换代、而且是“点检”当新朝皇帝的征兆。其实，即使楚昭辅、苗训真的看到了“日下有日”的天象，那也只是一种自然现象，与社会政治风马牛不相及。但在“天人合一”观念盛行的当时，它的确是很能蛊惑人心的。不多时，这种说法就悄悄传遍军中。而素以带兵有方著称的赵匡胤却一反常态，一个人在自己的营帐中喝酒，而且没喝几杯就以酒醉为名，吩咐卫士：“我累了，又有点头痛，要好好休息，今晚任何人不得进来打搅。”并当着卫士的面蒙头大睡，对军营事态不闻不问，似乎这一夜他对军中事务失去了控制。

军营里，一帮高级将领聚集在一起，兴奋而紧张地交换着所听到的关于天象异兆、“策点检为天子”的消息，流露出抓住机遇、抢立头功的欲望。江宁节度使高怀德趁势提出：“现在的皇上还是个娃娃，不懂得体恤我们前线将士，更不懂得军国大计，我们上前线为国家拼命，又有谁会知道呢？还不如上应天意、下顺民心，拥戴点检做天子吧！”众将领表示赞同，纷纷操刀立马要立即行事。都押衙李处耘说：“这件事情必须先禀报点检本人，得到他的同意。点检一向对朝廷赤胆忠心，可能不会同意。不过，点检的弟弟赵匡义也在军中，如果由他去劝说，点检还是有可能同意的。”于是请来赵匡义商议，赵匡义又带着李处耘去和赵匡胤的亲信赵普商量。赵普说：“边境不宁，国事庞杂，幼童皇帝没有能力统御全局，点检在军民中有崇高的威望，天下已经归心于他，只要我们一致拥戴他，回到汴京皇位就是他的了……”话还没说完，将领们已经蜂拥而至，认为事不宜迟，应该马上行动。赵普和赵匡义假惺惺地以忠君报国的一套话语劝谕众将，并说：“点检赤诚忠于周天子，你们这样做，他一定不会宽恕你们。”将领们一听大感意外，不禁面面相觑，纷纷退出，李处耘也跟着走了出去。过了一会儿，李处耘和将领们手持兵刃又闯了进来，其中有一人大声地说：“法律规定‘军中偶语者族’（军营中二人以上私下聚会的，满门抄斩），今天我们已经聚会商定拥戴点检做天子，即使点检不顺从拥戴，我们也不会就此罢休而引颈受戮的。”但赵匡义还是佯装气愤地大声叱责说：“策立新天子是一件非同小可的大事，必须周密安排谨慎行事，你们怎么可以如此任性胡为呢？”听了这话，大家明白赵匡义也是支持策立的，就都坐下来认真地讨论起来。赵普说：“当前外敌压境，还是等把外敌打败后再商议此事吧。”将领们不同意，有人说：“如今政出多门，如果等到击退外敌，事情还不知有什么变化呢！只有立即返回京城策立点检为天子，然后再稳扎稳打继续北上，击退敌寇也就不是什么难事了。更何况如果点检大人不接受拥戴，也无法再使六军继续北上。”赵普回头大声地对赵匡义说：“事情已经无可挽回，但军令必须统一，这是应该和大家事先约定的。”赵匡义连声称是，赵普转而对众将领说：“虽说兴王易姓是天命所定，但也和人心向背密切相关，慕容延钊率领的先头部队昨天已经过了黄河，内地节度使们又各据一方，一旦京城发生动乱，不但外患会加剧，国内地方上也必然会发生变乱。各位如果能严格管束部下，不让他们趁机劫掠，京城人心安定，地方自然也就安宁，各位也能长保富贵。”事已至此，原指望可以趁机掳掠一番的将领们，也只得纷纷答应，赵普马上派员把目前形势通报石守信、王审琦。石、王是早就“归心”赵匡胤的大将，以后的事态发展证明，他们事先就已知道并参与了策立之事。赵匡义对大家说：“今晚点检喝醉了，正在休息，不让人去打搅。我们现在还是部署一下，准备明天早晨采取行动。”在赵匡义、赵普的带领下，众将领全副武装等待天明。

发动兵变拥戴赵匡胤当皇帝的消息，在喧喧嚷嚷的军营里已经人人皆知，等到东方微露鱼肚白，将士们就迫不及待地拥到赵匡胤帐外，争相高呼万岁，声震原野。赵匡胤的卫士劝道："大家不要喧哗，点检昨晚喝醉了酒，还没有起床呢。"将领们说："我们今天要拥戴点检做天子，难道你们还不知道吗？"卫士说："就你们知道……"话未说完，赵匡义就上前把卫士推到一边，一个人走入帐内。赵匡胤在帐内已是戎装整齐，赵匡义把将领们昨晚的表现简略地报告了赵匡胤，然后兄弟俩一起走出营帐。只见众将士露刃环列，齐声高呼："请太尉当我们的皇帝！"在一片喧闹声中，高怀德等人把早已准备好的一件黄袍（皇帝专用的服饰）披到赵匡胤的身上，众将领随即率众人下跪行大礼，三呼万岁。赵匡胤显出一副极不情愿的样子，说："你们为了自己的荣华富贵，策立我做皇帝，但我赵家世受国恩，怎么可以做这种事呢！"赵普马上大声说："这是天命所归，人心所向，如果明公一味推让，反而是上违天命、下拂人心了。至于和周家的关系，只要礼遇幼主、优待故后，就是善始善终了。"一边赵普在劝说，一边赵匡胤在将领们簇拥下披着黄袍半推半就地骑上了马。等赵普说完，赵匡胤手揽缰绳对将领们说："既然如此，你们必须遵从我几条约定，否则我就不做这个皇帝。"将领们答道："请明公吩咐。"赵匡胤说："第一，太后和主上是我曾经北面礼拜的国君，大家不得冒犯；第二，京内大臣都是我原来的同僚，大家不得欺凌；第三，朝廷府库，是官家的财富，民间宅院，是臣民的生计，大家不得侵扰。你们做得到吗？"将领们昨晚已经许诺，便齐声回答："做得到！"赵匡胤又说："凡是遵守这三条的，事成之后定当重赏，违反这三条的，不但本人受罚，还要株连家属，决不宽贷。”五代时期发生兵变新皇帝进城时，往往纵兵大掠，不但破坏统治基础，而且使那些在掳掠中尝到甜头的军人，又成为下一轮兵变的预备队。赵普、赵匡胤如此一致地注意兵变部队的军纪，难道不是事先商定的吗？赵普、赵匡胤对军纪的重视，为新王朝的长治久安准备了条件。赵匡胤稳住兵变将领后，便命令全体人马整队返回汴京，并派楚昭辅和客省使（官名）潘美快马加鞭先去汴京报信。原本以抗击汉辽联军名义率军北上的赵匡胤，连敌军的影子也没有见到，就在离汴京 40 里处的陈桥驿身披黄袍折返京城，慕容延钊率领的先头部队也随即返回，以后也没有什么汉辽联军入侵的军情传来，可见当时的所谓“紧急军情”全是服务于兵变的假情报。

三

楚昭辅和潘美飞驰京城把拥立赵匡胤之事通报石守信、王审琦，让石、王二将做好接应准备。当天早朝时，朝中得到兵变消息，一时竟不知所措，苻太后泪汪汪地对宰相范质说：“你说赵匡胤忠勇可信，保荐他统帅全军，怎么会有这种变故呢？”范质嗫嚅道：“让我去劝谕他们就是了。”范质说毕退出朝门，抓住右仆射王溥的手腕说：“仓促间做出了一个调兵遣将的决定，竟然造成如此恶果，这都是我们的过失，但现在还有什么办法呢！”王溥无言以对，忽然大声叫痛，原来是范质把指甲掐进了王溥的皮肤。范质这才发觉自己紧张得失态了。这时侍卫军副都指挥使韩通从宫中奔出，见两人在门口谈话，就说："叛军马上就要杀到，二位怎么还有心情在这里闲谈？"范质问道："韩将军有什么好办法？"韩通说："水来土掩，兵来将挡，京城中还有一些禁军，应该马上请皇上下令调集登城防守，同时紧急传檄各地节度使，命令他们勤王讨逆。节度使中也不乏忠义之将，如果他们能星夜赶来讨逆，和我们内外协力，就能平定叛乱。"范质说："远水救不了近火。"韩通说："二位赶快去请旨，然后由我去召集禁军。"说罢，就匆匆地跑出去准备抵抗。两人还在那里犹豫，马上又有人来报告说兵变军队已开进城里了，于是慌忙各自奔回家中。

这时赵匡胤的先锋王彦升已经率领人马奔向皇宫，正好在路上遇到单骑独身的韩通，王彦升对韩通说："韩将军快去接驾，新天子到了！"韩通说："哪里来的新天子！你们贪图富贵，策划兵变，犯下了谋反大罪，竟然还敢到这里来胡言乱语！"王彦升一听大怒，率队一拥而上要杀韩通，韩通寡不敌众，转身逃避，但此时城内已经到处是兵变部队，韩通无处可去，只能逃往家中，王彦升紧随其后，追到韩家，把韩通全家上下尽数捕杀。当时军队将领们对兵变都已习以为常，除了这个抵抗未成身先死的韩通之外，京城中竟没有一位武将有反抗举动。

赵匡胤在石守信、王审琦的接应下安然进城。由于事先的周密安排，将领们果然约束了部下，没有发生重大的扰民事件，号称"秋毫无犯"。这是赵匡胤不同于其他兵变将领的特殊之处。安顿好部队后，赵匡胤回到都点检公署，再派军校罗彦瓌去“请”朝廷大员。不一会儿，范质、王溥等人被军校们推拥着来到公署，赵匡胤见了他们，泪流满面地说：“世宗待我恩重如山，我却被六军逼迫做出了这种事情，实在不应该啊！”范质一听，以为还有回旋余地，想趁机上前劝谕赵匡胤，不料话未出口，罗彦瓌已挥动佩剑凶狠地叫道：“我们没有了主上，经众将领商议拥戴点检为天子，谁敢说个不字！如果哪个不服从，我的宝剑可不答应。还不赶快拜见天子。”范质、王溥只得退下阶陛，无奈地行起了拜见皇帝的大礼。赵匡胤连忙跑下阶陛扶起两人，请他们坐下商量登基即位的具体步骤。范质问道：“明公要做天子了，准备怎样处置幼君呢？”赵普在旁边说：“请幼君效法尧舜禅让的故事，以后就可以享受国宾待遇，这样我们也算对得起周室了。”赵匡胤接着说：“我曾经是太后幼君的臣僚，不会忘记他们的恩泽，所以已经向部队下达了命令，严禁冒犯柴氏门庭。”范质说：“既然如此，那就可以召集文武百官举行禅让仪式了。”赵匡胤说：“请二位替我去召集百官，告诉他们，我决不会亏待他们。”范质、王溥只好去召集百官参加禅位仪式。

当天下午，百官基本上到齐了，在朝门排列班次，惶恐地等候新天子的到来。赵匡胤在石守信、王审琦等人的簇拥下，迈入朝堂，翰林承旨陶谷取出事先准备好的《禅位诏书》，交由兵部侍郎窦仪宣读，诏书以恭帝的名义宣布：时势变迁，天命转移，人心向背，你赵匡胤正是得天命得人心的新天子，所以我决定顺应天命人心，效法尧帝禅位给舜帝的故事，把皇位禅让给你，等等。待窦仪读完，赵匡胤煞有介事地下跪接受诏书，然后就堂而皇之地登上崇元殿，穿上衮服戴上旒冕，坐上皇帝宝座，接受文武百官的礼拜恭贺，完成了禅让仪式。中国历史上著名的“陈桥兵变，黄袍加身”的活剧，演完了最后一幕。

禅位仪式一结束，失去皇帝、太后名分的柴宗训（周恭帝）和符氏马上被“请”出正宫，迁往他处居住，这时柴宗训只有 7 岁。掌握军事大权的赵匡胤，就这样轻而易举地从孤儿寡妇手中夺得了皇帝宝座。

因为赵匡胤以前所掌管的归德军属于宋州，所以就把“宋”定为新皇朝的国号，停止使用后周年号，以“建隆”为宋朝的第一个年号，赵匡胤本人就成为宋朝开国皇帝宋太祖。

一帮参与兵变的谋士、将领，都得到了提升，如赵匡胤的弟弟赵匡义，被任命为殿前都虞候，又按照中国古代的名讳制度，把赵匡义改名为赵光义，赵普被任命为枢密直学士，石守信被任命为归德军节度使，高怀德被任命为义成军节度使，等等。后周宰相范质等人被留用。为安抚人心，也是为了培植自己的忠臣，赵匡胤下令，追任韩通为中书令，并为他举行隆重葬礼。韩通是后周侍卫军副都指挥使，因忠于后周小皇帝抗拒兵变而被赵匡胤部下王彦升满门捕杀。但公然违反赵匡胤三条约定，杀害韩通全家的王彦升，并没有受到处置。

从前的说法认为，赵匡胤事前并不知道兵变的事情，认为他是被动地登上皇帝宝座的。但后来有研究者指出，当时的种种迹象，如汉辽联军南侵的虚假军情、市井军营“策点检为天子”流言的密切配合、取之即来的黄袍、赵匡胤在军帐中的掩耳装睡等等，都在告诉人们，陈桥驿兵变的实际策划者正是赵匡胤本人，只是他比以前的兵变头目们做得更高明，既为自己在兵变时留下了更多的回旋余地，也为日后控御“策立有功”的将领们准备了条件。

四

赵匡胤本是一名节度使，作为周世宗的亲信，他却在周世宗尸骨未寒之际，就黄袍加身，自己做起了皇帝，这自然会引起原后周的一些地方节度使的不满。但真正在那里积极策划反抗赵宋的人并不多，除了昭义节度使李筠、淮南节度使李重进。

李筠是历经后唐、后晋、后汉、后周诸朝的武将，任后周昭义节度使，驻扎在潞州。李筠在潞州经营八年，自行征发赋税，招纳反叛人士，颇有实力，早已显露出不服后周朝廷管束的迹象，因而曾受到周世宗的斥责。宋太祖亡周建宋后，派使者前往潞州加封李筠中书令头衔，李筠虽然勉强接受了加封，但在设宴招待宋朝使者时，借酒命令部下挂出周太祖的画像，并对着画像唏嘘涕泣，向人们显露他“效忠”周室，抗拒宋朝的意向。宋朝使者回到开封，自然要把这些情况报告宋太祖，宋太祖因为新王朝刚刚建立，脚跟尚未站稳，一时也不好发作。但李筠却认为有机可乘，决心以效忠周室为旗号，与宋太祖争夺天下。北汉皇帝刘钧得到李筠有意抗拒宋朝的情报后，就派人携带密信与李筠联络，约请李筠一同出兵讨伐宋朝。李筠一面积极准备与北汉联合反宋，一面却派其子李守节把北汉密信呈送汴京，向宋朝表示忠心，麻痹宋太祖。宋太祖则趁机留滞李守节，封他为皇城使，实以李守节做牵制李筠的人质，又派使者前往潞州表彰李筠。李筠见儿子被留滞汴京，也软禁了宋朝的使者，不让他回汴京复命。宋太祖得到报告后，就召见李守节大大地斥责一番，并决定放他回潞州，让他给李筠传话："朕还没有做天子的时候，我们都是节度使，是同僚，你可以与朕平起平坐，现在朕已经是天子了，你为什么不遵守做臣子的礼数呢？"李守节回到潞州，李筠就公开反宋了。李筠一面发布檄文，历数宋太祖不忠不孝的罪状，并把宋朝派往潞州的监军周光逊等人押送北汉，请求北汉立即出兵，一面派骁将儋珪袭击泽州。李筠一开始进军顺利，儋珪很快占领了泽州，北汉刘钧也率领军队南下与李筠会合。

李筠勾结北汉起兵反宋的消息传到汴京，宋太祖立刻任命石守信、高怀德为正副统帅，率领大军从正面北上，又派慕容延钊、王全斌率师由东路挺进。这时，李筠已接受北汉封爵，让李守节留守潞州，自己率领人马南下攻宋。宋军开到长平时，与李筠交战，在石守信、慕容延钊的夹攻下，李筠一路败退到泽州。宋太祖为速战速决，这时又赶赴前线御驾亲征。在向泽州推进途中，山路乱石横积，影响行军速度，他亲自动手清除乱石，鼓舞了士气，大大提高了追击速度，很快包围了泽州。李筠与宋军几次交锋屡战屡败，斗志尽丧，只得闭城固守。宋军则四面围攻，杀声震天，并组织敢死队强攻攀上城堞，泽州城防全线崩溃。李筠走投无路而自焚。

宋军攻下泽州后，一鼓作气进攻潞州。留守潞州的李守节手下兵力薄弱，北汉刘钧又早已逃遁，宋太祖兵临城下，李守节只得献城投降，保住了一条性命。

正当宋太祖在北方平定李筠之际，淮南节度使李重进加快了反宋步伐。李重进是周太祖郭威的外甥，先后在后晋、后汉、后周诸朝担任过官职，周世宗时曾与赵匡胤分掌内外兵权，后来被任命为淮南节度使，驻扎在扬州。宋朝建立后，宋太祖对李重进有所防范，一方面给他加封了一个中书令的虚衔，另一方面却把他的“马步军都指挥使”实职拿掉，并命令他移防青州。李重进本来就对策立赵匡胤之事不以为然，见宋太祖拿出种种限制措施，更是心怀不满，以致不服命令，拒绝调防。李筠起兵反宋后，李重进派随身吏员翟守北上联络，企图与李筠结成反宋联盟，南北夹攻赵匡胤。但翟守接受使命后，却跑到汴京向宋太祖告密。宋太祖考虑到需要首先集中兵力平定李筠，便假意对翟守说：“重进是害怕朕追究他拒绝调访的罪责才这样做的，其实他多虑了，朕与重进是多年的同僚，不但不会加罪于他，还要赐给他丹书铁券，享受豁免特权。”又厚赏翟守，让他传话给李重进，翟守回扬州后劝李重进继续积蓄实力，不要轻易与宋朝对抗。宋太祖也遵守诺言，在亲征李筠前，派特使陈思诲给李重进送去了丹书铁券。宋太祖稳住了李重进，避免了两面同时受敌的局面。

在得到宋太祖平定李筠班师还朝的消息后，李重进起初还想随宋朝特使陈思诲到汴京朝见宋太祖。但李的一些部下认为，李重进此去无异于自投罗网，不如趁宋军远征归来士兵疲僉之机先发制人，起兵攻打汴京。李重进遂决定向南唐国主李煜求援，联合反宋，并把宋朝特使陈思诲拘押看管起来。不料李煜却派人把李重进的求援密信转交给了宋太祖。宋太祖平定李筠后，正愁没有借口讨伐李重进，现在得到了李重进阴谋反宋的铁证，马上调兵遣将进攻扬州，随即又亲征督战。李重进反宋准备尚未就绪，突然闻听宋军南下，仓促派出大部兵力迎战。李重进的兵力本不如李筠，又没有外援，宋军挟战胜李筠的威势，摧枯拉朽般击溃了迎战的扬州兵，迅速兵临城下。李重进见大势已去，在宋军发起攻击之前，就积薪举火，和全家人一起投火自杀了。李重进一死，扬州全城大乱，几如不设防城市，宋军从容登城，鱼贯而入，缉捕诛杀李重进余党。受宋太祖派遣给李重进送来丹书铁券的陈思诲，最后被乱兵杀害于狱中；向宋太祖报告李重进反宋图谋的翟守，后来随宋太祖到开封做了京官。

五

宋朝建立之前，除了走马灯似的更迭的中原政权（所谓“五代”），其他地区还先后或同时存在过许多割据王朝（所谓“十国”以及辽王朝）。后周显德元年（954 年）周世宗即位不久，下决心要统一中国，经过一番探讨，决定采取先南后北、避强击弱的战略战术，并取得了一定的效果，收取了南唐在长江以北的全部土地，这是一大片有着丰富农产品和渔盐之利的土地，后周国力得到大大增强。

赵匡胤黄袍加身代周而起后，除了采取措施加强中央集权以阻绝内部兵变的可能外，还有一个时刻萦绕脑际的大问题，那就是如何消除割据局面统一中国。北汉离汴京较近，对宋朝的威胁较大，但它有强大的辽朝的支持，一时较难攻取。南边的其他割据政权国力相对较弱，较易攻取。有鉴于此，文武大臣大多不赞成先攻北汉，宋太祖也倾向于继续采取周世宗先南后北、避强击弱的方针，但一时拿不定主意。他需要更周全更慎重地决定统一方略。

宋太祖很信任赵普，重大决策常与他相商，并喜欢微服夜访，到赵普府第密商大事。所以赵普退朝回家后，一般不敢马上换上便装，以免宋太祖突然来访时失礼。一天退朝后，天上纷纷扬扬飘起了大雪。赵普回到家中吃过晚饭，走到大门口一看，漫天风雪车马无，朔气扑面行人稀，便自言自语地说："皇上今天大概是不会来了。"书吏也在一旁附和说："今天晚上这么冷，一般百姓都躲在家中避寒，尊贵的天子哪里还会轻易外出。"于是赵普回房脱去官服换上便装，读了一会儿书后，准备宽衣就寝。忽然听到外面好像有敲门声，侧耳辨别之际，门卫已经急奔来报："皇上驾到。"赵普一听，来不及再换上官服，匆匆跑到门口，只见宋太祖站立于风雪之中，慌忙下跪连声请罪，宋太祖却笑着说："今晚雪下得如此大，你没有想到我会来，不能怪你。"边说边扶起赵普，一起走进室内。宋太祖对赵普说："我还叫了光义，他还没有到吗？"说话间，宋太祖赵匡胤的胞弟赵光义已经大步迈入客厅。

君臣坐定后，宋太祖问赵普："有没有羊肉美酒啊？这东西可以驱寒呢。"赵普马上令人在客厅中架设炭炉烤上羊肉，又叫出妻子林氏，让她掌勺提壶。宋太祖称呼林氏为“大嫂”，极力制造一种兄弟相聚的亲热气氛。宋太祖、赵光义两人尽情地吃喝，赵普则小心翼翼地陪饮，丝毫不敢松懈，他知道太祖兄弟雪夜驾临绝不只是来享受羊肉美酒的。酒至半酣，赵普问：“大雪纷飞，深夜酷寒，陛下驾临是为了什么事情呢？”宋太祖回答说：“我睡不着啊！在我的卧榻之外，都是他人的家园，你看如何是好？”赵普说：“陛下是在比喻天下形势吧！我们虽然外患未宁，但现在正是南征北战的好时候，请陛下谈谈第一步准备怎么做。”宋太祖说：“其他地方好像还不十分紧迫，但太原（指北汉）方面太猖狂，常常过来骚扰，所以我想第一步先收取太原。”赵普听了，沉默了好长时间才说：“这不是我想象中的最佳方案。”宋太祖连忙请赵普细说，于是赵普慷慨陈词，说：“就我们的实力而言，现在攻取太原不成问题，但太原地处我朝与契丹之间，如果拿下太原，我们就与契丹接壤，马上就会面临与契丹的直接冲突。我看不如让太原小朝廷苟延一段时间，等我们削平其他各国之后，太原弹丸之地，还能逃出我们的手掌吗？”宋太祖听罢非常满意，笑着说：“其实我也是这个意思，刚才是测试你一下而已。不过要削平其他各国，应当先从何处入手呢？”赵普说：“最好是先削平蜀地（指后蜀）。”宋太祖连连点头，表示赞同。

史称“后蜀”的小朝廷，正式国号是“蜀”，国都在成都。后蜀的创立者孟知祥，原是后唐王朝的西川节度使，唐明宗末年封他为蜀王。封王第二年孟知祥称帝。四年后孟知祥病死，其子孟仁赞即位，改名为孟昶。他是后蜀的第二个皇帝，也是后蜀的末代皇帝。

孟昶是个荒淫无能的皇帝，所用臣僚多是纨绔子弟，内政十分糟糕。宋朝的建立及其咄咄逼人的统一之势，使后蜀非常恐慌。有人建议孟昶向宋朝称臣纳贡，也有人认为蜀地有天险屏障，劝孟昶通好北汉，夹攻宋地，使宋“表里受敌”。孟昶采纳了后一种意见，派人携带密信前往太原与北汉王朝联络。不料送信人跑到开封向宋朝告密。宋太祖得到密信，有了攻打后蜀的口实，高兴地说：“我正要发兵西征，他却先来寻衅，这下我们师出有名了。”

乾德二年（964年）十一月，宋太祖派兵6万，分两路讨伐后蜀。南路由王全斌等率领，从凤州南下，攻打四川北边的门户剑门；另一路由刘光义等率领，从归州沿长江西进，直入四川东边的大门夔州。

孟昶得到情报大吃一惊，匆忙任命知枢密院王昭远为都统，率兵迎战王全斌。王昭远虽然是后蜀的知枢密院，但出身给事小臣，并不熟知兵法，在他指挥下的蜀军，与宋军甫一交战，损兵折将，屡战屡败，退守剑门天险。王全斌在当地人的指点下，率领部分人马经偏道绕过剑门，奔袭成都，另派大将史延德率兵潜伏，相机偷袭剑门。王昭远得知王全斌绕过剑门，就留下少量兵力驻守剑门，自己带领主力离开剑门去堵截王全斌。不料王全斌还没有遇到，剑门已经被史延德攻下。王昭远得到剑门失守的报告，顿时惊慌失措，蜀军军心大乱，待与王全斌等所率宋军交战，立刻溃不成军。王昭远本人单骑逃出重围，躲藏在民居仓房之中，被宋军追兵查获，做了俘虏。王全斌大军直逼成都，此时后蜀已经毫无抵抗能力，孟昶只得修表乞降。由刘光义等率领的东路宋军，一路上未遇劲敌，所向披靡，最后与王全斌会师于成都。从出兵到灭蜀，宋军只用了66天，反映了后蜀王朝的腐败与脆弱。

在派兵出征后蜀时，宋太祖与王全斌等将领约定：如果蜀主孟昶归顺投降，应保全他全家男女老少的性命，并把他们送到汴京安置；攻城克寨后所得战利品不必解送朝廷，可作为奖赏尽数发给将士。所以，宋军占领成都后，就把孟昶全家老小以及王昭远等战俘押送汴京。孟昶被宋太祖封为检校太师兼中书令，授爵秦国公，赐予宅院安居，不久即得暴病死去，据说在发病前夜曾出席宋太祖的酒宴，两者是否有关系就不得而知了。孟昶死后，宋太祖下令收回孟昶住所，并没收其家产。前往执行任务的禁军兵卒在那里发现一只镶满金银珠宝的盆子，形状又很特别，以为是个有特殊含义的宝物，就把它带回皇宫上缴。宋太祖乍见到这个盆子，也以为是什么稀罕物品，待仔细察看，不禁失声叹息，说："这是一只尿盆呀！尿盆用金银珠宝装饰，那么餐具用什么装饰呢？奢靡到这种程度，怎么会不亡国呢？"随即下令立刻把它敲碎。奢靡亡国的道理，有些封建王朝的皇帝也是常挂在口头上的。

出征时，宋太祖允许征蜀将领可自行分享战利品。这固然可以刺激将士的作战积极性，但另一方面也助长了将领们的掠夺欲望。王全斌占领四川后，放纵部下掳掠百姓，四川百姓怨声载道。宋太祖下令调动原后蜀士兵到河南驻防，王全斌又趁机大肆克扣蜀兵的军饷，引起强烈不满，以致调防蜀兵未出川境就裹挟文州刺史全师雄为统帅，打出了反旗。王全斌闻报，派部将斩杀了全师雄全家。全师雄作为造反蜀兵的统帅，本是半推半就，不料王全斌杀了他的全家，全师雄愤恨不已，自称“兴蜀大王”，得到四川百姓的响应。当时在成都还有近 3 万后蜀降兵，王全斌害怕难以驾驭，竟将其全部诱杀，更激化了矛盾。除了全师雄以外，当时还爆发了上官进等领导的反抗斗争。这场斗争波及十多个州，四川境内一时大乱，历经三年才被镇压下去。对部队的放纵，推迟了宋朝在四川地区实现稳固统治的时间。

六

消灭后蜀之后，宋王朝把统一战争的矛头指向了南汉。南汉王朝的地盘在今两广地区，其割据基础肇始于唐末的清海军节度使刘隐。后梁建立后，封刘隐为南海王。贞明三年（917 年）刘隐病死，其弟刘陟袭位称帝，自改名为刘龑（龑，音 yǎn，是他自己创造的字，犹如武则天创造的“曌”，音 zhào 字）。刘龑建都广州，国号“大汉”，史称南汉。宋初，刘龑的孙子刘𬬮在位，他是南汉的第四个、也是最后一个皇帝。

刘龑治国无方，重用宦官女巫，把宫内搞得乌烟瘴气，还经常让宫中妇人穿上男式官服，管领宫外事务。刘𬬮即位后，朝政更加混乱，官吏稍有小过就被判处宫刑，然后充作宦官，宫中宦官达七千余人。武将也多遭无端猜疑，免职的免职，处死的处死，以致军队也由宦官掌管。发现有“才略”的和尚、道士，也把他们阉割后收进皇宫做顾问。为镇压反抗，创设火烧、水煮、剥皮、剔骨等残酷刑罚，甚至让“罪人”与老虎、大象角斗。还在皇宫外建造了几十处离宫，供刘铢享用。统治集团的奢靡生活，必然导致赋税繁苛，当时连百姓进城也要征收每人一钱的进城税。刘铢还听信谗言，为防备诸王篡位，大肆屠戮宗室，成了一个地道的孤家寡人。

南汉的政治情况通过各种途径传到宋朝，宋太祖说：“我要拯救那里的人民脱离水火。”表明了他要消灭南汉的意图。而南汉统治者又不自量力，常常骚扰宋地，占据宋朝的郴州、贺州、桂州等地，为宋太祖发兵讨伐提供了借口。开宝元年（968 年），刘铢又发兵侵扰宋朝的道州，道州刺史王继勋上书建议出兵消灭南汉。宋太祖采用先礼后兵的策略，请南唐国主李煜派人劝刘铢向宋朝称臣，并归还所占宋地。李煜两次派遣使者送信劝谕刘，刘铢不但断然拒绝，还把南唐的第二个使者投入监狱，给李煜的回信又语出不逊，多处冒犯宋太祖。李煜劝降不成，只得把刘铢的回信送交宋太祖，算是了结了一份差使。

至此，宋朝对南汉用兵已有了充分的口实。开宝三年（970 年），宋太祖任命潭州防御使潘美、朗州团练使尹崇珂为正副统帅，率兵攻打南汉。当年八月，宋军收复郴州，又向贺州进发。掌管南汉兵权的宦官龚澄枢，根本不会打仗，大敌当前，也只得硬着头皮前往贺州。九月，宋军逼近贺州，龚澄枢吓得逃回了广州。刘铢改派大将伍彦柔率兵乘船赶赴贺州，在贺州城外遭到宋军伏击，几乎全军覆没，伍彦柔被宋军俘虏处死。贺州城内一片混乱，第二天就被宋军攻破。

攻下贺州后，宋军统帅潘美下令整顿战舰，扬言将从贺江顺流而下直取广州，刘𬬮闻报大惊，匆忙起用被排斥闲居的武将潘崇彻，命他率领五万主力屯守贺江保卫广州。实际上宋军却从陆路前进，一路未遇劲敌，十月攻下昭州、桂州，十一月攻下连州，十二月直逼韶州。韶州是广州的屏障，韶州一旦失守，广州也就危在旦夕了。南汉利用当地优势，训练了一支大象队，遇有战事，就将大象队布置在阵前，每头大象上坐十来个全副武装的士兵，颇为壮观，但实际上并无多少战斗力。韶州告急，刘𬬮派南汉都统李承渥为元帅，配备大象队，驻扎韶州城北莲华山下。宋军抵达韶州城外，李承渥率兵迎战，照例布置了大象阵。不料，中看不中用的大象阵，经不起宋军强弩手的一阵猛射，象上士兵纷纷落地，大象转身逃窜，反而把南汉军冲撞得溃不成军，宋军乘势攻击，南汉军大败，李承渥只身逃命。韶州城落入宋军手中，南汉的末日即将来临。

开宝四年（971年）正月，宋军又攻破英州、雄州，屯守贺江的南汉将领潘崇彻率部投降。刘𬬮闻报，一面调兵遣将加强广州城防，一面派遣大臣王珪为使者向宋军求和通好，请求暂缓进军。在宋军出征南汉时，宋太祖指示潘美：南汉有实力应战就与其交战，无力应战就劝谕他投降，不愿投降就把他消灭，不得接受他的求和。所以刘𬬮求和通好只是他的一厢情愿，潘美不可能答应。但宋军当时的驻地泷头，前方山水险恶，潘美怀疑周围有南汉的伏兵，不敢轻易进军，王珪的到来，正好为宋军提供了一个人质兼向导。宋军迫使王珪同行，迅速通过了危险地段，二月到达离广州城十里远的双女山。

刘𬬮见势不妙，准备船只企图逃往海岛，不料船只被宦官、卫兵抢先驾走。刘𬬮山穷水尽，放弃求和，派左仆射萧漼、中书舍人卓惟修带着降表前往双女山乞降。宋军统帅潘美按照宋太祖事先布置，接受了刘𬬮的乞降，并派人把萧漼、卓惟修押送汴梁。宋军送走萧漼、卓惟修后继续前进，兵临广州城下。刘𬬮原准备派他的弟弟刘保兴率领百官开城奉迎宋军，但被南汉守城主将郭崇岳劝阻，他对刘𬬮说："我们还有数万兵力，不妨背城一战，也许还可以置之死地而后生，如果战而不胜，再投降也不迟。"郭崇岳的一番话，激起了刘𬬮的侥幸心理，不顾已向宋朝送出降表，决定做一次困兽之斗。

郭崇岳本是个小道士，是刘𬬮宫中女道士梁鸾真的养子，懂些祈鬼祷神的把戏，根本不会打仗。韶州失守后，南汉武将纷纷避战，女道士趁机推荐郭崇岳，刘𬬮封了他一个"招讨使"的头衔，让他与大将植廷晓统兵六万驻扎在双女山前的马迳。他在马迳除了装神弄鬼、乞求"天兵天将"助战外，只是用竹木构筑了几道栅栏，企图以此阻挡宋军。宋军打到泷头后，郭崇岳向刘𬬮请求退守广州，刘𬬮也只好允准，使宋军顺利地越过马迳，到达双女山。

郭崇岳退守广州后，又是装神弄鬼，又是构筑栅栏，还在城外挖掘壕堑工事，做得颇有几分声势。宋军兵临城下后，郭崇岳、植廷晓出栅迎战，不料一败涂地，十死六七，连植廷晓也死于溃兵之中。郭崇岳因为不会打仗，滑脚溜得快，反而暂时逃得一命。刘𬬮又派其弟刘保兴出栅交战，仍被宋军打得落花流水。刘保兴逃进栅内，连忙紧闭栅门，任凭宋军叫骂挑衅，再也不敢出栅门，摆出一副闭门死守的架势。宋军统帅潘美与部将商议破敌之计，针对南汉栅栏的特点，决定采用火攻。于是征发大量民夫，每人发给两个火把，趁夜在各处点燃栅栏。这夜正好刮起大风，风助火势，汉军营帐一片火海，小道士郭崇岳也死于其中，只有刘保兴得以脱身逃入城内。

眼见广州城马上就要陷落，为了不让宋军得到南汉王朝数十年聚敛的珍宝财产，刘𬬮下令纵火焚烧府库。顿时城外栅栏大火一片，城内府库一片大火，烧了一个通宵。第二天，在没有遇到什么抵抗的情况下，宋军开进广州，擒获南汉皇帝刘𬬮，以及包括龚澄枢在内的宦官和文武官员近百人，善于逃遁的刘𬬮之弟刘保兴，躲避在百姓屋舍中，最终也被宋军查获，从 917 年（后梁贞明三年）到 971 年（宋开宝四年）存续了 55 年的南汉，最后被宋军连根铲除。

刘𬬮等百余名南汉战俘被宋军押送汴京，当天宋太祖就派参知政事（副宰相）吕余庆审讯刘𬬮，查问他为什么乞降翻覆和焚烧府库，刘𬬮把一切责任都推到龚澄枢等人身上，说："我十六岁僭坐帝位，龚澄枢等人都是我父亲的旧属，一切事情都是由他们做主，实际上龚澄枢才是国主，我只是臣下而已。"吕余庆把审讯情况报告宋太祖，宋太祖认为刘𬬮的辩解有一定道理，决定不杀刘𬬮。第二天，"大汉皇帝"刘𬬮以及他的近百名臣属，被用布帛捆绑后牵到太庙、太社，充当宋朝献俘仪式中的可怜虫角色。宋太祖亲自出席仪式，先由刑部尚书（最高司法行政机关负责人）卢多逊宣读诏书，历数刘𬬮的种种罪状，然后由刘𬬮跪答，刘𬬮还是把一切责任都推到龚澄枢等人身上。宋太祖命令摄大理卿（最高审判机关代理负责人）高继申监督执行，公开处死龚澄枢等三名南汉内廷大臣。同时宣布宽大处理刘𬬮，封他为“赦恩侯”，刘保兴等其余俘虏，也分别得到了不同的官职。

有一天，刘𬬮接到通知，让他到讲武池参加宋太祖举办的酒会。诚惶诚恐的刘𬬮赶往讲武池时，其他官员都还没有到。不一会儿，宋太祖驾到，见刘𬬮早到，就赐给他一杯酒。刘𬬮以为是鸩酒，吓得屁滚尿流，扑地求饶说：“我继承祖父、父亲的基业，违抗朝廷，致使朝廷派遣大军讨伐，确实罪该万死。陛下不但不杀我，还封我官爵，我自己也感到受之有愧。现在天下太平，为了报答陛下给我第二次生命的大恩大德，我甘愿做个汴梁平民多活几天，所以实在不敢喝这杯酒。”宋太祖笑着说：“我推心置腹地待人，根本不会做你所担心的那种事情。”说罢，从侍从手中接过那杯酒一饮而尽，另外再倒一杯给刘𬬮。刘𬬮连忙叩头谢恩。在统一大业尚未实现之时，宋太祖不杀后蜀“皇帝”孟昶和后汉“皇帝”刘𬬮，当然不只是出于“仁慈”，而是有他独特的战略考虑。

继后蜀、南汉被消灭之后，接下来就轮到南唐小朝廷了。

七

南唐源于吴国（“十国”杨行密所建之吴，非“三国”孙氏之吴）。唐末（天复二年，即902年），淮南节度使杨行密被唐昭宗封为吴王。唐朝天祐四年（907 年），后梁取代唐朝，自立年号，吴仍使用唐的年号“天祐”，一直到“天祐十六年”（919 年），吴国才使用自己的年号。杨行密死后，其子杨渥、杨隆演、杨溥依次即位。从杨行密到杨隆演，都称吴王，杨溥于乾贞元年（927 年）称帝。九年后，即天祚三年（937 年），杨溥“禅位”给实际上已掌握政权的李昪。李昪以“大齐”为国号，建立新王朝，定都金陵。

李昪原是个孤儿，杨行密在濠州时收为养子，后转由徐温（吴王朝丞相）收养，改名为徐知诰。建立“大齐”后恢复李姓，自称是唐朝李氏皇帝的后裔，改名为李昪，国号也改为“唐”，史称“南唐”，最兴盛时，控制的地区包括今江苏、安徽淮河以南和福建、江西、湖南及湖北东部。

中原王朝讨伐南唐的战争在周世宗时就已开始。显德三年（956 年）周世宗御驾亲征，两年后夺取了南唐在长江以北的全部地盘十四个州。在后周军队的强大攻势下，南唐委曲求存，去除帝号，自称“唐国主”，使用后周年号，连当时的国主李璟，也因与周世宗高祖父的名讳相犯，而改名为李景。

宋太祖登基后，南唐国主李璟马上派人带了大量金银财宝到汴梁祝贺。李璟死后，南唐新国主李煜也百般讨好宋朝，只要宋朝有出师克捷、嘉吉喜庆之事，必定派遣使者犒劳、进贡。遇到宋朝有盛大庆典，李煜还要献上一份特别的珍宝，称为“买宴”，宋朝有吉凶大礼时，也都会准备丰厚的专项贡物。此外，李煜还大肆贿赂宋朝大臣，曾一次私下赠送赵普白银 5 万两。南唐小朝廷幻想用以柔克刚的办法来保持其割据地位。

宋朝剿灭南汉后，南唐兔死狐悲，国主李煜在其递呈宋朝的贺表中，把原先自称的“唐国主”改成了“江南国主”，“唐国”印章改成了“江南国”印章。国内典章制度也全面降格改称，如中央行政机关“省”改为“府”（“尚书省”改为“司会府”之类）。接着又上表请宋太祖以后在给南唐的诏书中直呼李煜之名，显示南唐已把自己看成是宋朝的藩臣。李煜企图用降低其割据政权法律地位的方法，打消宋朝对自己的吞并念头。其实，早在李璟上表周世宗甘愿去除帝号、自称“唐国主”时，周世宗就已参照唐代对回鹘国王的称呼，在答书中称李璟为“江南国主”了。以正统自居的周世宗、宋太祖内心中从来就没把南唐看成拥有独立国格的王朝。宋太祖允准李煜的请求，默认南唐的改制，但这决不表明他承认南唐的割据，他是在等待实现一统天下既定方针的更合适的时机。

开宝五年（972 年）二月，李煜派其弟李从善携特别贡钱 30 万，到汴梁祝贺长春节（宋太祖生日）。宋太祖赐李从善一座广厦良宅，封“泰宁军节度使”，让他留在京城，不再回南唐。李煜向宋太祖写信请求让李从善回南唐，宋太祖不同意，下诏说“南北一家，何分彼此”，李煜只好服从。宋太祖又令李从善转告李煜，让他亲自来京朝见，但李煜害怕被羁留汴梁，只是派人向宋廷进贡了一批地方特产。从此南北之间的官方往来大大增加，双方都在利用使者探听对方情报，只是一守一攻，目的不同。宋太祖借此成功地使用了一次反间计，使李煜杀掉了南唐骁将林仁肇。

驻守江都一带的南唐大将林仁肇，勇猛骁悍，治军有方，颇受士卒的拥护，因其身上有猛虎图案的刺青，军中称之为“林虎子”，李煜因此对他有几分戒心。在宋军消灭南汉之际，他曾上书李煜，请求由他带兵，趁宋军远征疲乏之机进攻江北，收复淮南旧地。李煜没有同意。宋太祖也久闻林仁肇大名，为减少进攻南唐时的损失，一直在寻找机会除掉林仁肇。

宋太祖派往南唐的使者经常以各种理由拜访林仁肇，给外人留下了林仁肇亲宋的印象。在拜访林仁肇的宋朝使者中，有一个肩负特别使命的画师。这个画师回汴梁后，根据记忆绘制了一幅形象逼真的林仁肇画像。宋太祖把这幅画像挂在宫中一处房间内。有一天，宋太祖召见李从善，在宫中等候时，廷臣故意把李从善带到那个房间。李从善见到画像大吃一惊，说：“这是江南的留守大将林仁肇呀，他的画像怎么在这里？”廷臣支支吾吾地不回答，经李从善一再追问，廷臣才说：“您已在京城担任官职，也是朝廷的大臣，说给您听也没有关系。因为皇上欣赏林仁肇的才能，所以给了他一份密诏，让他到这边来效力，他也愿意遵旨归顺，只因一时无法脱身，所以先送上这幅画像表示归顺的决心。”李从善听了，心中暗暗叫苦，又主动和廷臣攀谈，两人成了一对好朋友。没过几天，这个廷臣又带李从善去看了一座空宅，并告诉李从善说：“听说这座宅院是皇上给林仁肇留着的，看来林仁肇只要一到汴梁，当一个节度使是没有问题的。”李从善更加坚信林仁肇已经心有异志了，于是，就把这些“情报”交给了南唐来汴梁的使者。李煜收到报告，马上召见林仁肇商议朝政。君臣不着边际地交谈一番后，李煜突然问林仁肇是否接受过宋廷的诏书，林仁肇莫名其妙一头云雾，当然否认。李煜确信其弟的情报，见林仁肇否认诏书之事，就认定他确有叛离之心，但表面上不动声色，继续商谈其他事情。商谈完毕，李煜像平时一样留林仁肇吃饭，但在酒中放了鸩毒。林仁肇浑然不知，高高兴兴地喝下了鸩酒，回家当晚就毒性发作，七窍流血一命呜呼了。林仁肇一死，南唐军中无大将，灭亡也就在眼前了。

宋太祖听说林仁肇已死，心中十分高兴，加紧制造口实为进攻南唐做准备。开宝七年（974 年）秋，宋太祖下诏命令李煜到京城朝见，李煜以身体有病为由，又一次拒绝进京。宋太祖于是决定以李煜违抗诏令为名，讨伐南唐。李煜听说宋朝即将兴兵讨伐，连忙派他的另一个弟弟李从镒携带大量金银器物到汴梁“买宴”，宋太祖不但不接见他们，还把他们羁留在了汴梁，军事行动毫不停顿。有一个名叫樊若水的南唐进士，也在此时赶到了汴梁向宋太祖呈献平定江南的计策。原来，这个樊若水因为不受南唐的重用，有意投靠宋朝，并苦心准备投靠资本，经常以钓鱼为名，在金陵西南的重要渡口采石矶一带测量江面宽狭。经过十几次的反复测量，他精确地掌握了那里的江面尺寸、江水深浅等资料，并绘制了详细的水文图。得知宋军将要讨伐南唐，就带着地图投靠宋朝，建议在长江上建造浮桥供宋军渡江。宋太祖亲自接见了他，看到地图后非常高兴，就任命樊若水为右参赞大夫随军出发，并按樊若水的建议，派人准备船只、毛竹、绳索等搭建浮桥的材料。

开宝七年（974 年）秋冬之际，宋朝以曹彬、潘美为主将，正式起兵讨伐南唐。吸取王全斌攻灭后蜀时虐杀百姓、屠戮降卒的教训，又针对南唐懦弱的弊端，在宋军出征前，宋太祖面谕曹彬说："你们到江南以后，要谨慎行事，对江南百姓千万不要施暴，对江南军队，可尽量予以招降，兵临金陵城下后不必急于攻城，可以向他们显示兵威，要力求使其主动投降。"曹彬率水军自荆南乘战船顺流而下，潘美率步军沿江岸跟进。南唐士兵见到宋军，以为是例行巡江，所以不但不加以阻遏，还用牛肉酒饭犒劳。宋军一路畅通无阻直达池州，南唐军队这才明白宋军意图，如梦初醒的南唐军手足无措弃城而逃，宋军占领池州，接着又攻下当涂、芜湖，当年十一月驻军采石矶。在按樊若水的建议建造浮桥时，因为自古从未有造浮桥渡长江的先例，为保险起见，就先在附近一个叫石牌口的地方做实验。宋军要造浮桥渡江的消息传到金陵，李煜向学士张洎询问此事，张洎说："有历史记载以来，从没有在长江上造浮桥的事，宋军造浮桥不可能成功。"李煜听了很高兴，说："我也认为宋军造浮桥是儿戏而已。"但宋军既有樊若水的详细资料，又有充分的物资保障，石牌口实验获得了成功。实验成功后只花了三天时间，就在采石矶造了一座跨越长江的大浮桥。宋军在潘美率领下登上浮桥，如履平地般顺利跨过长江。

在宋军打到润州时，李煜派遣徐铉、周惟简两位大臣携带其亲笔手书、地方特产来到汴梁，请求宋太祖缓师撤兵。徐铉以能言善辩著称，常自诩"江南名臣"，这次受命使宋后，便日夜设计思考应对说词，颇有以其三寸不烂之舌挽救南唐的雄心。有宋廷大臣将此事报告宋太祖，希望宋太祖有所准备，宋太祖笑着对大臣说：“你走吧，这不是你所能明白的，我自有办法对付他。”到了召见的这一天，徐铉在朝廷上仰面而言：“李煜无罪，陛下师出无名。”宋太祖请徐铉走近一些慢慢说。徐铉上前一步，滔滔不绝地讲了一大通：“李煜以小事大，就像儿子侍奉父亲一样侍奉大宋。并没有什么过失，为什么要受到讨伐呢？”宋太祖等他说完，温和地问徐铉：“既然李煜把我当作父亲，那么父子一家，怎么可以南北对峙分为两家呢？”徐铉无言以答，又更换话题说：“李煜如此恭顺地侍奉大宋，却还要受到讨伐，陛下希望天下人怎么做呢？”听到这里，宋太祖刷地抽出宝剑放在案头，说：“不要再说江南有没有错，只因为天下一家，卧榻之侧，岂容他人酣睡？”话已至此，再要辩驳什么是非曲直已毫无意义，徐铉只得怏怏然无功而返。

在危亡之际，李煜却把军事指挥权交给了一个纨绔子弟皇甫继勋。宋军渡江后，他调集水军、步军各一万进行抵抗，但都不是宋军的对手，与宋军交战一触即溃。宋军迅速挺进，开宝八年（975 年）二月到达秦淮河边，在潘美率领下，宋军强渡秦淮河，包围金陵城。在宋军的凌厉攻势面前，皇甫继勋患上了严重的恐宋症，常常在部下面前说宋朝如何强大、南唐如何弱小，一心希望李煜早点投降宋朝，心思根本不在指挥作战上，部将请战也都被他拒绝。而此时的李煜，却在宫中诵经念咒，祈祷上天保佑，对军事不闻不问，前线的告急军情也到不了他手中，以致金陵被围他都不知道。一天李煜忽然心血来潮，出宫巡察城防，不料登上城楼一看，只见城外宋军营帐林立，旌旗遍野，这才知道宋军已经兵临城下，盛怒之下把皇甫继勋撤职查办，凌迟处死。处死皇甫继勋后，李煜一边向都虞候朱令赟发出紧急求援，一边临时组织敢死队袭击宋军。这时朱令赟在湖北还统领着十多万军队，但朱令赟率军乘船奔赴金陵途中，中了宋军埋伏，于采石矶全军覆没，朱令赟也被宋军活捉。而临时募集的5000人敢死队都是从来没有打过仗的平民，连军事常识都不懂，夜袭宋军时竟然人人打着火把，立刻被宋军发现，钻入宋军圈套，白送了性命。

根据宋太祖“不必急于攻城”的部署，宋军兵临城下后，采取了围而不攻的战术，以逼迫李煜投降。宋太祖还派人把羁留在汴梁的李从镒送回南唐，让他劝说李煜投降，但李煜首鼠两端，没有听从李从镒的劝说。

宋朝讨伐南唐，还动员了地处浙江的吴越参战。当年周世宗讨伐南唐时，吴越也曾出兵参与。开宝五年（972年），宋太祖让人转告吴越国主钱俶：“江南李煜倔强抗命，不来朝见，我将要发兵讨伐，请你抓紧训练军队，到时候助我一臂之力。”开宝七年（974年）冬，宋太祖令吴越出兵夹击南唐，还派1000名禁军做吴越军的先锋，并送给吴越200匹战马。李煜得知，给钱俶写了一封凄凉的信，说：“今天没有了我，明天还能有阁下吗？宋天子早晚要用你的土地去奖励他的功臣，到那时你也只能做一个汴梁平民罢了。”钱俶此时一心讨好宋朝，不但不听从李煜的告诫，还把来信交给宋太祖，卖力地投身到讨唐之战中去。吴越军接连攻下江阴、宜兴，开宝八年（975年）四月，又攻取常州，并在润州与宋军会师，合围金陵，金陵成了一座孤城。

宋军包围金陵近一年，期间曹彬时常故意放松包围，希冀李煜自动投降。但围而不攻的策略未收到效果。开宝八年十一月，曹彬又派人入城劝李煜投降，说："事态已不可逆转，攻进金陵对我们来说易如反掌，之所以迟迟不强攻，既是为一城百姓的安危考虑，也是为你的身家性命着想。你现在的上策就是及时投降归顺。"但李煜仍迟疑不决。曹彬决定强攻破城。为了贯彻宋太祖对自己的面谕，免蹈灭蜀时抢劫杀降引起反抗的覆辙，曹彬整饬军纪做了精心的安排。有一天，曹彬忽然卧床不起，无法处理军务，将领们都很着急，纷纷前来问候，商量延请名医来给曹彬治病。曹彬对将领们说："我的病不是药石所能治愈的，但只要各位诚心诚意自愿发誓，保证在攻入金陵后管束好部下，不乱杀一个人，我的病自然就会好的。"将领们纷纷答应，马上点起线香，庄重地举行仪式，集体宣誓保证整饬军纪，不滥杀一人。显而易见，曹彬的病是装出来的。

曹彬得到将领们的保证后，第二天起床处理军务，第三天就发动强攻，打进了金陵。进城以后，宋军纪律肃然，没有发生士兵骚扰百姓的事件，曹彬也没有进攻李煜宫苑，只是率领一支部队驻扎在宫门前。李煜的臣子中有悬梁自尽的，有全家服毒的，但多数还是蜷缩在宫中，等待李煜拿主意。到了这个地步，李煜也只好率领臣僚走出宫门，到宋军军营向曹彬乞降请罪。曹彬接受其乞降，以接待藩国国君的礼仪会见李煜，又让李煜回宫整治行装，准备前往汴梁。曹彬带着几名随从送李煜到达宫门，让李煜一行进宫，自己则与随从在宫门立马等候。随从中有人对曹彬的做法感到不解，悄悄地对曹彬说：

“李煜进去后万一想不开自杀了，那怎么办？”曹彬笑道：“李煜历来优柔寡断，既然已经投降，绝对不会再自杀。”等李煜整治好行装出宫，曹彬宣布班师还朝。经历李昪、李璟、李煜三个国君、维持了39年的南唐终于灭亡。南唐末代皇帝李煜，历史上习称其为“李后主”。

在汴梁，李煜穿戴白衣纱帽在“献俘”仪式上受尽屈辱后，被宋太祖封为“违命侯”供养了起来。宋太宗即位后，去除了明显带有侮辱性质的“违命侯”爵号，另封他为“陇西郡公”。作为“侯”“公”，李煜的日常开销相当庞大，宋太祖给李煜的俸禄不够其开支，为此他曾向宋太宗哭穷。更使李煜难堪的是，曾经做过帝王的他，在汴梁常常必须佯装“孙子”，忍受各种侮辱。太平兴国三年（978年），有一天，宋太宗到崇文院（国家图书馆）参观，看到有许多来自南唐的竹简图书，就下令立即召李煜、刘铱两个被废黜的帝王一起来参观。李煜惶惶然赶到崇文院后，宋太宗对他说：“听说你在江南时非常喜欢读书，这些竹简图书多数是你的旧物，归顺朝廷以来你是否还经常读书呢？”李煜听了心如刀割，但又必须马上叩头感谢宋太宗的关心。这一年的七月初七夜间，李煜在宋朝所赐宅院里过生日，一弯明月勾起他无限愁思，于是填写了一曲触景生情怀念往事的词，这就是人们熟知的《虞美人》：

春花秋月何时了，往事知多少？
小楼昨夜又东风，故国不堪回首月明中。
雕栏玉砌应犹在，只是朱颜改。
问君能有几多愁，恰似一江春水向东流。

他命家中的歌姬当场弹唱，这个歌姬是跟随俘虏来到汴梁的南唐旧人，与李煜有类似的心情，把这首词唱得哀婉动人、声情并茂。不料这天天气晴朗，弹唱声传得很远，被皇宫中的宋太宗听到了，宋太宗在了解了唱词内容及其作者后，不禁大怒，不久就派人把李煜毒死了。李煜“好声色，不恤政事”，谈不上是一个好君主，但在中国文学史上，他却是一个著名的大词人，为后人留下了许多精彩的文字，千古传诵不衰。后人评说李煜“作个才人真绝代，可怜薄命作君王”，真可谓评得入骨入肉。

八

吴越政权虽然协助宋军作战有功，但“卧榻之侧岂容他人酣睡”是既定国策，宋朝绝不会容忍其继续存在的。

吴越王朝的创建者是唐末的杭州人钱镠。钱镠原是私盐贩子，唐僖宗乾符二年（875 年）于杭州应募参加乡兵，在唐末战乱中逐渐显露头角，光启三年（887 年）成为杭州刺史。景福二年（893 年）被唐昭宗封为镇海节度使，以后又加封为越王（天复二年，即 902 年）、吴王（天祐元年，904 年），其地盘为今浙江之地及江苏的一部分。后梁开平元年（907 年），梁太祖封其为吴越王，次年钱镠自立，年号“天宝”，建都杭州。宋初，吴越国主是钱镠的孙子钱俶。周世宗时封钱俶为“天下兵马都元帅”，宋太祖登基后，改封“天下兵马大元帅”，继续承认他“吴越国王”的藩王地位。

钱俶领兵攻下常州后，宋太祖让吴越使者转告钱俶：“元帅攻克常州有大功，等平定江南以后，请来汴京与我相见，以了却我的延想之情。堂堂大宋皇帝说话算数，相见之后一定很快让你回杭州。”开宝九年（976年）二月，钱俶带着妻子儿子到汴梁朝见宋太祖，宋太祖派皇子到城外迎接，赐给他一座名为“礼贤宅”的宅院，享受佩剑上殿的待遇，接待规格极高。三月，宋太祖放钱俶回杭州，但留下钱俶的儿子钱惟濬，这样，既履行了诺言，又有牵制钱俶的实效。钱俶临行时，宋太祖送给他一个黄包袱，吩咐踏上归途后才可打开观看。启程以后，钱俶打开包袱，里面全是建议羁留钱俶、收取吴越的奏折。钱俶读了这些奏折，惊恐不已，也更加明白了宋朝不允许吴越小王朝长存的意向，只好一面写信给宋太祖表示感谢，一面苦苦思索寻找一个好办法，力求得到比刘铱、李煜好一点的结局。

过了两年，即太平兴国三年（978年）三月，钱俶又前往汴梁朝见宋朝皇帝，这时宋朝皇帝已经是赵光义，也就是后世所称的“宋太宗”。宋太宗设宴招待钱俶，让刘铱、李煜两个废王陪座，强烈地暗示钱俶应明白自己的地位。

当年四月，割据漳州、泉州的陈洪进，也到汴梁朝见宋太宗。陈洪进是泉州人，行伍出身，原是南唐李璟所封清源节度使、晋江王留从效的大将。留从效死后，陈洪进逐渐掌握清源军实权，割据漳州、泉州一带，南唐李煜封其为清源节度使。宋军开始征讨南方后，陈洪进向宋太祖上表输诚，愿意听命于宋朝，获得嘉奖，于乾德二年（964年）拜受宋朝铸制的官印，成为宋朝所封的节度使，结束了与南唐名义上的从属关系。宋军攻灭南唐以后，宋太祖命陈洪进到汴梁朝见，陈洪进明白自己的割据政权寿数将尽，只得硬着头皮前往。在进京途中，陈洪进得知宋太祖亡故，便趁机返回。在丧事结束之后，陈洪进仍不得不进京朝见皇帝，接受宋廷对其割据政权的最后裁决。于是，太平兴国三年四月，陈洪进来到汴梁。他到达汴梁后，发现吴越王也在汴梁，并已被宋太宗置于刘鋹、李煜同等地位，于是主动向宋太宗献上漳、泉二州版图，放弃割据，彻底投降。宋太宗把陈洪进留在汴梁，授予武宁节度使、同平章事的头衔，并下令泉州把陈的亲属武装护送到汴梁。这件事历史上称为“陈洪进纳土”，宋太宗不动兵戈就解决了一个割据政权。陈洪进还得到过“杞国公”“岐国公”的爵号，因年老多病死于雍熙二年(985 年)，算是寿终正寝的。

陈洪进纳土，无疑是解决吴越割据政权的示范，钱俶也只能走这条路。但不到最后关头，钱俶不甘心束手就擒。他自认为曾出兵帮助征讨南唐，也许能获得比陈洪进好一些的结局。于是当年五月，他先向宋太宗献上吴越军队、武装的清单，接着又请求撤销其“吴越国王”“天下兵马大元帅”称号，免除佩剑上殿等特殊待遇，并请求允许他回到杭州，但遭到宋太宗拒绝。钱俶还想另觅出路，他的谋臣崔仁冀说：“朝廷的意思已经十分清楚，大王如果还不赶快纳土，马上就要大祸临头了。”钱俶的一些亲信反对这么做，崔仁冀焦急地说：“现在我们离故土有千里之遥，性命在他人掌握之中，除非大家生出翅膀飞离险境，否则只能立即纳土。”钱俶无可奈何，终于决定效法陈洪进，放弃割据地位向宋廷全面投降。第二天，钱俶便向宋太宗上表，献出所统治的吴越十三州地盘，这正是宋太宗所期待的，他自然是欣然接受。钱俶获封“淮海国王”的空衔，继续住在“礼贤宅”，其五服以内的亲属和原吴越旧官吏，也被全部接到汴梁，为此竟动用了1044条大船。这件事历史上称为“吴越归地”。从梁太祖封钱俶为吴越王，到“吴越归地”，吴越国前后经历了72年，有过五个国君。

端拱元年（988年）八月二十四日，是钱俶的六十岁生日，宋太宗派人给他送来礼品，钱俶与来人畅饮之后，当天晚上就死了。从太平兴国三年（978年）“归地”到这时，宋廷供养了他十年。

“陈洪进纳土”“吴越归地”，有别于后蜀、南汉、南唐的武力征服，所以宋廷对待陈洪进、钱俶的安置还算客气，但有一点是毫不含糊的，那就是为了防止他们东山再起，陈、钱不得再回故里，只能在汴梁享受荣华富贵。“陈洪进纳土”“吴越归地”是宋朝完成统一南方的标志。根据“先南后北”的战略方针，宋太宗扛起了统一北方的重任。而北方首先要解决的是北汉。

九

北汉王朝与五代的后汉有些渊源，其创始者刘旻，是后汉高祖刘知远的弟弟，曾任后汉的太原尹、河东节度使。公元951年，郭威（后周太祖）灭后汉建后周，刘旻在太原称帝，仍用“汉”作国号，其地盘有今山西中部和陕西、河北部分地区。为防备后周的进攻，刘旻与辽王朝（契丹）联络，愿与辽结为父子之邦，辽王朝封刘旻为“大汉神武皇帝”。宋朝建立时，北汉皇帝（以下简称“北汉主”）是刘旻之子刘钧，宋太祖明白自己的实力还不足以消灭北汉，所以让人转告刘钧：“我放你一条生路。”承诺不进攻刘钧。

开宝元年（968年）七月，北汉主刘钧去世，由养子、外甥刘继恩即位。刘继恩即位仅60天，便被部下刺杀，由其弟刘继元（也是刘钧的养子、外甥）即位。此时宋刚刚剿灭后蜀，实力有所增强，宋太祖遂改变“先南后北”的战略，于同年八月派兵攻打北汉，直抵太原，辽国派兵支援刘继元，宋军败于辽、北汉联军，无功而返。开宝二年（969年）二月，宋太祖亲征北汉，围攻太原城达100多天，又因辽军支援北汉，宋军在付出巨大代价后，被迫撤兵。开宝九年（976年）八月，宋太祖又一次发动伐汉战争，终因辽军强悍，以及宋太祖的突然去世，这次讨伐不了了之。

两年后，宋朝已经统一南方，国力今非昔比，宋太宗有意平定北汉。鉴于以往周世宗、宋太祖亲征北汉失败的教训，宋廷许多大臣反对讨伐北汉。在枢密使（最高军事机关长官）曹彬的全力支持下，宋太宗下决心征讨北汉。太平兴国四年（979年）正月，命潘美为讨伐北汉的统帅（北路都招讨制置使），勇将崔彦进、李汉琼、刘遇、曹翰率部分四路进兵，分攻太原。为了防备辽朝援军，另派郭进为都部署扼守太原石岭关。二月宋太宗又下诏亲征，离开汴京赶往伐汉前线。

北汉主刘继元得知宋军北上，立即向辽朝求救。辽因在开宝八年（975年）与宋有和约，不便立即派遣援军，先派使者谒见宋太宗询问讨伐北汉的理由，劝宋退兵。宋太宗说：

“河东（黄河以东，指太原北汉政权）抗拒天命，理应兴师问罪。我们之间有和约，希望北朝（辽）不要援助太原，否则和约难以维系，只能兵戎相见。”契丹贵族自然不愿意轻易牺牲他的儿皇帝，在确定宋朝动向后，就以宰相耶律沙为统帅领兵支援北汉。太平兴国四年（979 年）三月，辽军前锋到达白马岭，与扼守石岭关的郭进所率宋军只有一条溪涧之隔，辽军低估了宋军的战斗力，不等后军到齐，匆忙渡涧，结果遭到宋军迎头痛击，监军迪里也死于阵前。宋军乘胜追击，辽军大败而归。

潘美率领的伐汉大军也进展顺利，捷报频传，接连收取镇州、岚州、宪州等地，四月下旬团团围困太原城，宋太宗也随即到达太原城下。他一面发诏敦促北汉主刘继元投降，一面亲临攻城前线督战，鼓舞士气，还不断向城中投射招降书，瓦解北汉军的斗志。刘继元坚守太原，盼望辽军来救援，但辽朝援军早已被郭进在石岭关外击退。北汉军外无救兵、内乏粮草，在宋军凌厉的军事攻势和招降攻势面前，军心动摇，不断有将士逾城投宋。苦苦支撑到五月，北汉马军都指挥使郭万超出城投降，刘继元的亲信也纷纷逃亡。宋太宗乘势发出亲笔诏书，用陈洪进、钱俶“献地归朝”后得到优厚待遇为例，再次敦促刘继元投降。刘继元计穷力竭，当天晚上派人送出降表，第二天黎明率领官属穿戴白衣纱帽出城投降。刘继元被宋太宗封为“彭城郡公”，和一百多名亲属一起迁居汴梁，直至淳化二年（991 年）因病去世。北汉从公元 951 年刘旻在太原称帝，到太平兴国四年（979 年）灭亡，共经历 29 年，有过四个“皇帝”。

北汉灭亡以后，除了被后晋割让给契丹（辽）的燕云十六州还在辽王朝的控制之下，边疆地区还有西北的高昌、龟兹，西南的大理、吐蕃等政权之外，原来的“五代十国”已全部归并到了唯一的中原王朝——宋朝的版图之中。从赵匡胤建宋，到宋太宗灭北汉，前后大约 20 年的时间，宋太祖一统中原的梦想基本实现。由此，从唐代“安史之乱”以来，中国延续了 200 余年的割据状态得以结束，又一个统一的中央专制集权王朝在中国历史上起程了。

强干弱枝
中央集权强化

权力过于分散，皇帝晚上睡不好；权力过于集中，臣子白天睡大觉。君权与军权、君权与相权、中央与地方，这历来是中国古代政治中的难题。且看宋初皇帝是如何解决这些难题的。

赵匡胤起于行伍，正如王夫之在其《宋论》中所说的那样，他是一个“权不重”“望不隆”“学不夙”“恩不洽”的人物。只是一个极其偶然的机会，使他得以取代张永德而当上了后周的殿前都点检，并终于成为五代时期最后一个利用军权夺取政权的皇帝。

可是，赵匡胤眼前的这份政治遗产，实在难以恭维，称之为内外交困亦不为过。对外而言，后周所统辖的版图十分狭小。在北方，不但有强大的契丹虎视眈眈觊觎着“南朝”，在太原还有一个在契丹卵翼之下的北汉；在长江流域的上下游及其附近地区，则有四川的后蜀、江陵的南平、湖南的楚、杭州的吴越、金陵的南唐；还有在广东的南汉、福建的闽。这些割据政权，是中唐以后藩镇割据局面的延续。对内而言，赵匡胤夺取后周天下之时，他所接收的实际上也只是一个烂摊子。即使除去那些怀有二心的原后周节度使如李筠、李重进之流，就这个政权本身来说，它所承继的也是五个短命的王朝。在短短的 53 年间，王朝如同走马灯似的更替了五个，皇位也像轮流坐庄一样换了八个姓氏。这种“似翻鏊上饼”的格局，之所以会愈演愈烈，无不与手握重兵的地方藩镇的内部篡夺息息相关。

所以，宋太祖登基之后，一方面忙于筹划南征北战的统一大业；另一方面，则必须时时处心积虑地思考，如何才能消除以往那种恶性循环的政治局面，彻底解决内部篡夺成风的问题。这可是个关乎赵宋王朝长治久安的大问题。

一

赵匡胤的心里很明白，后周之所以丢失江山，与符后、恭帝深居宫禁，不谙世情大有干系。所以，他当了皇帝以后，还时常轻车简从，微服出行，以便及时准确地了解下情，访求巩固江山的良策。翟守珣对此很不理解，向宋太祖进谏说：“陛下的江山来之不易，目前人心还没有完全安定，您这样简单随便地外出，万一遇到意外怎么办呢？”宋太祖当然不会把出行的真正目的告诉翟守珣，他解释说：“帝王得天下或失天下，都是由天命所决定的，既不能强求，也不能硬拒。当年周世宗在位时，常常找借口把方面大耳的将士处死，我就长期跟随在他左右，却还是安然无恙，可见得到天命的人，自有神助，是暗算不了的。”翟守珣被诓得云里雾里的，只有诺诺称是的份儿。

赵普是宋太祖经常暗访的一个大臣。一开始，赵普也像翟守珣一样，提醒宋太祖要注意安全，而宋太祖也总是用对付翟守珣的办法来搪塞。

一天，宋太祖又悄悄来到赵普家，与赵普讨论时事。赵普照例劝宋太祖不要轻易走出宫禁，以防发生意外。宋太祖仍然十分自信地说：“如果有人已得到天命，应该享有天下，我也只能听任他采取行动，不会去禁止或阻拦的。”这时，赵普大概已经猜度出宋太祖频频屈尊下访的用意，便说：“我们都知道陛下是确定无疑的真命天子，但却不能保证普天之下人人都明白这一点，难保少数不知天高地厚的家伙不会与陛下为难。就说那些掌管军队的将领吧，是否人人都可以完全信赖呢？万一其中有人趁机发难，后院起火，而我们却毫无防备，那就后悔莫及了。所以还是请陛下要注意安全，谨自保重为上。”赵普的话虽已触到要害，但宋太祖仍然故作姿态：“石守信、王审琦等大将，都是我多年的老搭档了，决不会背叛我，你也太多虑了。”赵普趁势说道：“我当然从未怀疑过他们对您的忠诚。但仔细分析一下这些将领，他们统驭自己部下的能力都不够强，万一他们管束不住手下人，发生了兵变，在众人的裹挟之下，恐怕他们自己也做不了主。”宋太祖听了，不禁连连点头，沉默了一会儿，终于说出了心里话：“以前的帝王微服出行，常常是为了寻花访柳。但大宋基业刚刚奠定，人心是否归顺还不能说已尘埃落定，我怎么会有那种心思呢？我私行察访的目的，就是要直接了解下情，寻找防微杜渐的良策呀。”话已至此，赵普也就无所忌讳地献上了一条简单而又有效的固位良策："只要把军政、民政的各项权力，收到陛下手中，并使别人不敢窥视，就能收到防微杜渐的功效。"其实，这正是宋太祖日思夜想而又不能明说的话，现在赵普将它挑明了。

收权的想法已经明确，但要付诸实施，还是颇费一番思量。所以，在赵普献策之后几个月里，一直无从着手。恰在此时，慕容延钊主动要求削除军职。慕容延钊在后周时就是声名显赫的将领，赵匡胤（宋太祖）任殿前都点检时，他是殿前副都点检，两人关系亲密，赵匡胤常以兄长之礼相待。显德七年（960 年）正月，他奉赵匡胤之命，率领先头部队开往陈桥驿，是兵变的积极参与者。宋朝建立后，被宋太祖任命为殿前都点检、镇宁军节度使，曾参与平定李筠之乱，是权重一时的大将。慕容延钊深知殿前都点检一职的利害，加上平乱之后一直患病，所以于建隆二年（961 年）春天上表请求削除军职。宋太祖正愁找不到收取兵权的借口，接到慕容延钊的奏表，很快就免除了慕容延钊的殿前都点检一职，调任其为山南东道节度使、西南兵马都部署。殿前都点检一职，从此不再授人。与慕容延钊同时被免去统领禁军兵权的，还有韩令坤。韩令坤早年也是后周的大员，与赵匡胤关系亲密，周世宗时他任殿前都虞候、武定军节度使、霸州都部署，恭帝即位后加封为检校太尉、侍卫亲军马步军都虞候。宋朝建立后，升迁为侍卫亲军马步军都指挥使。宋太祖亲征李筠时，他奉命屯守河阳，后来又参加了征伐李重进的战役。慕容延钊被免去禁军统帅之职时，他也被连带免去了侍卫亲军马步军都指挥使一职，改为成德节度使。

慕容延钊、韩令坤的官职变迁，其意义就在于取消殿前都点检和侍卫亲军马步军都指挥使这两个最重要的禁军职位，禁军的最高指挥权实际上已经转移到了皇帝手中。

二

用了半年多的时间，仅收回了慕容延钊、韩令坤两人的禁军指挥权，宋太祖心中不免有些急躁。这年的夏秋之际，宋太祖特召赵普入宫纳凉座谈。闲聊之中，宋太祖忽然长叹一声，说："从唐末到现在，短短的几十年，帝王八次易姓，战乱不止，百姓涂炭。我想要息兵安民，定一个长治久安的计策，你认为怎么办才好呢？"赵普一听，郑重地起身回答说："陛下考虑到这个问题，是百姓的福音。据我观察，五代时期的战乱，没有什么特别的原因，只是因为方镇（节度使）权力太大，造成了君弱臣强。所以实现长治久安也没有什么特别的奇巧，只要削夺他们的权力，控制他们的财政（制其钱谷），抽调他们的精壮兵力（收其精兵），天下自然就会……"不等赵普说完，宋太祖连忙说："你不用再说下去了，我已经懂了。"

唐末五代以来，之所以会出现藩镇割据的局面，从经济上分析，是因为藩镇节度使掌握了地方经济实权。地方财税收入大多被他们截留自用，极少上缴朝廷。一直到宋朝初年，这种局面也没有多大的变化，如石守信、赵彦徽（天雄节度使）等人，都被讥为"专务聚敛，积财钜万"。节度使积累的财富一多，往往就会飞扬跋扈，藐视中央朝廷，成为威胁皇权的潜在势力。平定李筠、李重进叛乱，向各地节度使显示了"中央军”的强大，单一的节度使无力与宋皇朝抗衡，所以在确定“制其钱谷”方针后，能够马上付诸实施。

有一天，宋太祖设宴招待各地节度使。宴会上，宋太祖极力盛赞节度使劳苦功高，一时间君臣畅饮，无话不谈。宋太祖头脑清醒，有备而发，他问众人：“你们在本镇所收赋税，每年除了上缴朝廷外，自己能留下多少钱？”酒酣后的节度使们，颇有几分自得地竞相报数。宋太祖突然说：“以后这些钱由我来给你们，你们都搬到京城来住，这样就可以每天和我一起宴饮享乐了，怎么样？”节度使们纷纷跪拜谢恩，表示愿意。宋太祖抓住时机，立即发布诏令，决定以他们自报之数为依据，给地方节度使发放“公使钱”，即使是在京城任职而有节度使头衔的官员，也发给一半。从此，节度使不能再插手地方赋税的征收，地方税收除按规定留用日常开支外，其余必须全部解送开封，上缴朝廷。“制其钱谷”的方针得到落实。

赵普的“收其精兵”策略，不但针对地方节度使，也是指向中央禁军实权人物的。免除慕容延钊的殿前都点检和韩令坤的侍卫亲军马步军都指挥使后，禁军的最高指挥权已经收回，但石守信、王审琦等开国元勋，仍然担任重要的禁军职务，因此对宋太祖也不无掣肘。事实上，赵普在第一次献上收权策略后，也曾几次建议宋太祖罢免石守信、王审琦等人的禁军指挥权，改授其他职务，但宋太祖碍于石、王是其“义社”的兄弟，他们又在“陈桥兵变”和镇压李筠、李重进叛乱中功绩不凡，一直不便下手。当然，这其中既有“友情”方面的顾虑，更有对其实力的权衡。赵普提出“收其精兵”策略，再一次强调收取兵权的意义，使宋太祖最终下定决心，准备收回石守信、王审琦等人的禁军指挥权。

乾德元年（963年）春天，宋太祖又故伎重演。在一天退朝后，他留下石守信等禁军大员们一起饮酒，畅叙今日往昔的友情，一派君臣偕乐的气氛。当大家酒至半酣时，宋太祖屏退侍者，话题一转说："没有各位的鼎力相助，就没有我的今天，你们的功绩是无与伦比的。然而，做天子是非常辛苦的，实在比不上你们做节度使来得快活。老实说，我没有一个晚上是敢安枕而卧的。"众人听了自然要问个中缘由，宋太祖说："你们还不明白吗，皇帝宝座谁不想坐一坐呢？"众人听了，连忙下跪磕头，说道："陛下怎么说这样的话呢，现在天命已定，谁还敢有异心？"宋太祖说："哪里哪里，你们当然绝无异心。但人都是想追求荣华富贵的，如果你们的部下之中，有人为了得到富贵而把黄袍披到你们身上，到那时，即使你们不愿意也没有办法了。"石守信等恍然大悟，顿时冷汗浃背，连连磕头，说："我们太愚昧无知了！没有考虑到这种情况，请陛下千万原谅，为我们指一条生路。"宋太祖说："人生之短暂，犹如门缝中一晃而过的白驹。那些成功获得富贵的人，也不过是多积蓄了一点金钱，供自己尽情享乐、让子孙免受贫苦而已。你们为什么不放弃兵权，去追求这种实惠呢？譬如到外地去做个地方长官，多买一些良田美宅，传给子孙做他们的永存家业，多蓄一些歌姬舞女，可以每天饮酒相娱、终生欢乐。我还要和你们结成儿女亲家，君臣之间，两无猜疑，上下相安。这样岂不是很好吗？"听完这一席话，众人悬着的心总算落了地，于是纷纷磕头谢恩，说："陛下为我们考虑得如此周到，实在是生死骨肉的大恩哪。"第二天，石守信等纷纷以身体抱恙为由，请求辞去禁军指挥权。于是宋太祖一面重重地赏赐慰抚他们，一面迅速批准了他们的“请求”，宣布原任“侍卫都指挥使”兼“归德节度使”的石守信，改为“天平节度使”，保留“侍卫都指挥使”虚衔；原任“殿前副都点检”兼“忠武节度使”的高怀德，改为“归德节度使”；原“殿前都指挥使”兼“义成节度使”的王审琦，改为实任“忠正节度使”；原任“侍卫都虞候”兼“镇安节度使”的张令铎，改为“镇安节度使”。这一番任免，其实是免除了赵匡胤当年军中同僚们的禁军职务，虽然石守信还保留着“侍卫都指挥使”头衔，但已没有兵权。而“殿前副都点检”一职，从此也不再授人，实际上也被取消了。

以上这富于戏剧性的一幕，历史上称之为“杯酒释兵权”。但遗憾的是，据现代一些宋史专家的研究，“杯酒释兵权”这件事是查无实据的（详情可参看徐规、方建新《“杯酒释兵权”说献疑》，载于《文史》第十四辑）。不过，赵匡胤在当上皇帝后不久，就以和平方式收缴了大批高级将领的兵权，却是千真万确的。在“收兵权”的同时，宋太祖还对禁军系统做了一系列调整：

第一，对禁军采取了淘汰老弱、补充精壮等强化措施。这可谓是“一石二鸟”之计，既强化了中央禁军，又削弱了地方的兵力。因为用以补充禁军的“精壮”，正是按照赵普“收其精兵”的策略，从地方藩镇军中抽调的。强大的禁军，是宋朝皇帝直接掌握的“中央军”，其一半兵力驻扎在京师，另一半分驻各军事要地。用京师的禁军足以对付分驻各地的禁军，调集各地的禁军则又能抗衡京师禁军，这就是宋人经常讲的所谓

“内外相制”。宋朝的地方军有厢军、乡兵和蕃兵，在数量和战斗力上都远不是禁军的对手。这样的军事体制，使禁军将领和地方藩镇都已无力发动改朝换代的兵变，从而奠定了赵氏 300 多年帝业的基础。

第二，设置殿前司和侍卫司。殿前司设“殿前都指挥使”，侍卫司设“步军都指挥使”和“马军都指挥使”（原来侍卫亲军的马军和步军统设一个都指挥使），三官合称“三帅”。他们只是分别负责部分禁军的管理、训练，无权调遣所部禁军。禁军的调遣理论上归枢密院，而枢密院作为最高军事机关，直接向皇帝负责，所以实际上只有皇帝一人可以调遣禁军。如果禁军外出作战，就由皇帝临时派遣将领作为统帅，并且由皇帝亲自制定作战方案，有时甚至还会直接授予作战的“阵图”，而带兵将领不得随意更改，不管这个“阵图”是否符合当时战场上的实际情况。

第三，为了防止出现五代时期那种兵将“亲党胶固”的局面，禁军将领经常被调任，遇有战事，统兵将领常常是临时委派。另外还制订了所谓的“更戍法”，即把禁军派往外地，每三年一轮换，名义上是让士兵们“习勤苦，均劳逸”，免得留恋家室和大城市，而实际用意无非是造成“兵无常帅，帅无常师”的局面。禁军中的各级将官，由朝廷直接任命，提升时必须离开原来的部队，从而做到“将不识兵，兵不识将”“不使上下人情习熟”，即不让将领与士兵建立起牢固的感情，使将领缺乏人格上的感召力，而士兵则按命令办事或行动。这样，兵将联手兵变的危险就被削弱了，但其留下的祸根则是大大削弱了军队战斗力，这也成为后来宋朝对辽、金，乃至蒙古用兵时屡战屡败的重要原因之一。

建隆二年（961 年）和乾德元年（963 年）的两次宫廷酒宴，是宋太祖为改变君弱臣强局面而精心设计的重要政治活动，后者更是全面收回禁军兵权计划中的妙笔。后者既然称之为“杯酒释兵权”，那么不妨称前者为“杯酒释财权”。当然，这两次收权的举措，都是以强大的武力做后盾的。不过，在这一过程中，重金收买、危言逼迫、微语劝谕等一系列操作手腕，也起到了举足轻重的作用。杯酒释兵（财）权的成功，避免了可能发生的大规模的流血冲突，禁军从此成为皇帝直接指挥的军队，节度使也因此成为虚职，中央的专制集权得到了空前的巩固。

三

武将这个最棘手的难题解决之后，接下来要解决的是从中央到地方政府的体制问题，这就不仅仅是中唐以来的问题了。

中国自秦朝以后，实行的政府体制是在皇帝独裁下的中央集权制度。从理论上说，皇帝应该对一切国家事务拥有决定权，但由于受个人能力和精力的限制，实际上这是完全办不到的。因此，皇帝必须依赖官僚机构的力量实现其统治。主要方法就是在他周围设置一系列决策和执行机构，以分担他的权力和各种事务。这些机构就成为“中枢权力圈”，其中尤其重要的就是宰相及其所统辖的政府机构。宰相作为百官之长、群僚之首，以“一人之下，万人之上”的地位，为皇帝处理绝大部分日常事务。按照中国历史上传统的说法，理想的政治格局就是所谓的“圣君贤相”。“圣君”善于择相，“贤相”竭诚事君；“圣君”垂拱而治，“贤相”负责处理一切政务。由此，天子不妨世袭，宰相永远传贤；皇位传子可以保证政权的稳定，宰相求贤则可保证国家大治；两者永远和衷共济，相辅相成。很可惜，这只能是儒家学者的一种理想和期待，而历史事实却与之相去甚远。自中国有君相之分后，双方的龃龉和较量就从未间断过，只不过是冲突的程度不同而已。商朝有伊尹放太甲，周代有成王疑周公，到君主专制时代，皇权与相权的斗争就更不胜枚举了。因此，如何来限制相权，就成为帝王权术中最重要的内容之一，几乎贯穿于中国古代的整个政治史。

纵观秦汉以降，皇帝不外乎采用牵制、削弱、架空、抵消这些手段来达到目的。秦和汉初时，丞相不仅位高而且权重，如统领百官、负责中央和地方官僚的考课、主持朝臣议事、传递奏章等，都属于其职权范围。丞相报请皇帝批准奏章大多只是例行公事，而皇帝的诏令丞相如果觉得不适当，可以面折廷争甚至拒绝执行。丞相上朝，皇帝还要起立让座，君相“坐而论道”。对此，皇帝自然是不愉快和不放心的。所以自汉武帝以后，首先用尚书分去丞相拆读奏章的权力，继而又抬高太尉、御史大夫的地位，使之与丞相平级。改官名为大司徒（丞相）、大司马（太尉）和大司空（御史大夫），号称“三公”。把独相制变成群相制，从而改变了丞相无所不统的局面。到了东汉，皇帝又觉得三公的权力还是太大，怕“太阿倒持”，于是把由三公执掌的政务，全部交由属于内朝（侍从皇帝的宫廷机构）的“尚书台”来管理。三公被架空而徒有虚名，“事归台阁，三公论道而已”。当时，尚书台的权力虽大，但尚书的官阶不高，对皇帝来说只是打工的，远比控制三公容易得多。以后，尚书台的权力膨胀，逐渐转变为实际上的外朝丞相府，皇帝又不能安枕了。于是从三国到隋唐年间，尚书台的权力又两度被更亲近皇帝的机构所攫夺和制约。

一次是在曹魏时期，设立了“中书监”，掌机密政务，由皇帝的亲信任职。例行公事虽仍由尚书台总揽处理，但草拟诏书的权力却被中书监分去了，此外中书监还有评议尚书奏章的权力，尚书台的权柄因受制而日渐削弱。另一次是在南北朝时期，以过去专门管理皇帝内务的侍中、黄门侍郎，参与共同平议尚书奏章，这些人以往都是处理皇帝门庭下的事情，所以他们这个机构又称“门下省”。到了唐代，在前朝官制的基础上，正式设立中书省、门下省、尚书省，原本都出自内宫的“三省”成了外朝，即实质上的宰相府。其中，中书省掌制令决策、起草诏书；门下省掌审议、封驳（封还中书省草拟的不适当的诏书，驳正臣下有违误的奏章）；尚书省掌执行，下设礼、户、吏、兵、刑、工“六部”这些具体的执行机构。三省的长官都是宰相。同时，皇帝还让级别较低的官员以“同中书门下三品”“同中书门下平章事”“参知政事”的头衔，参与三省长官的联合办公，这些人实际也成了宰相。到这时，宰相的职责已由相互制约的三个机构和数十名官员分任，而皇帝的权力不变，相形之下皇帝的权力大大提高了。即使这样，皇帝仍旧不放心，于是常常让一些和他接近的翰林学士参与决策，并绕过中书省拟定诏书，这称之为“内制”，以剥夺和制约外朝宰相的权力。

宋承唐制，在唐代相制的基础上又有所创新。所谓“创新”，就是相权的进一步缩小。唐代“三省六部”制，尚书省负责管理礼、户、吏、兵、刑、工，即管理国家军事和财政。但到了宋代，国家的政事、军事、财政，成为三个互不统属的平行机构，全由皇帝直接掌管。

宋代的最高行政机构是“中书门下”，简称“中书”，习惯上沿袭唐代的名称，称之为“政事堂”。首脑称“同中书门下平章事”，简称“同平章事”，也就是传统上所说的宰相。其副手称“参知政事”，就是副宰相。在编制上，宰相没有定员，一般有好几人。此时宰相的权限仅能管理行政事务。

最高军事机构是“枢密院”，这是沿袭后唐旧制设立的，一般又称“枢府”或“西府”。首脑为“枢密使”或“知枢密院事”，其副手称“枢密副使”。枢密院掌管军事政令，调动军队。

宰相与枢密使，一文一武，互不通气，分别对皇帝负责。地位仅次于这两者的是“三司”，掌管国家的财政。下设“盐铁”“户部”和“度支”三部。“盐铁”主管工商业收入和兵器制造；“户部”主管全国户籍、赋税和专卖等；“度支”主管财政收支和粮食漕运。三司的最高长官是“司使”，由于其特殊的地位，所以又被时人习称为“计相”。

在中央监察机构方面，宋代也有创新。一方面，宋代继承了传统的御史监察机构，称之为“御史台”，其职责是纠察、弹劾包括宰相、枢密使、三司使在内的各级官员。御史直接向皇帝负责。另外，宋代还有一个职责与御史台完全相同的机构，称之为“谏院”，这可以算作是宋代的发明。本来中国历史上有言官谏诤制度，但它是专门针对皇帝的，即如果皇帝有什么做错的地方，一些官员有权对皇帝加以规劝和指正。两汉时期，博士、议郎、谏大夫、谏议大夫等都可称为谏官或言官。唐代的言官隶属于门下省，其职责与过去没有大的区别。到了宋代，由于皇帝的权力空前强化，皇帝把言官从原来的门下省独立出来，建立谏院，由皇帝直接执掌。这一变动使得言官的性质也改变了，其矛头由原来的纠绳天子，一变而改为监督政府百官，这就与御史台的职责互相混淆了。而且皇帝还特许这两个独立的监察机构的官员可以“风闻言事”，即监察官的检举不一定要有真凭实据，可以是道听途说，即使检举错了也不会受到严厉的处罚。

此外，宋代还继承了唐代皇帝培养扶植体制外势力的一些做法，如选取一部分翰林学士作为顾问参与决策，称作“内制”。“内制”经常绕过外面的政府机构，以突如其来的方式宣布某些措施或任命等。“内制”的权力往往比“外制”更大，而其目的无非在于制约作为常规政府机构的外朝。

中央政制的大体框架已如上述，下面再来看看宋代的地方政制。

在各级地方官的设置上，同样是围绕着加强中央集权、有利于君主专制独裁这个基本原则展开的。宋初罢削了唐代以来节度使兼辖支郡（节度使除了自己主管的大藩府之外还兼管周围的一些州、郡）的旧制，以设立大行政区“路”代之。全境划分为若干个“路”（一般20个左右，时多时少），其主要机构有：一、转运使司，其职责是主管地方的财赋，兼管治安等，一般称作“漕司”；二、提点刑狱司，掌管地方的司法、监察，一般称作“宪司”；三、安抚使司，掌管地方的军事，一般称作“帅司”。后来又加设了提举常平司（王安石变法时始设），掌管地方上丰歉时粮食、物价等的调节，一般称“仓司”。地方诸司的职权完全分立，彼此制约。此外，漕司、宪司、仓司又有监察州县地方官的职责，所以该三司又习称为“监司”，因此“路”又有监察州郡地方官的性质。

至于地方的行政机构，宋朝也承继了唐朝州（府、军、监）、县两级的制度。为了消除中唐五代时期藩镇割据的弊政，宋代对州一级的地方权力，改由朝廷直接控制。州、县的长官由中央任命，称之为“知某州事”“知某县事”，简称“知州”“知县”。当地人不能在当地任官，地方官一般三年一轮换，以消除地方官培植个人势力的可能。当时，唐以来的节度使名义上虽然予以保留，但与唐、五代时已全然不同，只是作为一些元老重臣出外守地时所赐的虚衔，毫无实际意义。为了进一步有效地控制州一级地方政府，宋廷在各州还设置了“通判官”，简称“通判”。通判由朝廷直接派遣，他既非知州的副手，更不是知州的属官。通判有权与知州共同处理州事，并监督知州的行动，直接向朝廷报告情况。因此，通判又习称为“监州”。各州的公文必须要有知州和通判的联合署名，方能生效。

以上所述是宋代从中央到地方的政制，但宋代还特有一套官制系统。宋代的官制系统极其复杂，因为它是“名”与“实”相分、“职”与“权”相分的。宋朝官员所担任的实际职务，一般都不是其官职名称所显示的职务，而往往是以此官任彼事，以彼官任此事，还常常有以较低官职任较高级别的实际职务。宋代官制有“官”“职”“差遣”之别：“官”，只表示向国家领取工资（俸禄）的级别，毫无实际意义；“职”只表示学识的级别，如“翰林学士”“龙图阁大学士”等；“差遣”才算是真正意义上的职务。但是，“差遣”又属于临时性质的，所以称之为“知……”“判……”“权……”，“知”“判”“权”，是加在职务前面的限定词，其相同的意思是指临时的、可以随时调换。它们之间具体的区别在于：“知”代表差遣的职务与此人做官的品级相等；“判”代表差遣的职务比此人做官的品级低；“权”代表差遣的职务比此人做官的品级高。

以上这一套东西让我们姑且用现代政府机构的职务来打个不十分恰当的譬喻，目的是让读者能够理解，比如：商务部部长不能管理商务部的事务，由农业部副部长兼任商务部副部长，这个兼职的副部长再临时代理商务部长，他才是商务部管理实事的，或者说是实际的商务部部长。这里，农业部副部长是“官”，工资级别由这个位置所定；临时代理商务部长是“差遣”。这则例子还没有牵涉“职”。人们不禁会问：为什么搞得如此复杂？目的何在？目的就在于，一则尽量减少官员在任职部门内部结党营私的可能性；二则让任职官员时时提醒自己现任职务是临时的，干不好就得卷铺盖走人。

总之，宋初的皇帝为了不让甫建的王朝再重蹈五代覆辙而成为第六个短命鬼，为了确保赵姓江山能长久存在下去，所以就“以防弊之政，为立国之法”（王夫之语），多管齐下。而其结果，我们不妨就以南宋同一时期两个理论追求不同的儒学大师的话来总结吧：理学大师朱熹说：“本朝鉴五代藩镇之弊，遂尽夺藩镇之权，兵也收了，财也收了，赏罚刑政一切都收了。州郡遂日就困弱。”（《朱子语类》卷一二八《本朝法制》）事功学大师叶适说：“国家因唐、五季之极弊，收敛藩镇，权归于上，一兵之籍，一财之源，一地之守。皆人主自为之也。欲专大利而无受其大害，遂废人而用法，废官而用吏，禁防纤悉，特与古异，而威柄最为不分。”（《水心别集》）

由宋初确立的这一系列政策、制度和措施，使得专制主义的中央集权在中国得到前所未有的强化，它成为中国封建时代君主专制独裁不断强化的一个重要转折点，到明清时期更发展到恶性膨胀的地步，当然那已是后话了。就宋朝本身而论，所谓“内外相制”“上下相维”的种种措施，一方面使一切权力都集中到了皇帝个人的手中；另一方面则形成了以文官为核心，名实分离、叠床架屋的庞大的官僚体制。这一体制固然根除了自中唐以来“君弱臣强”“外重内轻”的弊病，但却埋下了新的祸端，这却是宋初那些工于心计的皇帝们所始料不及的。

右文抑武
祖宗家法确立

传说宋太祖立有“不杀士大夫”的“誓碑”，命后世嗣君必须遵循。此事因不见正史记载而使后人疑窦丛生。不过，征诸历史，不杀士大夫基本还是符合宋代事实的。这一“祖宗家法”的确立，与宋初“兴文教，抑武事”的基本国策有关。它给宋朝的历史带来了什么呢？

在两宋之际的一些文人笔记中，如北宋后期叶梦得的《避暑漫抄》、南宋初王明清的《挥麈后录》，都提到过宋太祖曾立有“不杀士大夫”的“祖宗家法”。这里我们就以记载较详尽的《避暑漫抄》来看看：

> 太祖登基后三年，秘密刻了一块碑，立在太庙后殿的夹室中，称之为“誓碑”，用黄色的布幔盖着，室门紧锁。同时对有关部门下令，以后皇帝祭祖或新皇帝即位时，在庙中祭祀完毕，要奏请其恭敬地诵读碑上的“誓词”。而

读时只允许一个不识字的小太监在旁，其余人等都必须远远地站立。皇帝到碑前，跪拜、凝视、默诵，完成后再拜，然后出来。那些大臣和近侍，都不知道誓词的内容。自太祖后的历代皇帝都承袭了此举。靖康之变，北宋灭亡，室门被打开，人们终于可以看到这块碑了。这块碑高七八尺，宽四尺多，上有三行“誓词”，1.“（后周）柴氏子孙，有罪不得判刑，即使犯了谋反篡位之罪，也只能在牢狱中赐其自杀，不能上刑场正法，也不允许牵连其亲属。”2.“不能杀为官的读书人（士大夫）及上书批评政治的人。”3.“子孙后代中有违背以上誓词者，老天必定惩罚他。”（详参丁传靖辑《宋人轶事汇编》卷一）

此事在明清之际王夫之的《宋论》、顾炎武的《日知录》中也均有提及。但由于有关宋朝的正式史书中不记载此事，所以人们又常疑信参半。但不管是否确有其事，不杀士大夫，基本上还是符合宋代的事实。所谓基本符合，当然不能排除某些个例。如宋太宗时，孟州文士张雨光因参加科举考试不合格，恼羞成怒，在街上纵酒，并大骂朝廷，太宗愤然下令将其斩首，这便是一个特例。

宋代的这个“祖宗家法”，其影响十分深远，因此值得一说。

一

有宋300余年，知识分子（文人士大夫）的地位之高，所受的待遇之优渥，为其他朝代所无法比肩。这一点可用15个字来概括，即：文官多，官俸高，大臣傲，赏赐厚，责罚轻。与此相对，宋代武将的地位、权力和声名，却大受贬抑。这特别反映在宋代统治者将文士视为治国的主要依靠对象。宋太祖赵匡胤曾多次强调："宰相须用读书人。"以后有宋一代，上自同平章事、参知政事、枢密使，下到知州、知县，包括经略安抚使之类的武职，大多由科举出身的文士充任。宋仁宗时期的蔡襄，就曾这样概括宋廷的用人政策：

> 今世用人，大率以文词进。大臣，文士也；近侍之臣，文士也；钱谷之司，文士也；边防大帅，文士也；天下转运使，文士也；知州郡，文士也。（《蔡忠惠集》卷十八）

反之，武将因受猜忌而所握权力极其有限，若纯粹是个武人，则更会遭到小觑。所以连狄青、岳飞这样的名将，也往往要折节读书，留意斯文。

旧史家常以"重文轻武"来说明宋代统治者的这一举措。此话并不尽然，因为这仅仅是一种表面现象。倘若我们对宋初皇帝的施政背景及动机稍加分析的话就不难发现，"重文轻武"，有些方面实在是出于"重武轻文"。

前面已经说过，赵匡胤通过掌握后周的军事力量而夺取天下。在黄袍加身、建立宋王朝以后，他面临的首要问题，是如何避免宋王朝继五代之后成为第六个短命王朝。唐末、五代走马灯一般的政权转移，以及他自己坐拥天下的事实，使赵匡胤清楚地看到，军权可以对政治起决定性的支配作用，异己的军事力量对皇位构成最大的威胁。在他眼里，"武"太重要了，以致带有一种恐惧。

于是，在赵匡胤即位的次年，就相继解除慕容延钊、石守信等人统领禁军的兵权，让其出任地方节度使。又做兵制改革，地方兵权收归各州，节度使成为无权的虚衔。从公元963年起，赵匡胤开始用文臣来管理州事。当时，后周拥兵割据的异姓王和带相印的大藩仍有数十人。赵匡胤或借故把他们调迁，或遥领他职，或在他们死后不再使子孙袭职，同时逐步任命新的文臣来替代旧的武将。统一后，太宗赵光义继续以文臣换充武将，并利用内臣即宦官领兵或充监军，以挟制将帅。987年，太宗又正式下诏："文臣中有武略知兵者，许换秩（秩：官吏的职位、品级）。"

有两件事情，颇能反映文臣在赵匡胤心目中的分量：

一次赵匡胤宴请翰林学士。后周旧臣王著，因思念周世宗，借酒喧哗，声泪俱下，殷殷旧情，表露无遗。赵匡胤也不怪罪他，让人扶他回去。第二天，有人想做文章以表示自己的忠心，提出要处理王著。赵匡胤却轻描淡写地说："这家伙是个酒徒，周世宗在时我就了解他。更何况一个书生哭周世宗，又能做些什么呢？"

又一次，赵匡胤到宰相赵普家，恰逢吴越王钱俶派人给赵普送来礼物——"海物"十瓶。赵匡胤令人打开，见瓶中所盛全为瓜子金。赵普惶恐不已，拼命解释。赵匡胤笑着说："收下吧，不要紧。他（钱俶）以为国家大事都由你这个书生管得呢。"

不难看出，在赵匡胤的政治天平上，文人是无足轻重的，他们属于易于控制和驾驭的利用对象，决不如武将那么重要。几个书生岂能掀起大浪？几个文士焉能毁我江山？所以，赵匡胤曾吐露真言：我现在用儒臣百余人分治大藩，纵使他们都去贪污受贿，其危害也抵不上一个武将。这就点明了他大量起用文官的原因，主要是着眼于文官对政权稳固的威胁，较之武将百不及一。而其弟赵光义，则也可谓深谙其兄长的良苦用心。

宋太祖、宋太宗兄弟虽然是行伍出身，但都明白“以马上得天下，不能以马上治天下”的古训，如宋太宗就曾说过“王者虽以武功克敌，终须以文德致治”的话。太祖建国后，为了顺应形势的变化和发展，很快由一介武夫变为“性好艺文”的尊儒重文之君，而太宗更被称誉为“锐意文史”。后来，真宗又“道遵先志，肇振斯文”。于是，宋廷蔚然以文化成天下。

为广泛吸收文人参政，宋代统治者在建国后不久，即着手完善科举制度。

科举制度自隋唐至五代，已逐渐成为选拔官吏的主要途径。不过五代时期由于战乱频仍，政局动荡不定，所以虽开科不少，却取士不多，一些有识之士往往不乐于仕途而隐居山林。所以，北宋建国之初，仍有不少士人对赵宋政权持观望态度。

宋太祖初年，取士较严，最初几科，每科取进士仅十人上下。开宝三年（970 年），参加科举考试的人数大增，录取之后，赵匡胤又令礼部择取连考十五场不中的 106 人，作为“特恩”，特赐本科出身。以后考试多次不中的，也可特赐，称为“特奏名”。这一为笼络知识分子而以皇帝特恩名义加以录取的办法，系宋代科举制度中的新举措。

开宝五年（972 年），赵匡胤又打破常例，在讲武殿召见科举合格举人，然后下诏放榜，以示重视。次年，进士考试下第者控告考官取士徇情，赵匡胤召见下第和及第者若干人，重新考试，亲自阅卷。此乃“殿试”，曾为唐代武则天偶尔实行。自 973 年，“殿试”遂成为定制，进士及第都要经过皇帝亲自考选。宋太宗时，殿试后，还要在殿前“唱名”，由皇帝“赐及第”。这样一来，皇帝直接掌握了取士、用人的大权。

太宗继太祖之后进一步扩大取士名额。以太平兴国二年（977 年）正月赵光义即位后的第一次贡举为例，共得进士吕蒙正以下 109 人；诸科 207 人，并赐及第；连考十五次不中者 184 人，并赐出身；“九经”7 人不中格，太宗“怜其老”，特赐同“三传”出身。诸科，是北宋贡举科目九经、五经、开元礼、三史、三传、三礼、学究、明法等科的统称。地位次于进士科。应举经礼部试和殿试合格者，分本科及第、出身和同出身三等。以上共计 507 人。以后一科进士可多达三四百人，诸科多达七八百人。基于此，宋朝的官僚队伍彻底改变了武人占优势的状况。

对太平兴国二年正月那次贡举，宰相薛居正等人曾提出“取人太多，用人太骤”，表示反对。但赵光义“方欲兴文教，抑武事，弗听”（《续资治通鉴长编》卷十八，太平兴国二年正月丙寅）。

北宋还创立了“糊名”“誊录”等法，为完善科举制度起了积极作用。早先，考生的试卷上写明姓名、籍贯，考官可以看到，作弊也就非常方便。太宗淳化三年（992 年），有人上疏请求在殿试时“糊名考校，以革其弊”。此法推行后，效果很好。真宗、仁宗时，又将糊名考试法推广到省试、州试。

为了免除考官辨认考生字迹和拆换卷首等弊病，糊名之后，又创誊录试卷法，即先派人将考生试卷誊抄一遍，然后将誊抄卷交考官评定。真宗大中祥符八年（1015年）置誊录院，专管此事。如此，考试制度日臻完善。

宋初几十年间，科举制度显示出很强的优越性，史称："时取才唯进士、诸科最广，名卿钜公，皆由此选。"（《宋史·选举志》）科举制度为宋廷选拔、网罗了大量优秀人才，也有助于巩固中央集权。

二

王夫之说："夫宋祖受非常之命，而终以一统天下，底于大定，垂及百年，世称盛治者，何也？唯其惧也。"是的，宋初皇帝对武将十分恐惧，所以要重用文臣，但并不等于说他们对文臣就特别放心了。重用文臣，无非是因为"两害相权取其轻"而已。文臣尽管较武将的威胁百不及一，但整个国家机器的具体运转，毕竟掌握在这些人手中，所以恐惧感自然而然也就会产生了。宋太宗曾经有过一段"名言"：

> 国家若无外忧，必有内患。外忧不过边事，皆可预防。唯奸邪无状，若为内患，深可惧也。帝王用心，常须谨此。（《续资治通鉴长编》卷三十二）

"奸邪"的人脸上并没有写字（即"无状"），这是最可怕的，所以帝王一定要在这方面用心。而宋太宗这里所指的"奸邪"，与其说是那些领导"民变""兵变"的暴动领袖（如宋初王小波、李顺之类，过去常有这种误解），倒不如说是指那些负责国家机器运转，执行制度、政策的政府官吏。于是，为了防范文臣，一系列的措施便应运而生了。

首先要分散文臣之首宰相的权力，于是设立了枢密使以管理军事，设立三司使以管理财政，让原来“事无不统”的宰相只负责日常的行政事务；再分别设参知政事、枢密副使和三司副使作为上述三者的“副贰”。这样，不仅达到了部门间的互相牵制，也达到正副职间的互相约束。地方上也不例外，州郡长官由皇帝直接任免、派遣，称为“知州”；又专门派监督官员“通判”到地方上去，监督知州的行动并直接向皇帝汇报情况，州内一切政令须经通判签字后方能生效。

不过，话又说回来，宋代皇帝尽管对文臣存有戒心，可鉴于文臣潜在的危害性相对较小，况且在制度层面上，又已对这种危害做了严密的防范，所以为了赢得士人的支持、效忠，也为了振兴文教，他们又给文臣以比较多的特权。宋代文人得到了比其他各朝多得多的优礼，所受限制也宽松得多。

从总体上看，宋代文人着实生活在一个比较宽松的环境中。这突出地反映在以下两方面：

1. 文人敢议政，更敢犯颜直谏，而统治者只要认为对自己没有什么大的危害，也就持宽容的态度。这一点在中国历史上是很罕见的。苏东坡曾指出：

> 综观史书，从秦汉一直到五代，因为批评过皇帝或时政而死的人，不下数百人。但自太祖登基（建隆）以来，没给一个提意见的人治过罪。即使稍有责备，马上又使用甚至升职。允许言官们“风闻言事”，使他们目无官长；

为了表现自己，他们就不问尊卑；批评皇帝，皇帝也得听听；批评政府，那宰相们就像犯罪似的。（参见《苏轼文集》卷十《上神宗皇帝书》）

这里不妨先以苏东坡的弟弟苏辙为例来看看。据江少虞《宋朝事实类苑》中记载：苏辙在宋仁宗嘉祐年间的“举贤良对策”中，公开批评仁宗贪图酒色，不理朝政：“闻之道路，陛下宫中贵姬，至以数十，歌舞饮酒，欢乐失节，坐朝咨谟便殿，无所顾问。”考官认为苏辙道听途说，大胆妄言，欲罢黜之。宋仁宗不许他们这么做，说：“朕设制科（正常科举考试外的特科），本求敢言之事。辙小官，敢如此极言，特与科名，仍令史官编录。”

再比如“天姿英拔”敢作敢为的宋神宗，他支持王安石变法，遭到许多元老重臣的强烈反对，文彦博更直言不讳地说，皇帝是“与士大夫治天下”（语见《续资治通鉴长编》卷二二一），即天下不是你皇帝一个人的，而是与士大夫共同治理的，他们有权说话。宋神宗因攻西夏失利，要杀一个漕运官，宰相蔡确站出来反对，说“祖宗以来未尝杀士人”，拒绝执行；神宗没办法，只能改为将此人脸上刺字后发配，门下侍郎章惇又表示反对，“士可杀不可辱”，神宗大怒道：“快意事便做不得一件！”章毫不示弱地答道：“如此快意，不做得也好！”（事见《蓼花洲闻录》）后世许多人以为，宋神宗时苏东坡因“乌台诗案”几乎被杀，其实那只是苏东坡入狱时自己的一种担心，事实上他不仅没有生命危险，连刺配之议也没有。当时刘安世就说过，要救苏东坡，“但言本朝未尝杀士大夫”一句话就够了（见《元城语录》）。

正因为宋代舆论氛围的宽松，不仅在朝任官的士大夫敢说话，连作为预备官员的太学生，也多敢直言不讳地针砭朝政、品评大臣、扬清激浊。以致有人将太学戏称为“有发头陀寺，无官御史台”（《鹤林玉露》），意即太学如同“有头发的和尚庙，没有官的监察院”。

2. 文臣即使犯了“罪”，最重的处罚也不过是贬到“远恶州军”去，即下放到偏远的蛮荒之地。他们无掉脑袋之虞，一旦罹“祸”，还可等待时机，东山再起。我们就以上面讲到的蔡确为例来说吧：

宋哲宗元祐年间，高太后垂帘听政，作为王安石“新党”的蔡确失势，作了一首《车盖亭诗》，用武则天代唐来影射高太后垂帘，这在当时说来是犯了“悖逆”的大罪。但对其“悖逆”的处罚，只是“贬英州别驾，新州安置”而已。实际上，当时以司马光为代表的“旧党”上台，蔡确的外贬也只是时间问题。即使这么轻的处罚，居然也造成朝廷上下一片哗然之声，甚至连蔡确的政敌、“旧党”中的范纯仁、苏东坡等，也认为处分过重。清代的赵翼在其《廿二史札记》中非常惊讶地说：“若论（蔡）确设心之奸险，措辞之凶悖，虽诛戮尚不足蔽辜，仅从远窜，已属宽典。乃当时万口同声，以为太过，即号为正人君子者，亦出死力救之。”赵翼生活在“文字狱”盛行、杀读书人如割草的清朝乾隆年间，难怪要发出以上的惊叹。

其实，在宋代，士大夫对最高统治者公开批评几句，是并不稀罕的，前面提到的苏辙是个例证。像文彦博、蔡确、章惇讲的话，也不鲜见。赵普早就对宋太祖说过：“刑赏者，天下之刑赏，非陛下之刑赏，岂得以喜怒专之！”（《续资治通鉴长编》卷十四）；苏东坡也说过：“天下者，非君有也，天下使君主之耳。”（《御试制策》）这并不是宋朝的士大夫胆子特别大，而完全是宋朝的“祖宗家法”给士大夫提供了保障。我们不妨与明、清两代作一比较：明朝的海瑞是一个铁骨铮铮、敢说真话的忠臣，在他抬着棺材进宫向嘉靖皇帝进谏时，也只能说这样的话：“天下者，陛下之家，人未有不顾其家者。”结果是海瑞下大狱、判极刑，幸好嘉靖突然暴毙，海瑞才免去一死。清朝的洪亮吉也是一个敢讲话的士大夫，他在乾隆去世后嘉庆帝亲政、下诏“求直言极谏之士”的前提下，上疏讲了一些时政之弊，并提出改正方法。结果被判“斩立决”，后来总算嘉庆“开恩”，把他发配到新疆伊犁，以后遇大赦回家，也是终身不得再做官。两相对比，其间差别，何啻天壤！

三

为了吸引和笼络人才，宋廷向文人学子敞开了科举这条进身的阳光大道。宋朝科举考试录取的名额不仅多，而且不重谱牒，不重乡贯，不重门第身份，甚至有意创造条件，让孤寒之家的子弟脱颖而出。宋代统治者还常常令地方官举荐人才，或亲自物色俊彦之士。被推荐、选中者，都是既有才干又以“文章”“文学”出名的学行兼优的读书人。

一旦进士及第，一般都授予高官，并赐予优厚的待遇。仍以太平兴国二年那次贡举为例，本科中试者，都先赐予绿袍靴笏，又在开宝寺举行盛大的宴会，太宗还为此赋诗以表祝贺。第一、第二等进士及中“九经”科者，授将作监臣、大理评事（将作监，官署名，宋初掌祠祀，供省牲牌、镇石、炷香、盥手、焚版币等事；大理寺，官署名，负责处理各地奏报的案件），通判各州；同出身进士及诸科（“九经”科之外）中试者，送吏部免选，委以各职。赴任出发时，每人赐办装费 20 万。史称如此恩宠，前所未有。

至于做官以后，士大夫享受的待遇之高，也是历朝所没有的，赵翼在《廿二史札记》中曾专门提到宋代的“制禄之厚”“词禄之制”“恩荫之滥”和“恩赏之厚”，真所谓“恩逮于百官者，唯恐其不足”。别的不提，就拿宋朝只拿工资而不需干活的“寄禄官”来说吧，朝廷的文武百官中竟占了百分之七十还要多一点，如什么节度使、防御使、团练使、州刺史等等，都是只领俸禄，不干实事的。

与优礼读书人的政策联系在一起的，是作为“国学”的儒学，受到了宋代统治者的高度重视，孔子和儒学的地位在宋朝得到了很大的提高。太祖赵匡胤一登上皇位，就去国子监祭祀孔子。建隆二年（961 年），太祖下令参加贡举的士人须到国子监谒孔子，并著为定例，永远执行。次年，又下令用一品礼祭孔子。为表彰孔子和儒学，孔子第三十四代孙孔宜虽进士不第，仍赐官为曲阜主簿，以后又屡加升迁。大中祥符元年（1008 年），真宗到泰山封禅后，亲自到曲阜孔庙行礼，拜谒孔子坟墓，追封孔子为“元圣文宣王”；又命翰林学士晁迥祭奠孔子父母。次年，又追封孔子弟子七十二人，令中书、门下、两制、馆阁分撰“赞”文。他亲撰《文宣王赞》，称颂孔子为

"人伦之表"，儒学是"帝道之纲"。又自撰《崇儒术论》，以为儒术的污隆，关乎国家的兴亡。此文被刻在石碑上，立于国子监。

既然大力提倡儒学，也就必然要优礼儒士，尤其是对那些有一定声望的儒臣、学官，更加以特别的尊崇。如淳化五年（994 年）太宗至国子监，赐直讲孙奭五品服。当孙奭讲《尚书》至"事不师古，以克永世，匪说攸闻"（意为：不遵从古人的教诲，而能使事业兴旺长存，是我傅说从未听到过的）。太宗大受感动，又赐束帛。在名儒张洎赴翰林任职时，太宗曾对近臣说："学士之职，清切贵重，非他官可比，朕常恨不得为之。"正是有这样一种尊重，才会对文人学士倍加礼遇。

在宋初"兴文教"的政策背景下，宋代的文化蓬勃发展，在哲学、文学、史学、科技、艺术、宗教、教育、出版等各个领域，都表现出极大的创造力，留下了光辉灿烂的业绩。这些内容，我们留待另外的篇章来论述。这里主要想探讨一下，宋代"不杀士大夫""兴文教，抑武事"这一"祖宗家法"所造成的另外一些结果。

四

首先要提到的是其对中国人文化心理、价值观念层面的影响。

如前所述，宋太祖赵匡胤的"重文轻武"，相当程度上是出于"重武轻文"。然而，由"重武轻文"引出的文人治国，又确立了两宋300多年防范武臣的“祖宗家法”。有学者指出，南宋初年的宋高宗之所以会自毁长城，杀害岳飞，除了其他一些原因之外，很重要的一点是遵循这一“家法”，这虽是一家之言，却很有说服力。宋太祖的本意虽非真正重视读书人，但重用文人却是一个事实。再经过太宗、真宗、仁宗几朝的“右文抑武”之后，武人的形象真正地跌落下去了。这一点折射到当时人们的观念上，就真的形成了“重文轻武”的价值取向。“重文轻武”从一种施政措施，变成了普遍的社会意识，使得“尚文”的精神在中华民族的性格中大大强化了。

如果把宋代的“重文轻武”置放到一个更为广阔的历史背景中分析，我们可以看到，中国社会风习在唐宋之际有一个重大的转变，中国人的文化心理和价值观念，在封建社会从前期走向后期的当口，有一个重大的转变。简言之，就是从“尚武”变为“尚文”。

唐代社会，沿袭的是北朝魏、齐、周及隋朝之风习。当时，少数民族的遗裔遍布于我国的北方和中原地区；再者，唐代与西域的交往频繁，胡商的贸易，“色目”的入仕，使得当时的中国人具有一种中西混合的性格。那时的人们，大多崇尚粗犷雄豪，无畏无惧，尚武而轻文。哪怕是文人，也多沾染这种气息，就以唐诗来举例，大量的唐代诗歌记录了当时“尚武”的风习，如杨炯表示：

宁为百夫长，胜作一书生。

王维说：

忘身辞凤厥，报国取龙庭。

岂学书生辈，窗间老一经。

李贺吟叹：

男儿何不带吴钩，收取关山五十州。

请君暂上凌烟阁，若个书生万户侯？

连具有较多儒家正统意识的杜甫，也在诗中发出感慨：

男儿应斗死，壮士耻为儒。

整个社会氛围弥漫着英雄主义和尚武精神，以致文人习武知兵，出入边塞，成为很平常的事。如李白自表其经历曰：

白陇西布衣，流落楚汉。十五好剑术，遍干诸侯。三十成文章，历抵卿相。

表现出一副好勇斗狠的气度。而雄壮豪放的边塞诗，遂成为唐诗中不可或缺的一个重要组成部分。

然而到了宋代，我们看到的是什么呢？宋仁宗时的田况，在其所著的《儒林公议》中引尹洙语曰：

状元登第，虽将兵数十万，恢复幽、蓟，凯歌劳还，献捷太庙，其荣亦不及矣。

当时，在世人的眼里，考中状元的话，比一位领兵几十万的大将，打了大胜仗，收复了失地，然后凯旋还要荣耀得多。

如名将狄青，他以卓著的战功而成为宋仁宗时期的最高军事长官——枢密使，但由于他是行伍出身，却受到文臣们的嘲讽和排挤。他的名望与身份，也大大低于当时与他平级的枢密使韩琦。韩琦以进士出身任武职，看不起军人，说什么："东华门外以状元唱出者乃好儿。"对此，狄青心里也十分清楚，他对别人说过："韩枢密功业、官职与我一般，我少一进士及第耳！"（《宋人轶事汇编》卷七引《默记》）后来，范仲淹教

他读《春秋》，并告诫他："为将不知古今，匹夫之勇耳！"（邵伯温《邵氏闻见录》卷八）

就是如范仲淹这样对武事十分重视、被人誉为"儒将"的人，其价值取向也难以脱离时代背景。当他在庆历年间任陕西招讨副使、负责与西夏作战时，后来成为理学大师的张载去谒见他。张载当时年仅二十来岁，喜欢谈兵，甚至想自己集合一帮人去收复被辽国占领的失地。他见到范仲淹，陈述了关于用兵的谋略和计划。范仲淹却对他说："儒者自有名教可乐，何事于兵？"引导张载去读儒家的经典《中庸》。可能是范仲淹认为张载的才能更适合于研究哲学，所以才会这么劝导他，但其劝说中隐含的价值取向还是很明显的。

统治者的有意倡导，使人们的价值观念发生了重大的变化，苏辙曾总结过这一变化的原因：

> 今世之取人，诵文书，习程课，未有不可为吏者也。其求之不难，而得之甚乐，是以群起而趋之。凡今农、工、商贾之家，未有不舍其旧而为士者也。（《栾城集》卷二十一）

通过读书、科举邀取地位、声望、财产，成为一条捷径和正途，惹得"人人皆有觊觎之心，不忍自弃于盗贼奸宄"（《燕翼诒谋录》卷一）。普通百姓虽经常要为国家提供兵源，但他们仍坚信"好男不当兵，好铁不打钉"的俗谚。中国古代的那些"劝学文""劝学诗"，就是从宋代开始多了起来："天子重英豪，文章教尔曹；万般皆下品，唯有读书高。少小须勤学，文章可立身；满朝朱紫贵，尽是读书人"；"十年寒窗无人问，一举成名天下知"……那两句以后不知被多少腐儒牢记不忘的座右铭："书中自有黄金屋"，"书中有女颜如玉"，也就是在这时应运而生的。据说它还是出于宋真宗的"御笔"：

富家不用买良田，书中自有千钟粟。

安房不用架高粱，书中自有黄金屋。

娶妻莫恨无良媒，书中有女颜如玉。

出门莫恨无随人，书中车马多如簇。

男儿欲遂平生志，六经勤向窗前读。

上面讲到的唐代诗歌体现的社会氛围，到宋代时几乎荡然无存了。渴望建立军功的志向，变成了"唯有读书高"；"醉卧沙场君莫笑"的审美意境，变成了"将军白发征夫泪"。同样是描述戎马生涯主题的边塞诗，我们已经很难见到诸如"葡萄美酒夜光杯，欲饮琵琶马上催""但使龙城飞将在，不教胡马度阴山"。取而代之的却是"浊酒一杯家万里""羌管悠悠霜满地"。这可以说从一个侧面反映出，时代精神已不在马上了。

宋人价值观念的巨大变化，再加之南宋的地理环境、区域文化等因素，如诗人们唱的："东南妩媚，雌了男儿"，也是从宋代开始，白面书生开始成为中国男性的一种典型形象。现在人们一般认为，汉民族的性格温文柔美，沉潜内向，好静不好动，好文不好武。这样的民族性格和文化心理，固然是历史积淀而成的，但其定型，应该说主要是从宋代开始的。

五

上述中国人尚文而轻武的习性，在宋王朝灭亡后不久，即为一位来自西方的旅行家所注意，并联系宋之亡国做了一番评论。马可·波罗在他的游记中这样写道：

> ……这片土地上的人民，绝非勇武的斗士。……（他们的）领地原本是很强固的，所有的城池都围着很深的护城河，河宽在强弩的射程之外。因此，设若此处的人们为赳赳武夫，这个国家原是不会沦陷的。但偏巧他们不善征战，才落得国破家亡。

马可·波罗看到的，当然只是一些表象，历史的因果关系也远不像他理解的那样简单，但无可否认，宋之亡国，与宋代军队（或者说国民）的素质、状况，确实存在着一定的关系。

现在，顺着马可·波罗打开的话题，我们对宋代“右文抑武”如何影响了宋代的国运，加重其积贫积弱的病状，再做一些考察。不过，似乎有必要先做一点说明，以消除一个可能产生的误会：宋代统治者抑武，并不是说他们不希望有一支强大的军队。恰恰相反，研究显示，有宋一代军队对于朝廷的重要性与日俱增，其人员不断增加，其装备也在持续地改进。宋太祖开宝年间，全国总兵员为 37.8 万；到接近 1000 年的时候，已增至 90 万；而到 1041 年以后，更达 125.9 万。除了陆军之外，南宋又建立了水师，以防卫海岸线与长江沿岸诸城市。1130 年，水师的总编制为 11 支舰队，3000 名水兵；1174 年，增至 15 支舰队，21000 名水兵；而到 1237 年，已达 22 支舰队，52000 名水兵。陆军由步兵和骑兵两部分组成，身着皮制或金属制的铠甲。各种型号的弩炮有16种之多，它们由数十或数百人操纵，用以抛掷石块、金属块、毒弹和炸弹。火炮越来越多地得到运用，并被装备在战舰上。

宋代抑武导致国势疲弱，最关键的原因其实是猜忌武将，改变和调整了对军队的控制方式，削弱了军队的战斗力。因此，不管有多少兵力，也难以发挥应有的威力。赵匡胤即位后，大力整顿、充实了禁军。经太祖、太宗两朝的兵制改革，虽说消除了唐末五代以来藩镇割据的积弊，但是事情却又走向了它的反面：它使宋朝军队的战斗力大打折扣，就如时人所说的“以屡易之将，驭不练之士，故战必致败”（《续资治通鉴长编》卷一三八）。

宋代的兵力绝不算少，装备也不能说差，可军队的战斗力并不一定与之成正比。由于种种原因，宋代的大量军队非但没有振扬国威、军威，反而成了“冗兵”。“冗兵”进一步使国势不振。赵匡胤曾认为，养兵有利于统治。他说，荒年人民造反，军队不会叛变；丰年军队叛变，人民不会造反（见晁说之《嵩山文集》卷一）。这是想用军队镇压人民反抗，同时又防止士兵和人民联合起来共同造反。于是，一遇到荒年，宋廷便会大量招兵。强壮的做禁军，不合格的做地方的厢兵。结果兵越来越多，养兵的费用越来越高，而人民的负担也越来越重。壮劳力大量离开农村，致使生产荒废，又加剧了社会矛盾。

与抑武一样，右文的国策也出人意料地导致了加重国家“积贫”的后果。宋廷大量取士、大量封官，形成庞大的名实分离、叠床架屋的官制系统，滥官充斥；又给予官僚以优厚的俸禄，而且，“禄制之外，时有恩赏”。而给予官僚的俸禄、恩赏来自何处？那当然是从百姓身上聚敛的。为了巩固统治，宋王朝大量吸收士人进入政权；而日益膨胀的官僚系统，又极大地消耗了国力，影响其长治久安。终于，它陷入了一个不能自拔的怪圈。以后女真族灭北宋，迨及南宋，更是积弱到不可振作的地步，多数时间受胁于金，最后覆亡于元。关于具体的情况，我们下面再讨论。

总之，在中国历史上，宋代武运、国势的萎弱与文化上的昌明、发达，适成对照，貌似不和谐地并存于一体。宋史的这一特点，与宋初确立的、并为以后各位嗣君“奉为家法，视为故事”的右文抑武国策，确实有着密切的关系。

最后还需一提的是，有宋300余年优礼士大夫。士大夫在战争中固然作用不大，但其对赵宋王朝的忠心，还是随处可见的。就拿形势远比北宋危急的南宋来说：南宋以半壁江山与金、元对峙了150多年，成为中国历史上撑持最久的南方王朝。13世纪，当蒙古铁骑如暴风骤雨般席卷亚欧大陆时，欧洲人曾惊呼其为“上帝的鞭子”。这是汉、唐乃至后来的明、清都没有遇到过的最强大的外族入侵，但只有在进攻南宋时，蒙古人才遇到了其征战史上最持久而激烈的抵抗。从公元1235年元军第一次攻宋，到1279年广东崖山之战宋室最终灭亡，战事持续了40多年，蒙哥大汗本人也在1259年战死于合州钓鱼城下。元军1267年冬围攻襄阳，直到1273年才攻陷，南宋军民顽强坚守之久，创古代守城战的纪录。顾炎武在《日知录》中赞叹道：“靖康之变，志士投袂，起而勤王，临难不屈，所在有之。及宋之亡，忠节相望。”我们看到：白麓洞、岳麓等书院年轻而文弱的书生们，纷纷投笔从戎；理学传人、状元宰相文天祥百折不挠，至死无悔；进士出身的陆秀夫，在崖山之战中坚持到最后，背负宋幼帝毅然蹈海……以他们为代表的宋代士大夫，毕竟以寸土血战、身殉宋室的壮烈行动，回报了宋王朝“三百年待士大夫不薄”（《宋史·理宗谢皇后传》中谢后语）的优礼，也为两宋的文官政治，写完了并不灰暗的终章。

守内虚外
无可奈何之选

国脉微如缕，
问长缨，
何时入手，
缚将戎主？
未必人间无好汉，
谁与宽些尺度？

——刘克庄《贺新郎》

太平兴国四年（979年），原五代诸王朝的辖土，除了被后晋割给契丹（辽）的燕云十六州还在辽王朝控制之下，其余都划入了宋朝的版图。

辽王朝控制之下的燕云地区原是汉族聚居区，号称“华（汉）人百万”，他们长期遭受民族压迫的痛苦，有回归中原王朝的强烈愿望。后周时期，他们曾积极地响应和支持周世宗的北伐。按照先南后北的策略，宋廷也一直把收复燕云地区视作统一宏图的重要组成部分。宋太祖建国之初，曾专门设置了一座“封桩库”，他对近臣说：我准备等这个“封桩库”蓄满三五十万后，就派使者与契丹谈判，如果对方能把燕云地区的土地和人民归还给我大宋的话，这些钱财就统统给他们。如果他们不肯，我就用这笔钱来招募勇士，以武力去收复燕云地区。

一

宋太宗平定北汉以后，宋朝的军事力量达到鼎盛阶段，已经可以与劲敌辽国交手了。这种有利形势的到来，是实施“先南后北”战略的成果。如果宋太宗能够冷静总结对辽作战的经验教训，稍事休整，补足给养，那么打败辽国，收复燕云，全部实现宋太祖预想的统一大业，并非没有可能。但是讨伐北汉的胜利，尤其是白马岭对辽军之战的胜利，使御驾亲征的宋太宗踌躇满志，已不能客观分析宋辽军事实力对比，过高地估计了自己的力量。在进驻太原之后，他就命宋军马不停蹄地转入伐辽战争，以收复燕云地区。潘美等将领对立即转入伐辽有不同看法，他们认为，宋军刚刚结束攻灭北汉的战争，将士疲惫，军需匮乏，不宜马上攻辽。应该说，这种看法是有道理的。不过任何时候总是会有人鉴貌辨色曲意迎合的，总侍卫崔翰就极力支持伐辽，他对宋太宗说：“我们刚刚打过胜仗，士气旺盛，机不可失，时不再来，应该乘胜前进，一举收复燕云。”这正是宋太宗想要的，于是他下定决心立即伐辽。太平兴国四年（979 年）六月，宋军离开太原向东北迅速挺进。

宋军北上途中，没有碰到辽军主力，沿途军民纷纷响应，东易州和涿州的主守官员手下没有精兵强将，见到挟连胜之威的宋军，都自动献城投降。宋太宗见伐辽如此顺利，以为收复燕云地区的梦想真的就要实现了，于是指挥部队急速前进，不到一个月就顺利地兵临幽州城下，附近的辽朝守将也陆续投降，呈现一派大好形势。宋军分兵从四面攻城，但这次遇到了一块硬骨头，幽州城墙高大坚固，辽将韩德让、耶律学古守御有方，尽管宋军昼夜猛攻，甚至宋太宗出马亲自督战，围攻十多天，仍然没有拿下这座孤城。正当宋军处于强弩之末难穿鲁缟之际，辽朝已派宰相耶律沙和大将耶律休哥、耶律斜轸，率领骑兵前来救援，耶律斜轸和耶律休哥是辽朝的著名良将，能征善战，所率部队也是辽朝的精锐。辽方援军马不停蹄，日夜兼程，于七月到达高粱河。消息传到宋营，宋太宗以为又是一个白马岭战役的机会到来，决定撤围打援，企图先击败辽方援军，再夺幽州。于是宋军转移阵地，全数向高粱河进发，不料还没到达河边，耶律沙率领的数万辽兵已越河而来，两军立即交战。宋太宗亲自挥旗督战，两军鏖战多时难分雌雄。正当宋军显露疲态之时，耶律斜轸、耶律休哥率领的两支辽军从左右两翼杀到，幽州城中又杀出韩德让，宋军腹背受敌，顿时溃不成军。耶律休哥趁势冲向宋方中军，直取宋太宗。幸亏辅超、呼延赞两将拼死掩护，宋太宗才得以暂时摆脱耶律休哥，向涿州方面逃跑。一路狂奔直到傍晚，宋太宗一行才到涿州城外，正要进城，耶律休哥带领追兵又已杀到。喘息未定的宋军听说辽军杀到，顿时四处逃窜，连亲军卫队也跑了大半。宋太宗慌不择路，继续往南逃跑，不知什么时候，腿上已经中了两箭。此时天色昏暗，宋太宗连人带马掉进了一个泥潭，连忙大声呼救，谁知这时身边人影全无，真的成了孤家寡人。幸亏杨业率部押送粮草赶往幽州前线，经过这里，才救了宋太宗一命。杨业原是北汉的一个节度使，原名为杨继业，在北汉时被赐姓刘，北汉灭亡后降宋，改名为杨业，后世民间所称“杨家将”“杨门女将”，就是指杨业及其子孙、女媳。杨业降宋后，随军北上攻辽，后来又被派回太原押运军需粮草，待到他押运粮草赶往前线，途中恰好遇到陷入险境的宋太宗。杨业赶忙把腿上中箭的宋太宗救出泥潭，腾出一辆装运粮草的驴车供宋太宗乘坐，随即潘美等一批败将残兵也逃到这里。于是，宋太宗由潘美等人护卫南逃，杨业率兵阻击辽军追兵。御驾亲征的宋太宗总算活着回到汴梁，但这次所受箭伤最终成为他 18 年后驾崩的病根。

二

公元 982 年（宋太平兴国七年）辽景宗耶律贤去世，耶律贤的儿子、12 岁的耶律隆绪（辽圣宗）即位，由萧太后“摄国政”。精明强干的萧太后采用汉制，善于用人。她以“明治体”的韩德让为政事令，兼南、北院枢密使，朝政多与韩商议而定，又任用名将耶律休哥为南面行军都统，总管辽宋边境军政，给予先斩后奏的权力。耶律休哥在边境调整兵力配置，劝农桑、修武备，一派大治景象。

宋太宗不了解契丹（辽）国实际情况，简单地认为契丹王朝国主年幼、太后摄政，必然统治不稳，可以趁机收复燕云地区。于是，雍熙三年（986年）春，任命曹彬为幽州道行营都部署，田重进为定州路都部署，潘美为云应朔都部署，分别率领东、中、西三路大军，又一次大张旗鼓地讨伐契丹。不过宋太宗已不敢再“御驾亲征”了。

按宋太宗部署，曹彬率东路军主力10万人马，向雄州方向进发，应大张旗鼓号称将进攻幽州，但须持重缓进，以最大限度地吸引各处辽军向幽州、涿州方向靠拢；田重进率中路军从定州出发，迅速夺取飞狐、蔚州；潘美率西路军从代州出发，尽快攻取寰州、朔州、云州、应州四州；东路军应等待西、中两路得手之后，再三路夹攻幽州。

当年三月，三路讨辽宋军相继出发。曹彬没有按照宋太宗的预定部署行事，在潘美刚刚攻取寰州时，就贪功冒进，率领东路军连拔固安、新城两县，迅速夺取了涿州。屯守幽州的辽将耶律休哥，其兵力远不如曹彬，所以极力避免与宋军正面接触，只是白天以精锐部队虚张声势，晚上派突击队偷袭，以造成宋军的恐惧心理，并派兵堵截宋军运粮通道，最终迫使进占涿州仅十余天的中路宋军因为缺乏军粮而退回了雄州。宋太宗得知曹彬回师的消息，大惊失色，说：“哪有大敌当前而退兵取粮的！”无奈之下还是命令曹彬先在雄州养精蓄锐，等另两路大军到达预定位置后，再进击幽州。此时，中路宋军已经攻克了飞狐、灵丘、蔚州，西路宋军又攻下了朔、云、应三州。得知西、中路的捷报，曹彬听从其部将的建议，不顾宋太宗的命令，又率领东路军重新奔赴涿州。辽军耶律休哥得知曹彬卷土重来，仍只派精锐轻骑前往阻扰，专在曹彬部队吃饭休息时进行骚扰，捕杀离伍单出的宋兵，且战且退，大大延迟了曹彬部队的进军速度。从雄州到涿州 100 里路程，曹彬竟花费了 20 天。耶律休哥成功地为待援反击争取到了时间，等曹彬部队再次进入涿州时，辽方援军大部队在萧太后和辽圣宗耶律隆绪的率领下也已到达幽州。

援兵一到，耶律休哥就率领主力赶往涿州与曹彬决战。这时已是夏历五月，这年天气炎热，宋军粮草又接济不上，部队疲惫不堪，士气低落。当得知萧太后援军已经到达时，宋军上下顿时一片惊慌，曹彬有意退兵，就与另一主将米信商议对策，米信支持退兵，说："见可进而进，知难而退，这是带兵打仗的要诀，将军何必多疑。"曹彬决定退兵，但仍旧派部将卢斌带兵 1 万留守涿州，卢斌提出："涿州深入北地，外无援兵，内无粮草，壮年百姓逃亡殆尽，以 1 万人留守，必然难以持久，不如趁早撤退，还可减少一点损失。"曹彬采纳了卢斌的建议，命令他带着城中老幼一起撤退。这样，南撤宋军连一支像样的后卫部队都没有了。

当时天降大雨，宋军士气低落，一听到撤退的命令，就争先恐后地冒雨南撤，兵阵队列全部乱作一团。黄昏时退到岐沟关关北，又被耶律休哥的辽军追上。宋军已无力交战，只得环列粮车作为防御，一路追击早已疲惫不堪的辽军，把宋军团团围困起来，等待第二天决战。

曹彬、米信于夜间组织突围，虽然冲出包围圈，但兵力损失大半。第二天，逃到拒马河边的宋军正准备吃饭，耶律休哥又率骑兵杀来，宋军望尘奔窜，匆忙渡河，慌乱中又有大半人马被踩死淹死。曹彬总算捡了一条性命，直逃到易水才惊魂稍定，扎营休息。未及过河的宋军沿河溃逃，直到狐山才得以渡河，但生还者寥寥。战后，耶律休哥下令收集宋军尸体堆造“京观”，把尸体堆积成小山丘，再用泥土封盖，筑成一座高台，用以炫耀武功，威吓宋人。宋军兵力损失之大由此可见一斑。

由于东路军岐沟关溃败，已经接近幽州的另两路宋军，面对强大的辽军，既无力继续进兵攻打幽州，也难以固守已夺取之地。于是宋太宗只得下令全线撤退，中路军田重进退守定州，西路军潘美回守代州，不久又下令把寰州、朔州、云州、应州四州边民迁往内地。宋辽边境又回到了兴兵前的态势。谁知四州吏民未及安全撤离，战局又起变化。六月，辽将耶律斜轸率领10万大军向西猛攻，夺取了寰州。寰州被夺，给撤退的吏民造成极大威胁。七月，潘美的副手、北宋名将杨业提出，应避开被占领的寰州，由自己率领轻骑绕过朔州、云州，从偏道直奔应州，吸引辽军主力向应州移动，使朔、云二州的吏民趁隙撤退，由宋军在城外山口接应，迅速脱离险境，当辽军主力发现宋军意图，回师阻截朔云吏民时，自己又能掩护应州吏民迅速撤回。这个方案可行性较大，但监军王藇等激烈反对杨业的主张，王藇甚至指责杨业：“你率领数万精兵却如此畏懦，是否已经有了别的打算？”杨业本是北汉降将，王藇的话戳到了他的痛处。无奈之下，他只得抱着必死之心前往接应四州吏民。第二天清晨，杨业率领部属从代州出发，经正道前往朔州。出发前，他对潘美、王藇等人说：“此去必定会遭遇不利，请诸君在陈家谷两翼设下伏兵，在辽军追我到此地时，你们左右出击，或许还有希望使四州吏民安全撤回。”潘美、王𫗦满口答应，率领部下在谷口设伏等候。等到午后，仍不见人影，王𫗦以为辽军已经败走，就带领部下离开陈家谷向东而去。王𫗦撤走后，潘美也率部西去，而在听到杨业已败退的消息后，反而加快了西去的步伐。

杨业出发后，先是遭遇小股辽军，辽军一触即溃，杨业不顾一切挥兵紧追，在朔州城外的狼牙村中了耶律斜轸的埋伏，陷入重围。杨业杀开一条血路，从中午到傍晚，边战边退，来到陈家谷口，不见有人接应，又回身与辽军厮杀，身负十多处重伤，最后因战马重伤倒地，被辽军俘虏，朔州也随即失陷。此战杨业部下大都战死，包括杨业之子杨延玉也已阵亡。被俘后，杨业坚拒招降，绝食三天而死，其头颅被耶律斜轸送到辽廷报功。听到杨业战死、朔州失陷的消息，云州、应州的宋朝守城官吏，在没有宋军护卫的情况下弃城逃亡，最终只有一小部分回到宋境。

这场只打了三个月的收复燕云地区的战争，宋朝损兵折将、寸土未得，民心士气遭遇了巨大的挫折。几次伐辽战争的失败，使宋朝内部产生了严重的恐辽情绪，加上当时黄老思想的影响以及皇室内部矛盾等原因，宋朝统治集团开始考虑重新定位与辽王朝的关系。经过一番犹豫和选择，最后采取了“守内虚外”的政策，即以安定国内统治秩序为主要任务，对辽国由积极攻伐转为消极防守。“守内虚外”的恶性发展，导致此后历朝宋帝纳币乞和、苟且偏安的痼疾。

三

端拱二年（989 年）春，辽军发兵攻陷易州，宋太宗下诏征求群臣关于“备边御戎”的方略。知制诰（起草诏书等皇帝文书的官员）田锡上奏认为“边上（边境）动，由朝廷动之；边上静，由朝廷静之”，提出“欲理外，先理内，内既理则外自安”。同知贡举张洎上奏提出用“练兵聚谷，分屯塞下，来则备御，去则勿追”的办法对付辽人。吏部尚书宋琪则建议采用和谈的方法：“戎狄侵轶，其来尚矣，然则兵为凶器，圣人不得已而用之，若精选使臣，不辱君命，同盟继好，弥战息民，此亦策之得也。”田锡等的意见反映了当时宋朝君臣不愿边境多事的倾向。不愿边境多事，实际上是回避边境之事，或者说是不把边境之事看作大事。于是，这年宋廷对辽军的进犯没有反击。“守内虚外”政策已经呼之欲出了。

淳化二年（991 年），有 73 家契丹族人主动投靠宋朝并州，宋太宗很高兴，对臣下说：“国家若无外忧，必有内患。外忧不过边事，皆可预防，唯奸邪无状，若为内患，深可惧也。帝王用心，常须谨此。”认为内患最难防范，是对政权的最大威胁，非常可怕；而外忧充其量也只是“边事”（边境冲突），可以防范，不会影响政权的存亡。“守内虚外”政策已经初步形成。其实，外忧和内患一样，达到一定程度，也会导致亡国，宋以前不乏这类例子，而宋最终恰恰是亡于外患。

岐沟关之役，辽军主力追击到拒马河后，即停止前进，班师回朝，战争戛然而止，但这只是萧太后考虑到天气炎热不宜行军远征而采取的战术性行动，并非表明辽王朝对宋朝没有进一步侵略的野心。恰恰相反，他们对宋朝的北伐耿耿于怀，早已厉兵秣马，要在秋高马肥之时一逞兵威。

面对辽国的攻势，在“守内虚外”政策的指导下，宋廷只是命令边将固守要塞、以守为战。宋太宗时，宋军在河北沿边的平原上，西起保州西北，东至泥姑海口，东西 900 里，沿线设置 26 个兵寨，125 个军铺，配备 100 余艘兵船、3000 余名士兵，形成一道曲曲弯弯的屏障，以防辽军骑兵突然入侵，乡村只许以坚壁清野消极防守，城市只许坚守不许出兵，即使不得已而出兵，也只许在城前列队，不许轻易交战。至道元年（995 年），雄州知州何承矩两次击退辽军进犯，结果被宋太宗以“轻率致敌”为由调离雄州。宋廷的这些做法，既束缚了守边军队的手脚，又助长了辽军的南侵气焰。辽军频频骚扰边境，守边将士只能得过且过，以壁垒塞门为上策。

至道三年（997 年），宋太宗在高粱河战役中所受箭伤发作，不治身亡。赵恒即位，即“宋真宗”。宋真宗即位后，继续执行“守内虚外”政策，大臣们也纷纷建议，对辽国采用绥靖手段。咸平二年（999 年）正月，太常博士朱台符上书宋真宗，建议与辽王朝“湔弃前恶，复寻旧盟，利以货财，许以关市”。当年五月，重病在身的曹彬也极力劝说宋真宗与辽王朝“经营和好”。宋真宗在听了曹彬一番劝说后，叹着气说道：“此事朕当屈节为天下苍生。”以上种种，最终都成为此后纳币乞和的思想基础。

四

宋廷愈示弱，辽国愈蛮横。咸平二年（999年）十月以后，辽国数次派出精锐部队入侵宋境，深入河北、山东，所过之地，烧杀掳掠，破坏庄稼，给河北、山东一带百姓造成巨大灾难。宋军将领往往用闭营自守的办法应付来犯的辽军。只有莫州刺史杨延昭（杨业之子）、保州刺史杨嗣等少数将领进行了有效的抵抗。

经过几年的准备，景德元年（1004年）闰九月，辽圣宗及其母萧太后率领20万辽军大举入侵，围攻定州，来势凶猛，不同于以往的骚扰性入侵。前方一天之内给朝廷送来了五份告急文书，宰相寇准主战，请宋真宗立即亲征。宋真宗犹豫不决之际，传来了辽军包围瀛州的报告，他向其他大臣征询意见，参知政事江南人王钦若请他到金陵去躲避，签书枢密院事四川人陈尧叟则请他到四川去逃难。宋真宗拿不定主意，询问寇准。寇准说："提这种建议的人，简直该杀头。"他坚持请宋真宗立即亲征，以鼓舞士气、安定人心，打退辽军的进犯，至少也应该"出奇以挠其谋，坚守以老其师"，坚决反对逃跑。另一名宰相毕士安支持亲征，但主张十一月再亲征。这时，从定州、瀛州等地传来捷报，宋真宗这才同意十一月亲征。

辽军深入宋境，到处遭遇宋朝军民的抵抗，攻城略地没有想象中那么顺利，统军挞览也被宋军射死，士气受挫，想就此班师，又心有不甘。所以一面进攻一面试图和谈，希望能够不战而胜。十月，辽方由王继忠（因被俘而投降辽国的原宋朝定州副都部署）出面，与莫州总管石普联络辽宋和谈之事。石普向宋廷报告此事，并转呈了一封王继忠以自己名义书写的秘密请和表。在请和表中，王继忠转达了辽国的和谈意向，但须由宋方正式向辽方提出。宋真宗与毕士安商量后，通知石普同意王继忠充当议和调停人。石普向王继忠转达了宋廷意愿，并赠送弓箭一套。

在王继忠联络和谈时，辽军的进攻和宋真宗的亲征准备继续进行。十一月中旬，宋廷同意和谈的意向由王继忠转交辽圣宗，数天后，辽军直逼黄河北岸的重镇澶州。与此同时，率师亲征的宋真宗也到达澶州，几十万宋军已接近澶州。当时澶州横跨黄河为南北二城，以一座浮桥为通道。宋真宗到达澶州后准备在南城驻跸，不想再到北城。寇准请宋真宗继续前进，说："如果陛下不过河，既难以消除军民畏惧，也不能震慑敌人气焰，无法达到御驾亲征的目的。各地援兵正在源源不断地赶来，请陛下放心过河。"禁军将领高琼说："陛下不到北城，百姓如丧考妣。"签书枢密院事冯拯大声呵斥："高琼不得无礼！"高琼愤怒地说："你靠写写文章就坐到了两府的高位，现在敌人铁骑如此猖狂，还要说我无礼，你为什么不赋一首诗唱退敌军呢？"说罢，就指挥卫士簇拥着辇舆继续向前。到了浮桥上，辇舆又停了下来，高琼一面举鞭抽打车夫，一面大叫："为什么不快走？已经走到这里了还犹豫什么！"这时宋真宗在车里说："快走吧。"辇舆终于过了黄河。到了北城后，宋真宗登上城楼，黄龙旗迎风飘扬，宋军一片欢呼，士气大增。

宋真宗在起驾亲征前，已指派閤门祗候（一个不起眼的小官职）曹利用到辽营洽谈和议。临行前，宋真宗向曹利用交代谈判条件："契丹南来，不是求土地，就是索财物。关南土地久属中国，不得答应其土地要求。至于财物，汉代有以玉帛赐赠匈奴的先例，可以考虑接受。"曹利用回答："如果他们妄有所求，我也不指望生还了。"

曹利用乘车前往辽营，萧太后果然提出索取关南土地的要求，曹利用严词拒绝，第一次谈判失败。这时已是十二月，宋真宗已到达澶州，曹利用从辽营回澶州向宋真宗报告和谈情况。辽方也派大臣韩杞到澶州请宋朝再次派人谈判。

韩杞向宋真宗递交了萧太后的信函，信中仍是要求归还关南土地。宋真宗对大臣们说："我所忧虑的就是关南土地，现在他们果然又提出来了，怎么办呢？"有大臣说："回信告诉他们，说关南土地本来就是中原故土，并且一直在我朝版图之中，没有商量余地。可以每年给他们一点钱财，借以巩固友好关系。"宋真宗说："我守护祖宗基业，不敢有所失坠，所谓归还土地一事，实在不能接受。如果他们一定要坚持，也只有和他们决战了，但河北百姓被战争牵连得太劳苦了。如果每年给辽国一点钱财以补充其不足，对朝廷大体也不会有伤害。但在回信中不必说得太具体，只要让曹利用和韩杞口头转告就可以了。"

于是曹利用第二次出使辽营，出发前，宋真宗在行宫又一次向他交代谈判条件："土地绝对没有商量余地，如果他们想要钱财，这次可以同意了。"曹利用说："我听得懂契丹语，有一次听韩杞对他的随从说'你看见澶州北城的宋军了吗，劲卒利器，与以前听说的大不一样了，真厉害。'我这次到辽营去，会仔细观察他们的军营，如果对方再提出无理要求，一定请他们到战场上见个高低。但如果他们同意只要钱财，我可以答应他们多少呢？”宋真宗说：“在逼不得已的情况下，即使100万也可以答应。”曹利用告别宋真宗走出行宫，被寇准叫到一旁，寇准对他说：“虽有可以答应100万的敕旨，但你不得超过30万。超过30万，你就不要来见我了，我一定会杀了你。”

曹利用第二次到辽营后，与辽方进行了长时间的谈判。萧太后说：“晋朝对我们很好，把关南之地送给我们，周世宗又把它夺走，现在应该还给我们了。”曹利用说：“晋朝人送土地给契丹，周朝人把它夺回，这些事情与我们大宋朝没有关系。但你们如果只是要求每年给一点钱财，用来补贴军费开支，我们的皇帝或许还会考虑。如果想要割占土地，我根本就不会向朝廷报告这个请求。”辽朝政事舍人高正始气势汹汹地冲上前说：“我们带领大队人马到这里来，为的就是要恢复原有的土地，如果只是得到一点金钱布帛就回去，叫我们如何向国人交代？”曹利用说：“你为契丹考虑得多么周到呀！但如果契丹真的按你的话去做，恐怕就要战争不断、仇衅永结了，这是不符合贵国利益的。”第一轮谈判双方各不相让，没有结果。萧太后一面请曹利用不要马上回澶州，在辽营住几天再商量，一面又派人拿着她的信函到澶州，再次提出“归还故地”，被宋真宗回绝。于是重新请出曹利用商谈，几经讨价还价，辽方放弃“归还故地”的要求，宋方答应每年给辽国一笔钱财，称为“岁币”，双方终于达成和议，确认两国原有边界线，建立宋为兄、辽为弟的兄弟国关系，宋朝每年给付辽朝“岁币”银10万两、绢20万匹。

曹利用回澶州后马上到行宫向宋真宗报告和谈结果。这时宋真宗正在吃饭，没有立即接见曹，而是让内侍先出来询问岁币的数额。曹利用对内侍说：“这是国家机密，我要面奏皇上。”内侍进去后又奉命出来询问，说：“请先告诉我一个大概数目吧。”曹利用仍然不说，只是伸出三根手指放在脸颊上比画了一下。内侍进行宫禀告说：“三根手指放在脸颊上，大概是三百万吧。”宋真宗大吃一惊，不禁脱口而出：“太多了，太多了！”过了一会儿又无奈地说：“用这些钱财可以了事，还算可以吧。”澶州行宫很小，曹利用在外面听见了宋真宗的叫喊声，见到真宗后吓得连声说：“我有罪、我有罪，我答应的钱财太多了。”宋真宗急切地再三询问：“到底是多少啊？”他这才战战兢兢地回答说：“三十万。”宋真宗听了不禁喜出望外。后来曹利用得到厚赏，并步步高升。

随后，宋真宗又派山南东道节度使李继隆到辽营正式签署和约，辽方也派特使来递交已制作完毕的和约文本。一切手续履行完毕，宋辽双方班师还朝。回到汴京后，宋廷把和约抄本颁发到沿边各州，命令边境军民照此执行。

澶州又称“澶渊”，所以这次宋辽议和结盟又被称为“澶渊之盟”。宋朝收复燕云地区的计划从此束之高阁，宋朝实现中国大一统的事业以苟且告终。澶渊之盟的缔结，是宋太宗末年开始的守内虚外政策的必然产物，也为以后处理与金、蒙古（元）的关系树立了一个“纳币求存”的范本，宋朝百姓从此背上了一个沉重的经济包袱。

五

两宋"守内虚外"国策形成的基本过程，我们已经叙述完毕。但有一个问题却不能不反思一下。后世许多论者，往往把两宋军事孱弱，对外族入侵屡战屡败，最后亡于外族之手，一股脑儿归罪于宋初强干弱枝、右文抑武等强化中央集权的基本国策。可以说，上述看法很有道理，但人们不禁会问，中央集权的强化，与国势的孱弱有必然联系吗？考诸历史，我们却会发现许多相反的结论，在中国历史上，真正称得上武功显赫、使周边民族臣服的时代，往往都是中央集权统治十分巩固之时，如秦始皇、汉武帝、唐太宗当政时期。可见，中央集权的强化与国势的孱弱并无必然联系。那么，是否还有其他一些因素也应该思考一下呢？辩证法告诉我们，观察事物应同时注意矛盾的双方，这样所得出的结论或许要准确得多。所以，上述看法尽管有其道理，但却不能不说是片面的，因为它只把眼睛盯在了汉族政权身上，并没有同时考察与宋政权对峙的诸少数民族政权的特点和力量。

在我国古代，内地农耕社会与周边少数民族（主要是西部、北部的游牧或狩猎民族）之间时有冲突。这种冲突，固然不乏中原王朝为炫耀上国的武威、开拓更大的疆域而引起的，但更多的却是游牧或狩猎民族的军事力量侵入中原农耕文化圈所造成的。因为这与这些民族特定的生产方式和生活方式有很大关系。游牧或狩猎民族，我们一般称之为"骑马民族"。

引发骑马民族南侵的主要动因不外乎三点：首先是自然环境的因素。在进入工业化社会之前，人类的经济活动在很大程度上受制于外部环境的影响，如地理、气候等等。相比之下，对自然环境的依赖，骑马民族较农耕民族更甚。比方说，蒙古高原气候变化异常，干旱或大风雪不仅常常使牲畜大量死亡，甚至使游牧民族丧失原有的牧场，这就迫使牧民南下寻找水草丰美的牧场，此时往往就是他们侵入汉族农耕地区之时。第二，西北的少数民族虽然以游牧或狩猎为生，但生产和生活中的许多必需品仍依赖于农耕社会。如铁器、衣料、盐、茶叶、酒等许多物品，骑马民族一般都不能自己生产，他们必须从农业民族那里获取。而获取的方式，主要是通过互市的交换，有时则干脆依靠武力的劫掠。第三，骑马民族所处的社会发展阶段都要比农耕社会更低，基本上是处在奴隶制阶段，最高处在封建领主制（农奴制）阶段，其封建化的过程都是在南下以后完成的。骑马民族的奴隶劳动力来源，除了战争中抓来的俘虏外，很大一部分也是靠掠夺外族人口即主要是南下掠夺来的。

自然环境的逼迫、内地农耕社会巨大财富的吸引、落后社会制度所固有的掠夺性和野蛮性，这一切驱使着西北少数民族不断南侵。此外，这些民族在长期的社会生产和生活实践中培养起来的民族特性、社会组织形式等，也为其南侵创造了条件。这表现在：

1. 骑马民族在与北方草原大漠、原始森林的恶劣自然环境的搏斗中生存下来，又以“食肉饮酪”为主，所以都具有强健的体魄。他们那顽健的肢体和耐饥渴寒暑的体质，成为行军打仗的无形武器。

2. 游牧和狩猎生活类似于一种准军事的生活方式。在这些骑马民族中，成年男子差不多个个精于骑射、勇敢善战；儿童和妇女一般也都能骑马引弓；推选部落首领的首要条件是勇武。所以这些民族的性格就是尚武、剽悍。

3. 骑马民族习惯于人随畜迁的流动生活，战时则视千里之外的征战为常事。他们始终携带着“活的、会走的家具”——牲畜，从而也能够确保军粮稳定供给，不存在粮草运输的问题。再加上他们没有城市和乡村需要保卫（主要指早期），能战则战，不敌则退，具有很强的机动性。

以上这些优势，在定居的农业民族那里都是不具备的。因此，尽管内地农耕社会的人口远多于这些民族，社会的文明程度也远高于这些民族，但在冷兵器时代，即双方武器装备差别不大的情况下，农耕民族往往只能处于守势，除非中原王朝具有足够强盛的国力，并且国内政局稳定，或者骑马民族内部已生动乱，否则中原地区被动挨打实在很难避免。

另外还有一个十分重要的因素，即对战略要地的把握问题。由于古代中原地区的主要战争威胁都来自蒙古高原和东北的少数民族，所以历代中原王朝都把其核心防线设在北方。哪怕是南北对峙时期，北方政权还是必须安排大量军队驻守在北部，以防骑马民族的突然袭击。在历代中原王朝中，有一个传统的观点，即认为骑马民族“所长者野战，所短者攻城。若以狄之所短，夺取所长，则虽众不能成患，虽来不能深入”（见《资治通鉴》卷一三六）。而修筑长城，就是化敌长为敌短的基本方法，利用长城将骑马民族阻挡在农耕民族的边境线之外。由此，从秦朝开始一直到明朝（其间有间断），中原王朝的统治者总是不惜耗费巨大的人力、物力来修筑或加固万里长城。在中国古代，长城不仅是一条军事防御线，也是一条自然与经济、民族的重要分界线：长城以北，蒙古高原属温带干旱和半干旱气候；东北境内则属于寒温带、温带季风气候。长城以南，华北平原、黄土高原属于暖温带半湿润半干旱气候。长城以北是游牧和狩猎民族的故乡；长城以南则为汉族和其他农耕民族的聚居区。所以，长城的走向不只是人为选择的结果，也是自然地理通过经济作用于政治的产物。

长城既是军事防御线和农牧分界线，长城南北的带状地带当然就成为古代骑马民族与中原王朝的主要交战地带。一般说来，战区范围是随着双方军事实力的消长而在历史上呈南北摆动的状态。就争夺最激烈的地区来看，不外乎是河套平原、河西走廊、辽东地区以及华北地区，即所谓的“燕云十六州”。这几个战略要地一旦落入骑马民族之手，非但中原王朝的边境不得安宁，就是腹心地带的安全也会受到严重威胁。然而，就是在两宋时期，以上的这些战略要地都不在中原王朝的掌握之中。尤其是“燕云十六州”，其范围相当于以今天的北京市和大同市为中心，东至河北遵化，北迄长城，西达山西神池，南至天津、河北保定、山西繁峙、宁武一线，它北距长城不远，又一向为汉族聚居区，所以历来为中原王朝控扼蒙古高原和东北地区的基地。但自后晋的石敬瑭把这一险要之地拱手送给了契丹之后，北疆的大门从此敞开，中原已经无险可守。这就给契丹、女真、蒙古等骑马民族的南侵，创造了极其有利的条件。于是，民族战争在两宋 300 年间一浪高过一浪，也就不是什么太奇怪的事了。

通过上面的叙述，我们再反观两宋所面临的外患问题，许多现象就比较容易理解了。就在太宗岐沟关新败之后不久，端拱二年正月，辽兵攻陷易州，右正言、直史馆王禹偁在所上《御戎十策》中，就曾以汉代为例说明外族的强弱对中原王朝的重大影响。其大意是：西汉文、景之时，号称盛世，但边患不断，原因是当时匈奴军臣单于也正处在强盛期；而西汉末年哀、平之世，国内一片混乱，但边患却不起，呼韩邪单于还内附于汉王朝，原因是当时匈奴内乱，先是五个单于争夺统治权，后又南北分裂，所以就无力南侵。这是很有见地的。同样，唐太宗对突厥用兵之所以成功，固然与当时中原的强盛有关，但还有一个重要原因，那就是此时的突厥已过了其强盛期，分裂为东西两部，且其内部也有颉利可汗与突利可汗之间的矛盾和冲突。北宋初期，它所面临的是代突厥而起的强大而又统一的契丹。契丹族自公元916年耶律阿保机即皇帝位，后来其子耶律德光（辽太宗）即位，公元936年帮助石敬瑭灭后唐建后晋，得到石敬瑭所割燕云十六州，控制了北疆战略要地。公元947年，契丹改国号"大辽"后，开始进入其全盛时期。宋太宗伐辽所遭到的两次惨败，其中固然有其判断与指挥失当之处，但辽国在军事力量上强于北宋也是不能否认的事实。

到了后来，外患愈演愈烈，由党项族建立的西夏国于11世纪崛起，使北宋同时面对两个强敌。公元1115年，完颜阿骨打建立金朝，取代了辽国而成为宋朝在北方的强敌，当时的金国也正好处在女真族历史上的鼎盛时期。至于南宋后来面对的由蒙古人建立起来的元朝，又比以前的金、辽更为强大。

所以，在考量宋代"守内虚外"国策的确立问题时，我们不仅要研究宋王朝本身的问题，同时也应了解与之对立的外族的力量。从某种意义上来说，宋朝统治者采取“守内虚外”的国策，也有其无可奈何的一面，至少在宋朝初年，他们不是不想收回失地，而实在是没有能力罢了，之后就变成了一种恶性循环。在这个问题上，我们或许也可体会到历史过程的复杂性，因为历史从来就不是直线和平面的。

穷则思变
北宋前后两度变法

鲁迅先生说过，在中国要想改变某一传统状况实在太难了，甚至为了更改标点符号和搬动椅子都要达到流血的激烈程度。那么，要想在政治上改弦更张，其难度之大就更不消说了。

一

在中国历史上，每当统治危机加剧之时，往往总会有一小批富于忧患意识的士大夫挺身而出，积极主张变法更张，以求遏制乃至消弭危机。然而，这样的变法，其结局却大多归于失败，北宋中期出现的两次变法，就是其中的典型案例。

为了确保甫建的赵宋王朝能够长治久安，为了不再重蹈五代的覆辙，进而为了根除自唐代“安史之乱”以来藩镇跋扈、尾大不掉的政治痼疾，宋初的最高统治者在其政权建设的着眼点上，坚持“以防弊之政，作立国之法”。这就使得专制主义的中央集权在中国得到前所未有的强化。“内外相制”“上下相维”的种种措施，一方面使一切权力集中到了皇帝个人的手中；另一方面则形成了以文官为核心、名实分离、叠床架屋的庞大的官僚体制。

史载，宋初的皇帝对道家黄老学说颇为欣赏，有学者因此提出，黄老学说是宋初政治的指导思想。宋初的皇帝是否真的相信黄老思想可以讨论，因为对儒、佛两家他们同样也表现出了极大的兴趣。不过，信与不信实际上并不重要，重要的是黄老“无为而无不为”的“君人南面之术”，可以为他们所用。从中我们不难看出他们为了防止大臣中出现所谓的“奸邪”，避免“黄袍加身”闹剧重演的良苦用心。

为此，宋初的皇帝们不仅无端怀疑手下的大臣，不让那些宰执们在位时间太久，甚至还有意造成宰执之间的互相对立，以达到互相牵制的目的。如宋真宗起用王钦若、丁谓的同时，又起用与王、丁不和的寇准，人问其中之故，宋真宗一语道破天机：“且要异论相搅，即不敢为非。”（见《续资治通鉴长编》卷二一三）而且，他们在遴选执政大臣时，往往把循规蹈矩、不喜生事视同精于吏道政事一样重要的标准。因而，宋初三朝所谓的“名相”，如太祖朝的范质、薛居正；太宗朝的吕蒙正；兼太宗、真宗两朝的吕端、李沆等人皆是。尤其如吕端，以“糊涂”出名（当然，据说他大事并不糊涂，有所谓“吕端大事不糊涂”之说，可见是装糊涂）；又如李沆，上朝基本不说话，别人送他一个外号叫“没嘴葫芦”（“无口瓠”）。他们这些“名相”大多反对改弦更张，以默不能言为贤，以“不用浮薄新进喜事之人”为治道之先，遇事装糊涂，动辄讲“故事”。因循定制、墨守成规，遂成为宋初三朝政治上的一大特征。

这一特征反映在宋初的知识分子政策上，那就是用其人而限制其思想言行。如前所述，赵匡胤之所以要重用读书人来统治国家，原因并不在于他特别重视读书人，反倒是他轻视读书人。在他看来，文官容易控制，其对政权的威胁较之武官百不及一。于是，他的措施就是通过科举考试的方式，吸收大量的读书人参与政权。但是，宋初的科举除沿袭唐代旧制之外，对考生有严格的规定，无论“进士”还是“明经”，解释儒家经典必须按照官方指定的注疏，“多士较艺之际，一有违戾注说者，即皆驳放而斥逐之。”（孙复《孙明复小集·寄范天章书二》）苏辙《龙川别志》卷上和《宋史·王旦传》中记载了宋真宗景德二年（1005年），宰相王旦科试黜贾边之事，可视为宋初三朝严守汉唐注疏、控制读书人思想的典例：

> 王文正公（旦）为相时，一次科举考试的题目是“当仁不让于师”。当时应试的考生中，贾边和李迪都是考生中出名的才子。当考卷批完，这两人都没入选。主试官把两人的卷子拿出来看，李迪落选的原因是诗文用韵错了；贾边是因为把题目中的“师”解读为“众”，与传统的注解不同。于是主试官特别提名让他俩参加复试（御试）。王旦说：“用韵不确只是粗心，而不用传统注解的标新立异是不能随便许可的。恐怕从此以后青年学子不按标准乱来。”于是取了李迪而把贾边排除在外。

上面提到的这个试题“当仁不让于师”，语出《论语·卫灵公》第三十六章，“师”通常解释为“师傅”“老师”。但贾边训之为“众”，亦不可谓无据，《尔雅·释诂》曰：“师，众也。”且训“师”为“众”，于此句亦可通。但由于他没有按照咸平二年（999年）诏定的《论语正义》中训“师”为“师傅”的说法，因而即使“有名场屋”，亦终遭斥黜。王旦之所以取李迪而黜贾边，其原因不外乎在于防止青年士子出格，胡思乱想，“恐从今士子放荡，无所准的”。在最高统治者的倡导下，宋初的士大夫多沉默畏谨，思想保守，苟禄偷安："天下之士，不以进取为能，不以利口为贤，历三朝，而士之善论时政是非利害者，百不一二也。”（《陈亮集》卷十一《铨选资格》）

然而，这样的格局，到了北宋第四个皇帝宋仁宗时期，却维持不下去了。因为，宋初确立起来的、旨在强化中央专制集权的那一套制度和措施，此时已经开始走向其反面。各种社会矛盾发展到了相当尖锐的地步，外患内忧接踵而来，欧阳修曾描述当时的情况："从来所患者夷狄，今夷狄叛矣；所恶者盗贼，今盗贼起矣；所忧者水旱，今水旱作矣；所赖者民力，今民力困矣；所需者财用，今财用乏矣。”（《欧阳修全集》卷四十六《准诏言事上书》）稍稍具体点说，就是外有西夏的入寇，辽朝的勒索；内有官僚机构庞大臃肿，官吏们苟且偷安，民变、兵变纷起，自然灾害不断，国家财政拮据。总之，北宋王朝遇到了立国以来从未有过的统治危机。

当时已有所谓的“三冗”之说：一是“冗兵”，即军队的人数激增，到宋仁宗对西夏用兵时，全国军队人数总计达125.9万，仅皇宫中的高级侍卫官（供奉官、殿直官）人数就比宋初增加了三四十倍；二是“冗官”，此时州县地方官已比宋初增加了四倍多，所以当时就有人说“自古滥官，未有如此之多”；三是“冗费”，冗兵、冗官耗费国家大量赋税收入，再加上皇室的奢靡、对外屈尊的“纳币”“岁赐”，使宋朝的财政收支从初期的盈余大半，演变为中期的小有盈余、收支相抵，乃至出现财政赤字。

军队人数激增，可战场上总打败仗；官僚冗员充斥，却无补于管理效率。从真宗朝开始就有少数人发出革除弊政、挽救统治危机的呼声，最后形成仁宗朝范仲淹主持的“庆历新政”，及神宗朝出现的“王安石变法”。

二

宋仁宗赵祯是宋真宗的儿子，乾兴元年（1022 年），宋真宗去世，由他继承了皇位。但仁宗初期，政权一度掌握在刘太后（真宗皇后）手中，先后任用王曾、王钦若、张知白、张仕逊、吕夷简等人为宰相。他们有一个共同的特点，就是一切按老章法办事。直到明道二年（1033 年）三月，刘太后去世，宋仁宗才真正掌握政权。

面对衰颓的国势，年轻的宋仁宗感到一筹莫展。他把目光投向那些执政的公卿大臣们，可是此时的官场是怎样一个局面呢？“执政大臣不肯主事，或循例，或畏避，大抵皆为自安之计也”（苏舜钦《苏学士文集》卷十《咨目七》）；“吏无大小……龊龊廉谨，不为大过，虽庸暗缪懦者，皆可苟禄偷安”（《欧阳修全集》卷一〇四《论三司判官择人之利札子》）。例如，权臣吕夷简为相 20 余年，就依乃叔吕蒙正的驭政心法，专事姑息，因循守旧，且“收恩避怨，以固权利”。他授意当时的参知政事宋绶编订了一部《中书总例》，共419册，还颇为得意地对人说："自吾有此例，使一庸夫执之，皆可为宰相矣。"（《续资治通鉴长编》卷一一七）

窘迫的时势，把以范仲淹、欧阳修为代表的一小批时之"名士"推上了政治的前台。范仲淹原籍陕西，祖上曾做过唐朝宰相，后来家道中落，迁徙到苏州吴县。到范仲淹出生时，家境已很困窘，两岁时父亲去世，母亲带着他改嫁朱氏，因而改姓朱。长大后他知道身世，慨然离开朱家，发愤努力，刻苦攻读，大中祥符八年（1015年），成为进士，进入仕途，随后把老母接回奉养，自己也恢复范姓。

范仲淹凭着他对当时社会现象的观察，对宋王朝的统治感到忧心忡忡。天圣三年（1025年），他的官品还只是"从九品"，竟然就向皇帝上了一道奏疏，请求改革"赏延"（滥赏太监）之弊。天圣五年（1027年）又写了一篇《上执政书》，批评朝廷满足于表面的天下太平，听不进不同意见。他认为宋王朝存在着兵久不用、武备不坚、内外奢侈、国用不充等等弊病，提出了"固邦本，厚民力，重名器，备戎狄。杜奸雄、明国听"的具体改革建议，这可以说是范仲淹的一个系统的改革方案。但当时的执政大臣王曾、张知白等，却对范仲淹的呼吁置若罔闻。

不过，朝廷中有一批中青年官僚如欧阳修、富弼、余靖、尹洙、蔡襄等，都是支持范仲淹的。景祐三年（1036年），范仲淹等因抨击吕夷简的因循守旧而被斥为"朋党"，许多官僚遭受打击。以范仲淹、欧阳修为代表的这批中青年官僚，可谓是当时士大夫中的精英人物，他们注重学问修养，富于忧患意识，不甘随波逐流，志在以天下国家为己任。外患内忧的政局强烈地震撼着他们，激起了他们对现行政治的反省，进而奋起打破沉闷了近80年之久的政治空气，喊出了憋在心里已久的呼声："历代之政，久皆有弊，弊而不救，祸乱必生！……我国革五代之乱，富有四海垂八十年。纲纪制度日削月浸，官壅于下，民困于外，夷狄骄盛，寇盗横炽，不可不更张以救之。"（范仲淹《答手诏条陈十事》）

他们这批人的行为和主张，与当时流行的士林风气大相径庭，引起了全社会的瞩目，"下至灶间老婢，亦相惊怪，交口议之"。（《欧阳修全集》卷六十七《与尹师鲁第一书》）而以吕夷简、高若讷为首的一批位资深的官僚们，为了自身的既得利益，起而攻击范仲淹等结成"朋党""务名无实"。于是，两种政治势力就在"党争"的形式下展开了激烈的较量。

范仲淹等改革时政的理论依据，来自传统的儒家思想。他们抬出《周易》"穷则变，变则通，通则久"的思想，与宋初以来强调"无为而治"的黄老思想相抗衡，提出："（汉初）曹参谨守萧何的规矩，即是因为天下大乱时间太久了，国家让人民休养生息而无所作为。现在天下太平，就应该修理政治教化，有所作为，以防社会矛盾激化，这是正道。"即认为，黄老守成之说只能是权宜之计，唯有儒家的修理政教才是正道。而几十年来，上层统治者强调沉默因循，使士大夫染上了墨守成规、苟且偷安的恶习。当国家无事时，不觉得有怎样的危害。现在边境外族来犯，出征不利，国家财政出现困难，地方上也有盗贼出现，天下不太平了。他们进一步指出，长期以来，科举考试制度只注重以诗赋取士，这就造成了青年士子弃经学而尚文辞的风习，更造成了官员素质的低劣。当吕夷简等攻击他们迂阔“务名”时，他们接过了“务名”这个话题，高举起儒家“以名为教”的旗帜加以反击。

这时，政局的变化开始对范仲淹一派有利起来。庆历初年，宋朝在对西夏的战争中连战连败，获胜的西夏国主元昊让人作诗讽刺宋朝：“夏竦何曾竦，韩琦未足奇，满川龙虎兵（指宋军尸体），犹自说兵机。”夏竦、韩琦都是宋夏边境的军事长官，夏竦因怯于对夏用兵，自解军职。

尽管边境战事失利，但京城的政治空气却活跃了起来，朝廷多年的沉闷空气被冲散，大臣们纷纷上书要求进行政治改革，使宰相吕夷简感到束手无策。宋仁宗尽管颇谙“祖宗家法”，但形格势禁，不得不“欲更天下弊事”，起用范仲淹等一批要求改革的“名士”。庆历三年（1043年），吕夷简被罢免了宰相的职务，范仲淹被任命为参知政事（副宰相），韩琦、富弼被任命为枢密副使（最高军事机关副长官），与宰相章得象等同时执政。而一直积极支持范仲淹的欧阳修、蔡襄、王素、余靖等人，则成了控制舆论的谏官。原任命夏竦为枢密使（最高军事机关长官），但因其在对夏战争中畏懦无能，也另以杜衍代替了。这一班朝臣中，有许多是士大夫交口称赞的名士，当时舆论普遍认为范仲淹等可以有所作为。宋仁宗也多次催促，要求执政大臣们马上拿出一个能使天下太平的方案，“新政”就此拉开帷幕。

三

庆历三年九月，范仲淹向皇帝献上《答手诏条陈十事》，推出改革方案。范仲淹的上疏，具体提出了10件需要付诸实施的事情：

1. 明黜陟（严格根据政绩升降官职）。当时文官三年升迁一次，武官五年升迁一次，叫作“磨勘”。“磨勘”只讲资历，不管政绩。官员只要不出错，制度就保证他们能不断升迁。因此官员们有一点“兴利除害”的作为，就会被认为是“多事”，甚至会受到嫉妒、嘲笑；如稍有差失，就会遭到攻击排挤；真可谓是多做多错，少做少错，不做不错。范仲淹认为应当根据官员政绩决定是否升迁，京城官员应从事一定时段艰难繁杂的经济事务（“重难库务”），对地方官员，要考核其审判是否及时公正、当地农业生产有无发展等，符合条件的才能磨勘。

2. 抑侥幸（限制官僚子弟靠父兄背景而做官）。封建社会中，子弟可以因为父兄做官而做官，称为“恩荫”。宋朝恩荫制度造成了严重的官员滥进，堵塞了平民子弟进入仕途的通道。按照恩荫制度，一个担任“学士”以上官职的人，其兄弟子孙做京官的可达20人。范仲淹提出了对此加以限制的具体措施。

3. 精贡举（完善科举制度）。在此以前，宋朝科举考试的内容主要是诗赋文学，录取的人有治国才能的不多。范仲淹提出增加测验治世能力的考试内容，为朝廷选拔实用实干的人才。办法是废止以诗赋定去留的科场旧制，实行先策、次论、后诗赋，以三场考试的总成绩及考生平时的品德操行做为录取的标准。而目标旨在改变候补官员即青年士子轻视经学及时务的风气。

4. 择长官（慎重选拔州县长官）。州县长官尤其是县官，是直接代表朝廷与百姓打交道的，他们的贼廉愚贤，与社会安定、统治稳固有直接关联。范仲淹痛感当时任命州县官时的“不问贤愚，不较能否”，造成大批“蠹民害物”的官吏，破坏了统治秩序。所以范仲淹特别强调要重视对地方官的选拔，既改善基层的统治状况，又为以后政治改革推向基层打通道路。

5. 均公田（合理分配官员职田）。这里的“公田”指职田，是官员俸禄的组成部分。当时职田主要控制在京城大官僚手中，分配不均，并强迫农民耕种。职田分配不均，不但造成官僚队伍内部财富分配不均，也严重干扰农民的正常生活。范仲淹着眼于官僚队伍内部财富分配不均，提出合理分配官员职田，让地方官分享职田利益。

6. 厚农桑（重视农业桑蚕业）。范仲淹鉴于当时“贫弱之民，困于赋敛，岁伐桑枣，鬻而为薪”的不正常现象，要求重视农业桑蚕业的发展，注意其“可兴之利”“可去之害”，修复江南水利工程。

7. 修武备（加强京畿防卫）。当时因对西夏战争，原来集中于京师的重兵被调往西北，京师空虚，但又没有财力扩招正规军。为解决这个难题，范仲淹主张在京畿一带招募5万强壮农民做“京畿卫士”，每年分批以3个月的时间集中进行军事训练，担任京城卫戍任务。

8. 减徭役。宋朝官府的许多劳务要由经济条件较好的百姓按户直接承担，称为职役，这是一种特殊的徭役。当时许多地方的州县建制过密，衙门多，人户少，服职役的难以应付，引起百姓不满。范仲淹建议在全国范围内逐渐合并一些州县税务机构，以减少职役承担户的负担。

9. 覃恩信（信守恩赦）。封建王朝经常因各种原因宣布大赦，有赦罪犯的，有赦赋税的。宋朝皇帝每三年搞一次郊祀，每次都要大赦天下，宣布免除欠税、减轻徭役、抚恤孤寡贫弱、释放久押不审的犯人，等等。百姓对此欢欣鼓舞，但官府却并不当真，“督责如旧，桎梏老幼，籍没家产，至于宽赋敛、减徭役、存恤孤寡、振举滞淹之事，未尝施行，使天子及民之意尽成空言”。使皇帝失信于天下。范仲淹提出，凡朝廷宣布的恩赦，京城和州县官府必须坚决执行，以取信于民。对违抗拖延的官吏，要给予惩罚。

10. 重命令（慎重法令的制订，落实法令的实施）。宋朝除了《宋刑统》那样相对稳定的法典外，还不断因时因事发布单行法令，数量繁多，前后抵牾，既造成法令“烦而无信”，又给官吏提供了贪赃枉法的机会。范仲淹提出，制定法令要慎重，已经颁布就必须严格遵照执行。

范仲淹提出的十事，除第七事“修武备（加强京畿防卫）”外，其他各项，都在当年十月至第二年五月，以诏令的形式颁行全国，被称为“新政”。因此事发生在仁宗庆历年间，所以史称“庆历新政”。

在范仲淹提出《上十事疏》的前后，枢密副使富弼、韩琦也上书陈事，就当时的社会问题、对外关系问题等提出具体的改革建议，成为范仲淹《上十事疏》的补充。

十月，宋王朝着手整顿吏治，范仲淹、富弼等一起选拔转运使（兼按察）到各路考察地方官吏。范仲淹在审阅名单时，发现庸碌无能的就果断地一笔勾除，不让他们继续任职。对范仲淹的决断，富弼有些不以为然，他对范仲淹说：“你勾掉了这些人的名字，他们一家人都要哭了。”范仲淹回答说：“一家哭何如一路哭？”一家人哭泣的痛苦，哪里比得上一路百姓哭泣的痛苦呢？这里的“路”是大行政区，在州县之上。因为转运使的任务就是整顿各路的吏治，打击贪官污吏，转运使选不好，会助长贪污腐败，恶化吏治，导致一路百姓哭泣。

范仲淹等虽然“日夜谋虑兴致太平”，但他们不敢去触动中央集权极端化这个危机的真正根源，只是把由这一根源所带来的某些结果作为其改革的对象。在那份作为“新政”纲领的《答手诏条陈十事》中，最实质性的内容就是通过整顿吏治来巩固宋王朝的统治。

本来，范仲淹的“新政”应该说与宋朝大小官僚的整体利益是一致的。但和任何改革一样，新政的一些具体政策总要触动部分权势人物的既得利益，因此，新政遭到了许多官僚的激烈反对。在宰相章得象支持下，一些台谏官连续不断向范仲淹等人发动进攻，说主张新政的官员结成“朋党”“欺罔擅权”“怀奸不忠”。夏竦更是施展阴谋诡计，指使其女奴伪造罪证，诬蔑富弼等人要改立新皇帝。不久，内外局势稍趋缓和，本来对改革政治就不感兴趣的宋仁宗，此时也不再支持范仲淹等人。于是，庆历四年（1044 年）六月、八月，范仲淹和富弼先后被排挤出中枢机构。接着，其他积极支持改革的十多名官员，或被诬为贪污，或被指为“谤讪周孔”，也被赶出了中枢机构。庆历五年五月，杜衍、韩琦、欧阳修等人都被贬官外放。范仲淹此前派往各路的转运按察使，大都被诬蔑为“苛察”，江南东路转运使杨纮、判官王绰和提点刑狱王鼎，还被骂为“江东三虎”。此后新政官员一再遭受迫害，使许多人锐气丧尽。“庆历新政”以彻底失败告终。

四

庆历新政失败以后，宋朝社会矛盾继续激化，在冗官、冗吏、冗兵、冗费的消耗下，中央财政情况越来越糟糕。嘉祐八年（1063年），宋仁宗去世，一场丧事，竟几乎把国库掏空。此时社会环境较以前改善的地方，是自“庆历新政”以后，士大夫敢直言批评时政的人多了起来。现实的困境促使一部分官员认真思考如何才能改变国穷兵弱的窘迫局面，因而又出现了要求改革的呼声，并逐渐积累，最后引发了一场比庆历新政规模要大得多的、追求富国强兵的改革运动——王安石变法。

王安石，字介甫（亦作介父），号半山，抚州临川人，学者习称其为“临川先生”。又曾受封“荆国公”，故又称其为“王荆公”。王安石出生于一个中层官员家庭，自幼喜欢读书，记忆力极好，号称“一过目终身不忘”。他是中国文学史上的唐宋八大家之一，又是北宋“荆公新学”派的开创者，更是中国政治史上著名的改革家。

庆历二年（1042年）春，王安石考中进士，当了扬州地方长官的一名幕僚，开始进入仕途，以后历任知县、州通判、知州等官职。嘉祐三年（1058年），王安石由江南东路提点刑狱调任汴京，担任三司度支判官（中央财政机构官员）。从地方到中央，他在官场里已沉浮了十六七年，积累了丰富的从政经验，也深切地了解宋朝社会问题的严重性，“慨然有矫世变俗之志”。

嘉祐四年（1059年），王安石向宋仁宗提出了主张改革的《上仁宗皇帝言事书》(又称《万言书》)。《万言书》在“法先王”的旗帜下，指出了进行改革的必要性和迫切性，并就理财、吏治、人才等方面的改革，提出了一些具体意见。《宋史》作者说：“后安石当国，其所注措，大抵皆祖此书。”就是说以后王安石主持变法，其具体措施，大致上都源于这份《万言书》。但是王安石的《万言书》当时既未引起宋仁宗的注意，也没有得到执政大臣的重视。

嘉祐六年（1061年），王安石担任了知制诰，这是起草皇帝文书的机要秘书性质的官员（也就是前面提到过的“内制”)。因为他的文学才华、政治抱负，以及知制诰的特殊身份，逐渐引起人们重视，知名度日益提高，士大夫圈子里都知道有个主张改革的王安石。

嘉祐八年（1063年）三月，宋仁宗去世，由皇子赵曙（宋英宗）即位。宋英宗是宋真宗兄弟的孙子，宋仁宗所生三个儿子都夭亡，赵曙被立为嗣子，继承了这个千疮百孔的烂摊子。同年八月，王安石因母亲亡故回金陵家中守丧，暂时离开了官场。宋英宗体弱多病，只当了四年皇帝，就于治平四年（1067年）正月病死。宋英宗本有意改革，但是先因受垂帘听政的曹太后（宋仁宗皇后）的制约，无法付诸实施，后又因官僚集团内斗，无暇分神投身改革。呼之欲出的改革因而延宕了四年。王安石在金陵守丧时，在家中收徒讲学，为以后的变法培养了一批人才，朝廷几次召他回去，因看到变法时机不成熟，他都以居丧为由而辞谢不出。

宋英宗去世后，其子赵顼（宋神宗）即位，年已20岁的赵顼在即位前读过王安石的《万言书》，很是欣赏。侍臣韩维也经常向赵顼转述王安石的观点，使赵顼很想与正安石当面叙谈。宋神宗即位后，立即任命王安石为江宁知府，几个月后又把他召到身边担任翰林学士兼侍讲，以便直接与他讨论变法问题。这段时间里，王安石除了与宋神宗讨论变法的具体措施外，特别向宋神宗强调的是变法要以“法先王”为旗帜，所谓“法先王”，指的是效法尧、舜。在中国封建社会，尧、舜是谁也不能公开否定的圣王。在王安石看来，打着尧、舜的旗帜进行改革，可以在与守旧派的斗争中处于有利的地位。而且，他明白“尧、舜之道，至简而不烦，至要而不迂，至易而不难”，在理论上有充分的驰骋余地。王安石的激进，同时也引起了一些保守派人士的反感，亦为唐宋八大家之一的苏洵（苏轼之父）就写了一篇《辨奸论》影射王安石。当时同为翰林学士的司马光，一次在宋神宗面前与王安石讨论理财问题时，有下列对话：

王安石：“财政困难，并不是当前的急事，财政之所以会困难，是因为没有任用善于理财的人。”

司马光：“什么善理财的人，不过是头会箕敛（意即：赋税苛刻繁重）罢了。”

王安石：“不是的，善于理财的人，不增加赋税就能搞好国家财政。”

司马光：“天下哪有这个道理！世上的财货，不在百姓手中，就在国家手中，如果用赋税以外的手段从百姓手中搜刮财货，其危害性比增加赋税还要大。”

司马光当着宋神宗的面痛骂王安石“头会箕敛”。宋神宗对王安石的微妙处境是很清楚的。所以，宋神宗很希望得到富弼等老成官员的支持。但这些人对改革表现得很是冷淡，令宋神宗大失所望。思虑再三，他决定不顾一批大臣的反对，起用王安石实行变法。

五

熙宁二年（1069年），宋神宗任命王安石为参知政事（副宰相），负责变法（改革），并设立指导变法的领导机构“制置三司条例司”，次年又提升王安石为中书门下平章事（宰相）。变法正式开始，王安石推行了一整套以追求富国强兵为目的的新法。

为追求“富国”而推行的新法有：

1.“均输法”，就是根据各地具体情况，调整其运往京城物资的种类、时间，其基本原则是“徙贵就贱，用近易远”，以节约购货价款和运费。这是贯彻“不增加赋税就能搞好国家财政”原则的一项新法，也是变法运动中颁布的第一项新法。

2.“青苗法”，又称“常平法”，这是一种国家借贷法，即在青黄不接的季节，把国家仓库（常平仓、广惠仓）的钱谷贷给农民，到收获季节再加息还给国家仓库。熙宁二年九月颁布实施。青苗法既可增加国家仓库的蓄积，又可平抑青黄不接时的粮食价格。但它不仅损害了高利贷者的利益，更使宋廷蒙受了发放国家高利贷的嫌疑，在表面上倡导君子重义轻利的中国封建社会，它必然会遭到激烈反对。

3.“农田水利法”，就是鼓励农民开垦荒地、兴修水利。具体原则是谁受益、谁出力，谁出力、谁受益。资金不足可向国家贷款，还贷期限较长。熙宁二年十一月开始推行，使各地的农田水利得到很大发展。

4.“免役法”，又称“募役法”，它废除了“差役法”。原来的差役由政府出钱招募，所需款项按户等向百姓征收，原本轮流服差役的农村上三等户所出的钱称“免役钱”。城市上五等户、农村的困难户，以及官户、寺观户，原来不用服差役，根据免役法，也要承担一部分募役钱，他们所出的钱称为“助役钱”。另外为防备荒年，还要加收二成“免役宽剩钱”。免役法使一些原来享有特权的人户要出“助役钱”，所以遭到守旧派的激烈反对。

5.“市易法”，熙宁五年三月开始推行，就是建立国家贸易机构，大量收购货物，再批发给商贩，达到限制大商人操纵物价，增加政府收入的目的。这种国家贸易机构，在京师的叫提举市役司，地方的叫市役务。这又是一项使朝廷扮演商人角色的新法。

6.“免行法”，熙宁六年七月正式实行，就是向工商业征收一笔费用（“免行钱”）后，免除其原来的行业性负担。原来，京城各类工商业除了缴纳普通赋税外，还要不定期地向宋廷皇族、外戚提供与本行业有关的实物和劳务，这种负担被称为“行役”。行役的品种、数量都没有定规，缺货时，往往要花数倍的钱采购交给官府。实行免行法后，原来无定规的行役被固定的免役钱替代，皇族、外戚不能再向工商户恣意勒索了，对工商业的发展是有利的。

7.“方田均税法”，熙宁五年颁布，先在京畿实行，逐渐推向各地。这是一项重新丈量农田，据此重新分摊赋税的新法。它可以消除隐瞒田产、偷逃赋税的弊病，达到保障政府赋税收入的目的。

为追求“强兵”而推行的新法有：

1.“将兵法”，这是精简军队、相对稳定禁军指挥官、固定禁军驻地、强化军事训练的新法。它替代了原有的“更戍法”。宋初为控制将领而设计的“更戍法”，造成部队缺乏训练、“兵不知将，将不知兵”的弊病，军队战斗力非常薄弱，但军队的数量又很庞大，其中老弱病残占很大比例，也影响了军队战斗力。庞大的军队所需军费开支，占去政府赋税收入的十分之七八，是政府沉重的财政负担。熙宁二年，在推行将兵法之前，已开始精简军队，裁汰老弱，到元丰末年，共裁汰了30多万军队，节约了大量军费。熙宁七年（1074年）开始实行将兵法，强化军事训练，实现了“兵知其将，将知其兵”的日的，战斗力大大提高。

2.“保甲法”，就是建立乡兵队伍和基层治安网的新法。熙宁三年十二月颁布《畿县保甲条制》，规定十家为一保，设保长一人；五十家为一大保，设大保长一人；十大保为一都保，设都副保正各一人；保长由所谓“有心力”的人担任，大保长、都副保正由家财最富的人担任。主客户二丁以上，选一人为保丁，置备弓箭，进行训练，成为乡兵。每一大保每晚轮差五人在保内巡逻。保内有人犯罪，或有不明身份的外来人员，都必须报官，违者“连坐”或追究“不觉察之罪”。保甲法的推行，强化了宋廷对基层的控制，减少了犯罪，同时训练了一支准军事力量，又不需国家支付军费，有一箭数雕的功效。

3.“保马法”，全称为“保甲养马法”，熙宁五年五月在开封府试行，八月正式推出。这是由百姓出力饲养国家军马的新法。养马户免除一定的赋税，有的还可获得少量报酬。保马法的推行，为宋朝政府节约了大量开支，保障了军队马匹的来源，同时又提高了乡兵缉盗能力。

此外，王安石变法还包括了思想、教育、取士等方面的内容。在思想方面，他设立了“经义局”，对部分儒家经典进行重新注释，目的在于统一读书人的思想，为变法提供理论根据。在教育方面，他在当时国家最高学府“太学”，实施了“三舍试升法”。在取士方面，他规定科举考试罢诗赋、帖经、墨义，专考策论和大义。总之，“王安石变法”的规模与力度都是“庆历新政”所难以比拟的。

六

和庆历新政一样，王安石新法是维护宋朝统治集团根本利益的，但它又冲击了享有特权的大官僚、大地主、大商人的既得利益，因而遭到了这些人以及保守势力的强烈反对。王安石是一个意志坚定的人，他对“新法”会遭到反对有一定的思想准备，曾提出了著名的“三不怕”原则：“天变不足畏，祖宗不足法，人言不足恤。”但是，王安石对反对势力之强大的估计，还是远远不够的，再加上其他一些没有预料到的因素，最终导致王安石不得不离开宰相的职位。

“青苗法”是遭受攻击较厉害的新法。熙宁三年二月，在大名府做官的韩琦上疏指责“青苗法”是强迫百姓向官府支借高利贷，朝臣中马上有人附和，形成了群起而攻之的局面。宋神宗见此局面，也犹豫起来，说：“朕始谓可以利民，不意乃害民如此，出令不可不审。”并认为在大家都不愿讲话的情况下，韩琦敢于出来讲真话，是个真正的忠臣。王安石见改革难以继续推进，先是称病休息，后又请求解职。最终因宋神宗改变态度，重又支持“青苗法”，才使变法运动暂时度过危机，免遭如“庆历新政”一样夭折的命运，王安石也得以继续主持变法。

但“旧党”人士对新法的攻击，并没有因此而中止。熙宁五年推行的“市易法”，似有政府经商与民争利的嫌疑而被攻击为“挟官府而为兼并之事”。熙宁六年实行的“免行法”，直接损害了皇族外戚既得利益，连太皇太后、皇太后也流着眼泪指责王安石“变乱天下”。当时又逢严重旱灾，于是天灾也成了攻击王安石的口实。一个名叫郑侠的“旧党”人士，把受灾饥民流亡的情形，绘成图画，呈送给宋神宗和高太后，说这就是变法所造成的“结果”，如不马上停止变法改革，灾害还会扩大，饥民还会增多。一番话，说得宋神宗半信半疑。在这种情况下，王安石觉得已难以继续主持变法，只得恳请辞职。熙宁七年四月，王安石的宰相职务被罢免，改任江宁知府。

王安石离开宰相职位后，宋神宗以韩绛为宰相，吕惠卿为参知政事，继续推行新法。但吕惠卿权力欲很重，既不尊重宰相韩绛，又害怕王安石重返中枢。当时，韩绛与吕惠卿矛盾重重，当吕惠卿所推行的“手实法”引起骚动时，韩绛趁机向宋神宗建议恢复王安石的宰相职务。熙宁八年二月，王安石又回到汴京担任宰相。在外 10 个月后重回朝廷，王安石面临的局势已今非昔比，改革派内部钩心斗角，发生了分裂。宋神宗对王安石的意见，也不像从前那样重视了，加上王安石的爱子王雱早逝，自己的健康也出现问题，所以自熙宁九年春天起，他就不断请求辞职，到十月，王安石第二次被罢免宰相职务，改任判江宁府。第二年王安石又辞去判江宁府，退居宅寓，至宋哲宗元祐元年（1086 年）病逝。

王安石罢相后，在宋神宗主持下，新法基本上仍在执行。元丰八年（1085 年），宋神宗去世，其不满 10 岁的儿子赵煦（宋哲宗）即位，朝廷大权掌握在太皇太后高氏（神宗之母）手中。高氏以恢复"神宗法度"为首要国事，大量起用神宗时被贬斥的保守派官员。保守派官员以司马光为代表，他们指责新法"名为爱民，其实病民，名为益国，其实伤国"，全面罢废新法，王安石变法最终也归于失败。宋朝这段时间的年号是元祐，司马光等全面罢废新法的活动，被称为"元祐更化"。

七

北宋中期的这两次以"求强""求富"为目标的变法，结果都以失败而告终。读到这段历史，不仅令人沮丧，更值得人们反思。

先从大的方面来说，中国历史上的"变法"，它所要变易的不仅仅是法制，其中还包括政治、经济、法律、文化乃至风俗等等，牵涉到整个社会的方方面面，实际上是一场社会的大变革。正因为变法牵涉到的是社会的各个层面，所以它的影响几乎会遍及所有的阶级和阶层，必然会伤及既得利益者和保守势力，甚至会因失误或历史条件限制，局部地、暂时地影响正常的社会生活，伤害它原本想维护的利益集团。所以，不管变法给统治集团和整个社会带来多大的实惠，在受到一部分人热情赞扬和全力支持的同时，它总会遭到另一部分人的恶毒咒骂和无情打击。尤其是主持改革的领军人物，往往还会成为众矢之的，身前身后遭到各种不公平的待遇。而变法的结果，成功者实在寥寥可数。战国时期楚国吴起、秦国商鞅的变法虽说基本成功，但其代价却是前者死于乱箭穿身，后者死于五马分尸。至于秦汉以后的那些大大小小的变法，其成功者又有几何？北宋前后两次变法的失败，即是证明。

鲁迅先生曾说过，在中国要想改变某一传统状况实在太难了，甚至为了更改标点符号和搬动椅子都要达到流血的激烈程度。那么，要想在政治上改弦更张，其难度之大就更不消说了。原因何在，就在于传统的巨大惰性。某一种观念一旦成为传统以后，在现实的需要面前总是显示出其严重的滞后性，并延缓甚至阻止所出现的任何的变动，就如马克思在《资本论》中说的："死人捉住活人。"

北宋这两次变法失败的主要原因有：

其一，两次变法的主角虽然是范仲淹和王安石，但实质上最关键的人物却是范、王背后的支持者，即宋仁宗和宋神宗。范仲淹的"庆历新政"，以不触动宋朝皇帝神经的问题（如兵权、武备等）而换取了宋仁宗的支持。但范仲淹等改革人士却触犯了宋朝皇帝的另一个忌讳，即“朋党”问题。宋太祖在夺取政权的第三年（963年）就曾下诏说：“及第举人，不得呼知举官为‘恩门’‘师门’及自称‘门生’”，中举者人人都是“天子门生”。这既是针对东汉“党锢”前后那些“累世经学”的世家大族，控制当时“察举”“征辟”用人权的“门生故吏”的“部党”派系传统，更是针对自唐代以来在进士考试中，屡屡发生的“门生”与“座主”（主考官）结为派系的痼疾。宋朝最高统治者很害怕在朝大臣和一般士大夫结成派系和朋党，以致成为中央集权的一股异己力量。前述宋真宗有意让寇准与王钦若、丁谓“异论相搅”，也有此意。至于王安石，其“得君之专”，在宋朝难有宰相能出其右，但前提也是不能触及宋朝的“祖宗家法”。实际上，王安石“新法”中凡触及如财政、军政大权之时，宋神宗的态度都是很暧昧的，经常犹疑不定，使得王安石变法的阻力很大，而反对派也经常抓住这些要害问题进行攻击，终致变法失败。

其二，变法措施的理想与现实之间的矛盾。这在王安石变法中体现得尤甚，我们就以“新法”遭到反对最激烈的“青苗法”为例：

熙宁二年九月颁行的“青苗法”，其全名叫作“常平给敛法”，即在每年的青黄不接之际，由国家贷款给农民，取利息为二分。从理论上讲，它是用国家低息借贷挤掉高利贷者的豪夺，其作用主要在于遏制高利贷者对广大农民的肆意盘剥和兼并。因为在每年的新谷未收陈谷已尽之时，农民们迫于生计往往不得不以借贷度日，一些高利贷者趁机把钱粮借贷给农民，等秋收之后以高额的利息收回。许多农民因借高利贷而倾家荡产，甚者连土地也被兼并，由此造成社会的动荡不安。王安石曾做过较长时间的地方官，对民间疾苦有深切的了解，所以他担任宰相并在皇帝支持下施行“新政”时，决心改变这一现状。从其主观意图来看，行“青苗法”有如下五大好处：一可以帮助农民渡过难关；二可以抑制贫富分化及土地兼并；三可以增加国家收入；四可以平抑市场物价；五可以使国家财产不至于浪费（使官仓的陈粮及时消耗、新粮及时补充）。应该说，“青苗法”本质上完全是利国利民的好事，但是，有许多事情，理论上说得通，实际上却不一定行得通，因为前者仅仅是理想，而后者却是现实。

王安石行“青苗法”的立意本无可厚非，但一落实到具体的操作中，一些原来考虑不到或无须考虑的问题就出来了：如许多派到地方上执行“青苗法”的“提举官”，为了表示自己工作努力、政绩突出，就拼命“赶进度”“放卫星”。有的“酷吏”，根本不管百姓要不要借贷，仅仅根据每户的等第来强行摊派，等第愈高，摊派份额愈多，并且还把利息也预先扣除了，这使一些经济上不困难或不很困难、不需要借贷的农民，莫名其妙地受到经济损失，而越富的人自然损失就越大，由此引起中等以上的社会阶层中民怨日高。再比如一些非常贫困的农民，或某些游手好闲之徒，认为借贷如此容易，“送上门”来的钱粮何乐而不拿？但到了要还本的时候，他们却还不出了。于是就出现这样的情形：要么国家收不回已经外放出去的钱粮，要么强迫那些出具担保的户长、保人们来赔偿，要么就以刑狱来责罚那些借贷的当事人。明明是件好事，由于理想与现实的脱节，再加上执行走样而异化，却变成了一件坏事。正由于“青苗法”存在着以上所说的种种不足之处，所以它颁行后便引来许多大臣的反对，如吕诲、司马光、韩琦、富弼、欧阳修、范纯仁、吕公著、范缜、苏轼、苏辙、赵抃等等，这些人不是数朝老臣就是当朝名臣。他们的反对突出强调了“青苗法”的缺点而不及其余，不无一面之词的嫌疑；但他们指出的一些问题，却不能说全是为了反对变法而凭空捏造出来的。所以，问题的复杂性，往往就在这里。

天书封禅
荒唐迷信闹剧

北宋靖康元年十一月二十五日，处在金军重围中的首都开封城上的守军突然全部撤下，接着从宣化门中冲出一支“六甲神军”。当金兵将这支乌合之众击溃、登上城墙时，发现城上竟空无一人，这支六甲兵的总指挥郭京早已逃之夭夭。

生死存亡之际，朝廷为什么依然迷信道术，重用骗子呢？这还得从宋真宗自导自演的“天书封禅”运动和宋徽宗崇信道教说起。

一

景德五年正月初三，宋真宗召集文武百官，亲自宣布了一个特大喜讯：

> 去年冬天十一月二十七日将近半夜，朕正准备就寝，忽然室内大放光彩，看见一位戴星冠、穿绛衣的神人对我

说："下个月在正殿做一个月的黄箓道场，就会降下天书《大中祥符》三篇。"朕肃然起敬，想起身回答，神人已不见踪影。从十二月初一开始，朕就在朝元殿斋戒，建道场以求神人保佑。到今天，正好皇城司来报告，发现左承天门南面的鸱尾上挂着一条黄帛。派太监去观察，帛长约二丈，像封着书卷，用青丝绳缠着，隐约看出里面有字，这就是神人所说的天降之书。

首相王旦立即率群臣称贺。随后真宗步行到承天门，瞻仰天书，下拜致敬，派两名太监爬上屋顶取下。王旦跪进天书，真宗下拜接受，亲自放在轿子中，引导到道场，授予陈尧叟启封。只见黄帛上写着："赵受命，兴于宋，付于眘（宋孝宗名），居其器，守于正，世七百，九九定。"真宗跪受后，又命陈尧叟宣读，三幅黄字所写内容类似《尚书·洪范》和《道德经》，赞扬真宗能以至孝至道继承帝业，希望他保持清净简俭，宋朝的国运必能昌盛绵长。皇帝又跪奉天书，用帛裹住后放入金匮。群臣在崇政殿致贺，皇帝赐宴款待。又派专使祭告天地、宗庙、社稷，大赦天下，改年号为大中祥符，又赏赐群臣，并特许京城百姓狂欢五天。

这真是旷古未有的大吉大喜，陈尧叟、陈彭年、丁谓、杜镐等马上引经据典，从理论上阐述天书的"伟大而深远的意义"。消息传出，举国上下欢欣鼓舞，各种祥符纷纷上报。为了表达全国臣民的迫切心情，宰相王旦等率领文武百官、军队将士、地方官员、少数民族首领、和尚道士、社会名流和各地长老24300多人，五次上书，请求举行封禅大典。皇帝顾及国家利益，唯恐国库不足，但主管财政的大臣丁谓报告决算有盈余，这才命翰林院、太常寺等主管部门研究制定详细的仪式。丁谓为了让皇帝了解财政方面的大好形势，特意将历年收支数据编成《景德会计录》，与封禅大典的经费预算一起上报，获得皇帝嘉奖。

对天书降临做过特殊贡献的王钦若被任命为参知政事（副宰相），担任大典的常务总指挥。六月初六，王钦若从乾封县报告：泰山涌出醴泉，苍龙降临锡山。不久，木工董祚在醴泉亭以北的树上又见到挂着一块黄帛，上面有字，但不认识。皇城使王居正接到报告，立即奔赴现场，见帛上写着真宗的名字，赶紧报告王钦若。王钦若躬奉帛书，让太监飞马送往首都。真宗立即在崇政殿召集群臣，又亲自宣布了第二个特大喜讯。

> 五月十七日子夜，朕又梦见上次见到的神人对我说："下月中旬，将在泰山赐给你天书。"朕马上密令王钦若等人，一旦发现祥异就立即上报，如今果然与所梦符合。上天如此关怀保佑，朕真怕担当不起呀！

王旦率众臣拜贺，将天书奉迎至含芳园正殿，又由真宗隆重奉接。这次的天书写得更明白：

> 你对我如此孝顺崇敬，养育百姓使他们幸福，特赐以嘉瑞，要让百姓们都知道。我告诉你的话要保密，我的心意要好好理解。国运一定能永远昌盛，你也可以健康长寿。

群臣当然理解上天的意旨，立即给真宗上了尊号，称为"崇文广武仪天尊道宝应章感圣明仁孝皇帝"。不久，各种祥瑞在全国遍地开花，王钦若献上芝草8000株，赵安仁献上五色金玉丹、紫芝 8700 余株，各地贡献的芝草、嘉禾、瑞木、三脊茅草多得无法统计。

为了永久供奉天书，真宗决定修建玉清昭应宫。主管部门和技术人员估计需要 15 年时间，总指挥（修宫使）丁谓下令打破常规，日夜施工。对这项政治任务当然要坚持高标准，并且不能算经济账，监工太监刘承珪严格照图纸验收，如有丝毫不合格，不论已装修得多么豪华都要全部拆毁重建。结果，这座有 2610 间房屋的宏伟建筑在 7 年内建成。

九月二十八日，真宗亲自在崇德殿演习封禅仪式。十月初四，在载着天书的华丽玉车引导下，真宗一行浩浩荡荡离开开封，17 天后到达泰山。王钦若等进献的芝草已多达 38000 多株，在短短的三个月中竟又翻了两番。不过，比起以后亳州献的 95000 株来，逊色得多。经过 3 天斋戒，真宗登上泰山完成了祭天仪式，第二天又在社首山举行了祭地典礼。于是真宗登寿昌殿接受群臣朝贺，宣布大赦天下，文武百官都升官一级，首都开封府与皇帝途经州县增加举人名额，特许全国百姓狂欢 3 天。接着在穆清殿举行盛大宴会，还在殿门外为当地父老开宴。十一月二十日，真宗回到开封，群臣的歌功颂德又掀起了新的高潮。十二月初五，真宗在朝元殿接受尊号，封禅大典圆满结束了。

但各地官民的积极性却越来越高。汀州人王捷报告："我在南康遇见一位姓赵的道士，传授给我炼丹术和一把小环神剑，他就是圣祖（赵氏的始祖）司命真君。"王捷被赐名中正，被封为左武卫将军，备受宠幸。

大中祥符三年六月，河中府进士薛南及当地父老、和尚道士1200人请求皇帝到汾阴祭祀后土。公元前116年，当地一位巫师在土堆中发现了一只极大的鼎。汉武帝核对无误，派人迎至甘泉宫，又运回长安，途中居然出现黄云盖在鼎上，同时有一头鹿经过，被武帝亲自射杀，用以祭鼎。经有关方面召集专家论证，这是一只宝鼎，与泰皇、黄帝、禹所铸的鼎具有同样重大的意义。为此武帝改年号为元鼎，3年后又在汾阴建后土祠，亲自致祭。现在皇帝既然已经封禅，祭祀后土是顺理成章、必不可少之事。真宗俯顺民情，宣布次年进行。十二月，陕州报告境内黄河变清。这分明是圣人出现、天下太平的征兆，晏殊立即献上一篇《河清颂》。四年正月二十三日，真宗一行又以天书为前导由开封出发，出潼关，渡渭河，在二月十三日到达汾阴，4天后进行了祭祀后土地祇的典礼。

大概是为了使这场活动长盛不衰，到五年十月二十四日，真宗又对群臣宣布了一件奇迹：

朕梦见神人传达玉皇的命令："上次曾命令你的祖先赵玄朗授你天书，现在命令他再来见你。"第二天，又梦见神人传达圣祖的话："我的座位要朝西，再斜放六个座位等着。"当天就在延恩殿设道场，五更刚过，就闻到异香。不一会儿，黄光满殿，圣祖降临，朕在殿下拜见。接着又来了六个人，向圣祖作揖后一起就座。圣祖命朕上前，说："我是九位人皇之一，是赵氏始祖。第二次降生就是轩辕黄帝，后唐时又降生，传下赵氏已有百年。皇帝你要好好抚育苍生，保持以前那样的志向，不要懈怠。"说完就离座驾云而去。

王旦少不了又率群臣拜贺一番。赵玄朗既是赵氏始祖，又是轩辕黄帝之祖，“玄朗”二字当然不许再用，于是诏令天下，以元代替玄，以明代替朗，已有书籍中出现玄、朗二字时必须缺笔。因玄字与元字读音相近，下令改用真字代替元、玄二字。又给赵玄朗上了一个尊号“圣祖上灵高道九天司命保生天尊大帝”。随后，群臣也给真宗上了新的尊号“崇文广武感天尊道应真佑德上圣钦明仁孝皇帝”，不仅增加二字，而且用词的规格大为提高。经过二次谦让，皇上不得不接受了。

六年元旦，司天监（国家天文台）报告出现了“五星同色”这一罕见的天象。金、木、水、火、土五颗行星同时出现称为“五星连珠”，已是少有的祥瑞，只有在周武王伐纣、汉高祖入关这样的时候才会出现，“五星同色”的意义不言而喻。六月，由亳州地方官、父老3300人组成的代表团到达开封，在宫门外请愿，要求皇上到亳州太清宫祭祀老子。八月初一，皇帝答应明年春天亲自去太清宫，10天后就给老子上了尊号“太上老君混元上德皇帝”。七年正月，以真宗为首的祭祀大队又在天书的引导下开往亳州，历时20天。现场指挥丁谓献的芝草创造了空前纪录，多达95000株。太史报告，天上出现了含誉星，这是大喜事的象征。亳州被升格为集庆军，地方官的级别自然相应提高，当地百姓的赋税被减免三成。当年十一月，玉清昭应宫建成，次年又有一系列的供奉活动。

天禧二年（1018年）夏，皇城司报告：保圣营的士兵在营西南角发现了乌龟和蛇，就在那里建了真武祠，现在祠旁涌出一股泉水，不少病人喝了后就痊愈了。真宗下诏就地建祥源观。

三年，巡检朱能宣称有天书降临在乾祐山。大家都知道，这是朱能与太监周怀政勾结后伪造出来的，真宗却深信不疑，下令将天书迎入宫中。尽管真宗死后，有人来清算朱能这笔欠债，但天书再也无法激起全国的狂热。乾兴元年（1022年）二月真宗病死，享年55岁。半年后，天书作为殉葬品与他的遗体一起被送入永定陵，永远在人间消失了。

二

天书、祥瑞一类把戏在中国历史上并不少见，但像宋真宗这样亲自策划、制造的倒也不多。平心而论，真宗算不上是昏君或暴君。在对抗辽国入侵时他虽然没有完全采纳寇准的意见，毕竟也亲征前线，比后世的宋徽宗在金军进攻时望风而逃、宋钦宗一味求降要强得多。天书运动的真正导演是奸臣王钦若，他在辽军入侵时曾主张迁都金陵，被遣往天雄军驻防后，在强敌面前只会紧闭城门，修斋诵经。他对敌国束手无策，侍奉皇帝、打击政敌却游刃有余，而真宗严重的虚荣心使他有了可乘之机。本来，澶渊之盟被视为宋朝的胜利，力主御驾亲征的宰相寇准在真宗心目中地位颇高。可是王钦若却大进谗言，说这是“以万乘之尊为城下之盟”，而寇准是将真宗当作赌博的“孤注”，不顾皇帝的死活为自己捞取名利。从此寇准圣宠日衰，不久被降职为地方官。自从听信了王钦若的谗言，真宗将澶渊之盟视为奇耻大辱，却又没有办法挽回面子，于是王钦若献计：“唯封禅可以镇服四海，夸示外国。”封禅必须要有“天瑞”，但既然以往就有“以人力为之者”，那么只要真宗“深信而崇奉之，以明示天下，则与天瑞无异也”。他还进一步让真宗“解放思想”：“陛下以为《河图》《洛书》真有其事吗？无非是圣人利用神道设教罢了。”当真宗问直学士杜镐《河图》《洛书》究竟是怎么一回事时，这位饱学的老儒也如此回答。但真宗恐怕宰相王旦会反对，让王钦若去做说服工作。在得知王旦没有异议后，真宗亲自召王旦欢宴，散席时又特赐酒一樽，让他带回去与妻儿同享。王旦回家后发现，樽中装的竟全是贵重的珍珠，他自然明白皇帝的真意，更加不敢再有异议了。至此，王钦若的奸计得逞，达到了排斥寇准和迷惑真宗的双重目的。真宗在向全国臣民撒下了天书降临的弥天大谎后，就像染上毒瘾一样，再也无法自拔，只能按照王钦若的意图一直表演下去。他既需要欺骗臣民，也需要欺骗自己。以万乘之尊，他绝不会有承认错误的勇气。相反，在王钦若之流制造的祥瑞遍布全国、颂歌响彻天下的狂热中，真宗“镇服四海，夸示外国”的虚荣心似乎真的得到了满足，陶醉在虚幻的“大好形势”下。

其实，直接参与王钦若阴谋的人极为有限，多数大臣只是附和而已，但宰相王旦的态度却起了决定性的作用。实际上若是王旦能与平时一样坚持正确立场的话，这场闹剧确实是演不成的。

王旦的出身、经历、能力、品行可以说是完美无瑕的。他出生在一个三代仕宦的家庭，父亲王祐是宋初名臣。王旦23岁进士及第，出任知县，仕途平稳，21年后升至参知政事，连续当政18年。生前位极人臣，死后也备尽荣哀，后来还被配享真宗庙廷，所立碑上由仁宗御笔题为“全德元老”。

真宗亲征澶州时，留守开封的雍王元份得了急病，王旦奉命赶回代理留守。临行时他要求真宗召来寇准，并提出："要是十天之内未得到捷报，我应该怎么办？" 真宗沉默了好久，才说："那就立太子为帝罢。"王旦敢于向皇帝提出如此敏感的问题，足见他的无私无畏。果然，他回首都后直接进驻皇城，严密封锁消息，直到真宗回京时，家人才惊奇地发现他居然是从城里出来的。

他深知寇准的忠直，尽管寇准一直在真宗面前说他的坏话，他却总是赞扬寇准。真宗感到不解，王旦说："我任宰相日久，政务上的缺漏必定很多，寇准对您一点不隐瞒，更说明他对陛下忠诚，所以我更器重他。"寇准被罢相后，托人向王旦要求使相一职，王旦惊奇地说："将相的职位岂能自己要求？我不接受私人请托。"寇准十分愤恨。不久任命下来，竟是使相一职，寇准向真宗谢恩，真宗告诉他是王旦举荐的结果，寇准深感惭愧，慨叹自己远不如王旦。寇准到任后过生日时大摆宴席，平时也超标准地享受，被人告发，真宗大怒。王旦却不紧不慢地说："寇准人倒是贤能的，可就是呆得没有办法。"真宗的气消了，也就不再追究。

而对王钦若这样的奸臣，王旦力劝真宗不要任命他为宰相。直到10年后王旦逝世，王钦若才如愿以偿。但他对王钦若也留有余地，当王钦若因与人在真宗面前争吵、招致真宗大怒时，王旦并没有落井下石，而是劝真宗按律处理。虽然王旦不得不带头庆贺天书降临，但对那些借献祥瑞钻营的人却不屑一顾。当陈彭年通过副相向敏中送上一篇文章，王旦不看一眼就用纸封了。向敏中请他看一下，他说："还不是想通过献祥瑞往上爬。"太监刘承规深受真宗宠幸，临死时请求封为节度使，真宗对王旦说：“要不他死不瞑目。”王旦却不为所动，反问道：“要是以后有人要当枢密使（国防部长），怎么办？”真宗只得作罢。王旦家中经常宾客满堂，却从不接受私人请托。他了解了值得推荐的人后，总是秘密报告皇帝，即使被采纳后也从不声张，直到他死后史官修《真宗实录》，才从档案中发现很多官员都是他推荐的。谏议大夫张师德是新科状元，两次上门求见王旦都未见到，托向敏中向王旦解释。当讨论任命知制诰一职时，王旦说：“可惜呀！要不该是张师德的。”原来王旦一直在皇帝面前称赞张师德，但见张师德两次上门，很不以为然，说：“中了状元，本来就前程无量，应该耐心等待。要是大家都靠走门路，没有门路的人怎么办？”他不顾向敏中的一再请求，还是决定暂缓提升张师德，“聊以戒贪进，激薄俗也”。

王旦的政治技巧也可谓炉火纯青。他到兖州执行公务，太监周怀政同行，想找机会与他见面，他必定要等随从到齐了，穿上公服在办公室会见，谈完公事后就退场。后来周怀政因罪被杀，大家都十分佩服王旦的远见。一次发生蝗灾之后，有人拿着死蝗虫报告真宗，真宗给大臣看了，第二天大臣们就带着死蝗虫要求在朝堂展览，然后率百官庆贺蝗灾的结束，只有王旦坚持不同意。过了几天各地上报，说飞蝗蔽天，真宗看着王旦说：“要是真让百官庆贺了，岂不让天下人笑话？”

王旦敬重寡嫂，与弟弟王旭极其友爱，子女的婚姻不讲门第。平时生活俭朴，穿的衣被都是极普通的。他从来不买田置宅，认为子孙应当自立，否则有了田宅，反使他们争夺出丑。真宗觉得他的住宅太差，要替他修缮，他说这是先人的故居，不能改变。他对家人从不发怒，饮食不干净或不合口味，只是不吃，却不怪罪。家人故意在肉汤中放了点墨，他就只吃饭，说今天正好不想吃肉。下一次家人又在饭中放了些墨，他又说今天不爱吃饭，给我做些粥吧。

可见王旦完全算得上一位不可多得的贤相，不愧为道德的典范。王旦顺从真宗，为伪造的天书圆谎，并不是识不破王钦若的阴谋，更不是贪图一樽美珠，而是不敢与“最高指示”对抗。他可以千方百计化解真宗的怒气，保护寇准和其他官员；也可以巧妙地抵制太监的非分要求，拖延执行皇帝随心所欲的决定；但一旦意识到已经无法改变皇帝的决心时，就再也没有勇气坚持下去了。固然，我们可以指责王旦的私心，但在专制君主的统治下，要求臣下揭露皇帝制造的谎言实在是难上加难，何况皇帝说的谎话正是他本来就应该有的“天命”！

王旦为自己的失足付出了沉重的代价，从此他只能一次次带头欢呼庆贺，一次次捧着伪造的“天书”主持各种大典。他的良心受到强烈的责备，常常闷闷不乐，临终时给儿子留下遗嘱：“我没有其他过错，只有不劝阻天书这件事，是赎不了的罪。死后要剃掉头发，穿上黑衣服（僧服）下葬。”他是有自知之明的，知道逃脱不了历史的评判。但宋朝社会付出的代价更加沉重，可以想象，这样大规模的巡游、庆祝、祭祀、建筑耗费了多少百姓的血汗和生命？这样狂热的运动又给社会留下了多少创伤？从这一角度来看，我们是无法为王旦开脱的。

比起王旦来，寇准的失足更不光彩。他受王钦若排挤后当了13年的地方官，再也耐不得寂寞了。天禧三年（1019年），巡检朱能与太监周怀政勾结，谎称在乾祐山发现了天书。乾祐山就在寇准的辖境，他的女婿王曙与周怀政关系密切，劝寇准与朱能合作，寇准就将天书降临的“喜讯”上报朝廷，因而得到真宗的嘉奖。王钦若罢相后，寇准马上获得了代理宰相的任命。当时有人劝寇准：“你的上策是到达首都附近后坚决称病要求改任地方官，中策是入朝后就揭发乾祐山天书的骗局，最下策是再当宰相，这会毁了你一生的声望。”但挡不住宰相之位的诱惑，寇准将宝押给了朱能和周怀政。一年后，寇准受丁谓陷害罢相。一个月后，周怀政在权力斗争中被杀，丁谓与皇后揭发了朱能伪造天书事件，寇准被贬相州。接着，朱能拒捕自杀，寇准又被贬到道州，真宗死后更被贬到了雷州，一年多之后死于当地。本来，受丁谓这样的奸臣排斥会受到舆论的同情，但与朱能伪造天书联系起来就成了寇准洗不清的污点。或许有人要为寇准辩护：上报天书无非是随大流，目的是复出，以便重新施展自己的政治抱负。只要目的高尚，手段不妨卑鄙。我不想对寇准的政治伦理做出价值评判，但试问，要是他与朱能之类划清界限，政治上还能有什么作为？他复出后一年就再次下台，不是很好的证明吗？

为天书君臣上下丧心病狂时，知识分子的良心并没有完全泯灭，依然有人公开批评真宗的行为。当天书降临、百官争言祥瑞时，龙图阁侍制孙奭却对真宗说：“我听过一句话：‘天何言哉！’天连话都没有，岂会有书吗？”真宗决定祀汾阴后，孙奭上疏，从八个方面提出了反对意见。他一针见血地揭露群臣的丑态：“现在见到一只野雕、山鹿就当成祥瑞奏报，秋天旱灾、冬天打雷也要作为吉兆称贺，背地里说怪话取笑的人太多了。”他甚至将真宗与同样封禅泰山、祀老子的唐明皇相比，劝真宗吸取唐明皇的教训，“早自觉寤”，“无为明皇不及之悔”。其他如王曾、张旻、崔立、张咏、任布等也都提出过各种反对意见。王曾还拒不接受“会灵观使”的任命，真宗责问道：“大臣应该傅会国事，为何竟不合作？”王曾的回答是：“皇帝听意见称为明，臣子尽忠心称为义。我只懂得义，不知道什么合作不合作。”他因此而丢了副宰相的官职，却没有改变初衷。尽管他们没有能够阻止这场闹剧，但显示了知识分子的良心和人格。

三

天书运动虽然随着真宗的去世而中止，却并没有受到任何清算，对于真宗的继承人和子孙来说，这当然是很正常的。但正因为如此，也为这类闹剧的重演留下了伏笔。果然，从崇宁四年（1105年）开始，徽宗将道教一步步抬上了无以复加的地位，一度使天书运动再现。

濮州人王老志本是小吏，自称遇见了异人，授给他丹药，从此就能为人算命，作预言，据说很灵验。太仆卿王亶将他推荐给徽宗，被召至京师，住在蔡京家中。王老志曾送来一个密封的信封，徽宗打开一看，竟记着往年秋天自己与乔、刘两位宠妃说的话。徽宗更加坚信不疑，封他为洞微先生。洪州人王仔昔自称在嵩山遇见许逊，传给他《大洞隐书》和其他方法，能预知未来。蔡京推荐后，徽宗认为他的篆符很灵，封他为通妙先生。一时间，两人大受恩宠，百官争相奉承，门庭若市。

政和二年（1112 年）十一月，徽宗在百名道士和仪仗队的簇拥下去圜丘祭天。出南薰门后，徽宗忽然问蔡京的儿子、典礼官蔡攸：“玉津园东面好像有一片楼台，那是何处？”蔡攸答道：“我看见云间有楼台殿阁，隐隐约约有好几重，再仔细看，它们离地面都有数十丈。”徽宗问：“见到有人吗？”蔡攸说：“有一些像道家的童子，举着旗幡等仪仗，相继出现在云间，连眉目都历历可见。”于是徽宗宣布天神降临，并亲自撰写了一篇《天真降灵示现记》。道教自然大行其道，十二月间徽宗下诏，向全国征求道教仙经。政和四年元旦，为道士确定了二十六级，以后又改为二十六等道官，最高的相当于四品的中大夫，最低的相当于九品的将仕郎，高级道士可以享受“司局级”待遇。

后来王老志、王仔昔等已没有什么新花样，渐渐失去了徽宗的宠信。徽宗命徐知常为他寻访本领更大的方士，政和六年春，找到了一位名叫林灵素的人。林是温州人，小时候当过和尚，因为受不了师父的打骂，改当了道士。他会变法术，在淮、泗间小有名气。林灵素见了徽宗就自吹自擂：“天上的九霄，最高的一层称为神霄。上帝的长子是神霄玉清王，统治南方，号称长生大帝君，就是陛下。另外有仙官八百名，蔡京就是左元仙伯，王黼是文华使，郑居中、童贯等都是仙官中有名字的，我是仙卿褚慧下凡，是来辅佐帝君治理的。”他知道徽宗宠爱刘贵妃，就说她是九华玉真安妃下凡，徽宗听了龙颜大悦，立即封他为通真达灵先生，赏赐不计其数，还将温州改为应道军；又根据林的建议，立道学，与儒学一样实行科举考试，从元士到处士分为十三品。除了吹牛，林灵素没有什么本领，只是稍微懂一点天气预报，所以有时能装神弄鬼求雨。

徽宗听从林灵素的建议，大修宫观。先是在京城西北角建了一座玉清宝箓宫，极尽奢华。为了方便徽宗去参加斋醮，还专门在皇城设了一座景龙门，在城上建了一条封闭的“复道”，徽宗又下令在全国的“洞天福地”遍建宫观，每一观都拨给数百上千顷的田地，道士都领俸禄。每次举行大斋，都要耗费几万贯钱，称为“千道会”。有的穷人买一幅青布头巾戴上，冒充道士去赴会，除了每天能饱餐一顿外，还可以领取300钱的布施。政和七年（1117年）正月，在上清宝箓宫聚集了2000余名道士，徽宗命林灵素传达帝君降临的信息，他还亲自率领官民去听林灵素讲经。可是高坐在上的林灵素实在没有什么高论，甚至不时说些无聊的笑话，引得哄堂大笑。徽宗却对林灵素的话深信不疑，认为自己是神霄帝君下凡，示意道箓院册封他为“教主道君皇帝”。林灵素也被加封为“通真达灵元妙先生”，另一位道士张虚白则被封为“通元冲妙先生”，都享受中大夫待遇，出入时甚至能与亲王抢道，被京城人称为“道家二府”。他们的门徒有两万人，都靠公费过着锦衣玉食的生活。只要假托天神降临，伪造帝诰、天书、云篆，就能使徽宗言听计从。为了报当年受和尚师父打骂之仇，林灵素请徽宗废佛为道，改佛号为大觉金仙，和尚称德士，改变服饰，使用姓名；尼姑改称女德，允许德士学道，遵照道士法度。

就在道教如日中天、林灵素不可一世之时，他的丑事也不断败露，骗局开始失灵。为了专宠，林灵素毒死了同伙王允诚。京城遭遇水灾时，林灵素奉命上城作法，愤怒的役士抡起棍棒要打他，吓得他狼狈逃跑，法术全无。在路上遇到太子，他居然毫不避让，引起太子不满，向徽宗告了一状，终于使徽宗在宣和二年将他斥退，送回故乡，并下诏去罢道学。

但徽宗对道教的迷恋依然如故，以至在金军兵临城下，被逼禅位于太子时，仍执迷于被尊为“教主道君太上皇帝”。更可怕的是，林灵素之流余毒未尽，在国家生死存亡之际，朝廷上下竟寄希望于道家法术。开封城被围后，身为兵部尚书、尚书右丞、同知枢密院的孙傅，居然仅凭一句“郭京杨适刘无忌”的诗句就在禁卫军中访得一位郭京，并委以军事重任。郭京声称能施六甲法，只要用7777人就能将金兵击退，生擒两位主将。朝廷对此深信不疑，立即封他为成忠郎，赏赐大批金帛，让他招募兵士。郭京招兵根本不讲武艺，只要八字符合六甲即可，结果收罗了一批市井无赖。有位武将应募，郭京却加以拒绝：“你虽然本领高强，但命中注定明年正月要死，恐怕会连累我。”

金军加紧攻城，形势危急，郭京依然谈笑自如，说：“选个吉日出兵三百，就可使天下太平，一直打到阴山为止。”还说，“不到危急时刻，我的军队不会出动。”孙傅对他信任备至，有人劝道：“自古以来从来没有听说过这样的事。现在不妨先少给他一些士兵，待他立了功再提拔。现在给了他这样大的权力，恐怕会影响国家的体面。”孙傅大怒：“郭京是老天爷送来的救星。他对敌军的情况一清二楚。你幸而对我说了这样的话，要是对别人说了，就得治你动摇军心之罪。”

靖康元年闰十一月二十二日金军攻通津门、宣化门，宋军出战不利。在再三催促下，郭京于二十五日出兵，他下令全部守军下城，不得偷看战况，然后大开宣化门出战，自己与张叔夜坐在城楼观战。出城宋军受到金兵四面夹攻，那批乌合之众一触即溃，死了大半，余众逃回，紧闭城门。郭京对张叔夜说："我需自己下去作法。"但下城后就带领残兵向南逃跑。随后，金兵登上空无一人的城墙，已势不可挡。尽管张叔夜等拼死抵抗，开封城仍于当天被攻陷。

靖康二年四月初一，徽宗和他的儿子钦宗被金兵押解北上，最后魂断朔漠。在国破家亡之后，不知这位"教主道君皇帝"是否还相信自己是上帝的长子神霄帝君，是否还相信林灵素之流的谎言？但即使他有所悔悟，千百万生灵已遭涂炭，北宋江山已是落花流水。此时离宋真宗宣布天书降临不过119年，离真宗将天书带进他的坟墓105年，离那份"天书"上所许诺的"世七百"还差得远哩！

呼朋引类
官僚集团党争

朋党之兴，始于君子，而终不胜于小人，害及于宗社生民，不亡而不息。

——王夫之《宋论》

“朋党”这个概念，按照我国最古老的字典《说文解字》中所讲，是从“朋”这个字引申假借而来的，“朋”字的原始含义是串起来的贝壳，上古时代可用作货币。后来引申为凤，凤飞而成千上万的鸟尾随其后，由此引申出“朋党”这个词（详见西汉许慎的《说文解字》和清代段玉裁的《说文解字注》）。从这个解释来看，“朋党”一词似无褒贬毁誉之义。但如果从战国以来的历史文献中考察，一般说来，“朋党”却是一个专门的贬义词。特别是秦汉以后，它专指官僚士大夫中那些为了个人目的而相互勾结、树立党羽的小团体。这些小团体之间的互相倾轧、明争暗斗，也就是历史上所谓的“朋党之争”。

过去有种误解，认为中国历史上的朋党与现代意义上的政党的性质大同小异。实际上，历史上的朋党，它们既没有严密的组织形式，也缺乏既定的结党宗旨，更不存在明确的政治纲领。大致而言，他们往往是由官僚阶层的某一群人或某一类人，或由于政治利害的攸关，或因为政治见解的一致，也有可能仅仅因为志向趣味投合、出身籍贯相同这类缘故，在当时的政治斗争、权力分配、宫廷纠葛等事件中自然形成的松散的小集团。

朋党之争可以说是中国封建社会政治生活中的一个常见的现象，它与诸如宦官专权、外戚擅政、母后垂帘等一样，成为中国封建官僚政治中无法医治的“历史病”。每当某个历史时期出现政治昏暗、社会动荡、外患内忧等诱发因素时，它就会程度不同地“发作”起来，并与当时的其他各种社会政治因素互为因果，进而引出一系列的政治变故，深刻地影响着中国历史的发展进程。

从秦朝以后的历史来考察，几乎每个朝代都或多或少、或隐或显，或缓或烈地有党争事件的爆发，史书有记载的如：西汉有儒臣与文吏（习法律为主的官僚）的对立，大司空何武“疾朋党，问文吏必于儒者，问儒者必于文吏，以相参验”。汉昭帝时的“盐铁会议”则是这两大朋党的一次重大的正面冲突；西汉末期，外戚王氏（王莽是其中的代表人物）一门把持朝纲，朝官和地方官多由党附王氏之人出任，大臣刘向上书汉成帝，抨击王氏“朋党比周，以营私利”。东汉中期后，外戚、宦官、官僚士大夫各自结成帮派部党，展开了极其激烈的争斗，最终导致了两次残酷的“党锢之祸”的出现。西晋有以贾充、荀勗为代表的一党，与庾纯、张华为首的一党之交争。北魏有以崔浩为首的汉族官僚士大夫与鲜卑族勋贵国戚的殊死较量。唐朝有张说与宇文融的两党之争，有元载、杨炎与刘晏、卢杞的两党之争，最出名的则是分别以牛僧儒和李德裕为首的“牛李党争”，此外还有朝官与宦官之间的“南衙北司之争”等等。五代十国时的南唐，有以宋齐丘为首的一党，与以孙晟为首的一党之争斗。宋代之后，元朝的蒙古贵族的派系之争常常导致刀兵相见和皇位易主，元朝中后期从元武帝至元顺帝仅25年间，走马灯似的换了八个皇帝。明朝刚立国就出现所谓的胡惟庸、蓝玉“党案”；内阁制取代宰相制后，阁臣间争权夺利的党争几乎没有停止过，突出的如黄淮与解缙之争、张璁与夏言之争、夏言与严嵩之争、严嵩与徐阶之争、高拱与张居正之争、沈一贯与沈鲤之争、温体仁与周延儒之争等等，但最典型的则是万历朝的“东林党人”与魏忠贤“阉党”之间的残酷斗争。清朝前期有冯铨一党与陈名夏一党的争斗，有索额图一党与明珠一党的争斗。鸦片战争之后则有洋务派与守旧派、维新派的争斗，有“帝党”与“后党”的争斗，有“清流”与“浊流”之争等等。以上所举的这些，还仅仅是举其大者而言之，至于不太明显的一些小打小闹，那真可谓是无时不有，实在无法一一具体道来。可以这么说，朋党与朋党之争几乎与中国的封建官僚政治结下了不解之缘，并与中国的封建社会共始终。

同样，在北宋的历史上，朋党之争的现象也非常突出。前有寇准、王旦与王钦若、丁谓的较量；中有范仲淹、欧阳修等与吕夷简、夏竦等的“党议”；以后又有司马光等与欧阳修等的“濮议之争”；苏东坡等与程颐等的“蜀洛党争”；最为激烈的争斗，当推以王安石为代表的“新党”，和以司马光为代表的“旧党”之间，因“变法”和“反变法”而展开的党争。这大大小小的党争，深刻地影响了北宋历史的演进，对北宋的盛衰起了很大的作用。

此外，还值得一提的是，北宋的党争不仅多，而且还有不少士大夫对朋党问题发表过专门的论述。比较有名的如：王禹偁的《朋党论》、欧阳修的《朋党论》、司马光的《朋党论》、刘安世的《论朋党之弊》、苏东坡的《续朋党论》、秦观的《朋党》上下篇等。其中最出名的，无疑当推欧阳修的《朋党论》。这一现象，在中国历史上堪称一绝。下面就让我们来看看北宋的朋党之争，并试图总结一些历史的经验教训。

北宋一朝的大小党争不少，但如果从其性质来归类的话不外乎两类：一类属于某些官僚士大夫试图改革政治、革除弊端而遭到另一部分官僚士大夫的反对，于是互相攻击排斥，交争不已；另一类属于政治色彩并不浓厚，仅仅以地域关系、乡土观念，或者师生之交谊、治学之风尚，甚至还有为了一些微不足道的小事，官僚士大夫之间形成几个不同集团，逞一时意气而展开争斗。应该说，这两类党争中，前一类无疑是占据主导地位的。因此，我们的述论也主要集中在前面一类，对后一类则稍作介绍。

北宋围绕着变革与反变革而展开的朋党之争，前后共发生过两次，而且每次又经历了几个反复的阶段。第一次发生在仁宗朝，从“范吕之争”肇端，经“庆历新政”，终沦为“庆历党议”；第二次开始于神宗朝的“熙宁变法”，经哲宗朝的“元祐更化”及“绍圣绍述”，最后是徽宗朝蔡京当道后的“元祐党案”。

一

要讲“庆历党议”，首先得从“范吕之争”说起：

所谓“范吕之争”，“范”指北宋名臣范仲淹，“吕”指当时的宰相吕夷简。范仲淹是中国历史上的名人，他的词《秋思》，他的文《岳阳楼记》，都是传唱千古的佳作。尤其是他在《岳阳楼记》中所抒发的高尚情操更令人敬仰：

> 不以物喜，不以己悲。居庙堂之高，则忧其民；处江湖之远，则忧其君。是进亦忧，退亦忧。然则何时而乐耶？其必曰：先天下之忧而忧，后天下之乐而乐。

范仲淹其人，注重学问修养，为人正直，为官廉洁，忧国忧民，敢说敢为，他属于中国封建社会中受儒家正统思想熏陶、典型的耿直派官僚士大夫。吕夷简其人老于世故，精于做官之道，为人明哲保身，为官不求有功但求无过，他其实也算不上是一个坏到极点的奸臣，只能算是属于中国封建社会中那种常见的、庸庸碌碌的政客罢了。

“范吕之争”早在宋仁宗明道二年（1033年）就已经开始。当时，由于宋仁宗废黜皇后郭氏这件事，范仲淹反对，而吕夷简支持，所以吕夷简就借仁宗之手把范仲淹贬官外放。三年之后，范仲淹又升迁加官任权知开封府（首都开封的市长）。这时吕夷简正在担任宰相，他利用手中的权力，专门任用一批庸碌无能、只会拍马溜须的人为官。吕氏这种做法的目的很简单，就是不想让比他强的人出头，从而自己可以安坐相位。而范仲淹对吕夷简的这种做法非常不满，于是爆发了第二回合的范吕之争。有一次范仲淹借机向宋仁宗提出，吕夷简任用和升迁官员的做法有问题，他特意画了一幅《百官图》，指着图对宋仁宗讲，怎样才是循序升迁，怎样才是越级而进，怎样才是公平的，怎样是出自私心，揭露吕夷简在用人问题上营私舞弊。不久，范仲淹又专门写了四篇文章，专讲历代宰相专权而导致国家败亡，借古喻今提醒宋仁宗。吕夷简此时炙手可热，许多人都不敢得罪他，范仲淹居然如此直言不讳地指责他，受到了不少官僚士大夫赞赏好评。而吕夷简则火冒三丈。他凭借多年为官揣摩出的经验，深知帝王最恨也最怕的就是臣下们结成朋党，于是就以此来打击范仲淹。他在宋仁宗面前攻击范仲淹"迂阔好名"，并指控他"越职言事"（因为当时范仲淹所说属于谏官的职责范围，而范仲淹并不是谏官），还"荐引朋党，离间君臣"。宋仁宗听了，马上把范贬职外放了，还在朝堂上张贴榜文，告诫百官不得结为朋党和越职言事。

这件事在朝臣中引起了很大争议，一些不依附吕夷简、又敢于仗义执言的官僚纷纷为范仲淹鸣不平。集贤校理余靖上言，范仲淹不当贬职，朝廷贬逐敢于言事者，是想封住天下人之口。随后，余靖也被贬外放。馆阁校勘尹洙又上疏为余靖辩解，说余靖与范仲淹素无瓜葛，只是秉公说了几句话就被贬职，自己与范仲淹"义兼师友"，自请外贬，于是尹洙也被外贬。余、尹所犯的据说就是“越职言事”之罪。更有甚者，一个名叫高若讷的谏官，还附合吕夷简而批评范仲淹。馆阁校勘欧阳修气愤不过，给高若讷写了一封信，痛斥他身为谏官，不仅不出来为范仲淹辩白，还要附和权贵，诋毁范仲淹，“真不知天下还有羞耻的事情！”高若讷恼羞成怒，把欧阳修的信上交宋仁宗。于是，欧阳修也被贬职外放。

首都开封大治“朋党”的消息传开后，北宋著名书法家、当时任西京留守推官的蔡襄，写了一首政治讽喻诗，题名为《四贤一不肖》，“四贤”就是赞誉范仲淹、余靖、尹洙和欧阳修，“一不肖”是讥刺高若讷。此诗一出，马上被传抄开来，京城士人争相购买，书贩子因此大发其财，甚至连辽国的使臣也买了回去，贴在专门接待宋朝使臣的宾馆里。当时还有一些官僚士大夫也支持范仲淹等人。如范仲淹离京时，天章阁待制李弦、集贤校理王质，置酒为范仲淹饯行，王质还陪伴了范仲淹几天。有人笑王质太傻，他却说：“范仲淹是个贤者，能成为他的‘朋党’是我的荣幸。”光禄寺主簿苏舜钦这时居家守丧，他也冒哀上书，极论范仲淹等人不当被贬职。

范吕之争的实质，是力图改革的新生力量与把持朝政、因循偷安的守旧势力之间的斗争。“朋党”本是吕夷简等加在范仲淹等人头上的“帽子”，可其结果反倒促成了他们之间的联系和团结。以范仲淹为代表的一批三十多岁的年轻官僚士大夫们，通过这次斗争反而名声大振，成为人们交口称赞的“名士”。

公元1038年，雄踞于中国西北的党项族酋长元昊自称皇帝，建立起西夏政权，两年后开始入侵宋境。素无战斗力的宋军难以抵御，连吃败仗。宋仁宗在走投无路的情况下，只好起用范仲淹来对付西夏军队。通过几年的时间，在作为边帅的范仲淹、韩琦的努力下，基本上控制了边境的局势。这时北宋王朝的各种弊病日益严重：官吏越来越多，办事效率却越来越低；国家的财政本已十分拮据，宋夏战争又使得军费开支直线上升，压得北宋王朝喘不过气来；国内又因为赋税太重而屡屡激起民变、兵变。面对这一系列的矛盾，庸碌苟且的宰相吕夷简实在无法应付。因此，宋仁宗只得在庆历三年（1043 年）罢去了吕夷简的相职，起用范仲淹等一批锐意改革的"名士"来收拾这副烂摊子。范仲淹被封为参知政事（副宰相），富弼、韩琦、欧阳修、余靖、尹洙、蔡襄、苏舜钦等也都被调回京城，中国历史上的一次小有名气的政治改革运动——庆历新政，就此拉开了帷幕。

庆历三年八月，宋仁宗把范仲淹、富弼召到皇宫内的天章阁，询问他们的改革设想。范仲淹经过考虑后提出了十点意见，其中最关键的是改革吏治，整顿官僚机构，其内容包括加强对官吏政绩的考核、裁汰无能的官吏、限制高级官员"恩荫"子弟为官（即免科举考试）的人数、延长官员升迁的年限、严格官吏的选拔考试、加强对候补官员即青年士子的教育等等。以上这些确实是北宋王朝亟须解决的问题，但这将触犯一大批既得利益者，也就是在朝官吏的利益。正是由于这一点，于是攻击范仲淹等结党营私的诽谤也就随之而来。当时，吕夷简已经告老还乡了，夏竦就成为攻击范仲淹等人的首领。夏竦曾经是一位担任高级军事职务（枢密使）的文官，他在宋夏战争中畏懦偷生，连吃败仗，结果被罢去军职，由范仲淹取而代之。夏竦对此一直耿耿于怀。范仲淹等上台时，在国家最高学府太学任教官的石介，曾写过一篇名为《庆历圣德颂》的长诗，与蔡襄的《四贤一不肖》很相似。在诗中，石介对范仲淹等人大大称颂了一番，而把夏竦的罢职称之为“大奸之去”。夏竦对此恨得咬牙切齿，始终在伺机进行报复，“朋党”这把刀子又被重新磨了起来。

开始，夏竦勾结宦官蓝元震，让蓝在宋仁宗面前攻击范仲淹等交结“朋党”。蓝元震对宋仁宗说：“现在有不少人在议论，说过去被贬职的范仲淹、欧阳修、尹洙、蔡襄等又回来了，他们结为同党，把国家的爵禄当作私人的恩惠，荐引赞成自己意见的人。如果一个人的‘私党’有十个，五六个人就有五六十个，这样不出二三年，国家的要害部门都要被这批人占据了。”宋仁宗对此颇为担忧，专门就“朋党”问题询问范仲淹。范仲淹对此很不以为然，反而还提出了一个“君子有党”的观点，他说：“人以类聚，物以群分。在边境上，勇敢的人结为一党，胆小的人也结为一党。自古以来，朝廷官僚有邪有正，正人结为一党，为国家做事，有什么不好呢？”欧阳修也在这时发表了他那篇著名的政论文章《朋党论》，在文中，欧阳修比范仲淹更系统、更透彻地论述了“君子有党”的观点，他认为：君子都以道义相同的人为朋党，小人却以利害得失为朋党，但真正能成为朋党的只有君子。因为，君子守道义、重名节、行忠信；而小人唯利是图，一切以利益得失为转移，一旦利益没有了，其交往也就疏远了，更有甚者还会相互争斗陷害，他们不可能成为真正的朋党。这番话自然说得振振有词，但宋仁宗对此却始终抱有戒心，唯恐范仲淹等成为皇权的威胁。

不久，夏竦又进一步编造出了一个所谓的“阴谋政变案”。他命自己的女奴模仿石介的笔迹（石介的书法颇怪异，易认也易模仿），给主张改革的另一要人富弼写了一封信，其中谈到西汉权臣霍光废立皇帝之事，并建议富弼行霍光之举，还伪造了一份石介代富弼写定的废立诏书。谣言传进了宫廷，宋仁宗虽然并不相信，但对范仲淹、富弼等人从此也就冷落了下来。范、富等人的政治变法，所借重的无非就是皇权，一旦失去了皇帝的支持，改革也就进行不下去了。此时，关于“朋党”的议论也越来越盛，范仲淹为了避开嫌疑，自己主动请求出京巡边。

接着，反对“新政”的一批官僚士大夫又借一件微不足道的小事，对改革派发起最后的攻击。事情是这样的，苏舜钦是范仲淹的好友，又是支持“新政”的宰相杜衍的女婿，范仲淹上台后推荐他担任了进奏院的官员。这一年，苏舜钦依据原来的惯例，把进奏院的废纸卖了，钱用于赛神会上的宴请，还请女伎来表演和劝酒。这件事成了反对派的口实，他们状告苏舜钦，说他犯了“盗卖进奏院故纸”罪，把参加宴会的 12 个人全部抓了起来。结果苏舜钦被判除名（终身不得为官），其余的参加者都被贬职外放。当时这一事件的主谋御史中丞王拱辰得意忘形地说：“这下给我一网打尽了！”

此时，宋夏战争已基本结束，宋仁宗见局势和缓了，对改革政治也就失去了兴趣。于是他再次下诏，诫百官交结朋党。庆历五年（1045 年）正月，范仲淹、富弼、韩琦、杜衍等改革派人士相继被罢去京职，改任地方官。一场酝酿多年才勉强开展起来的政治改革运动，就这样在严防“朋党”的一片喧嚣声中，轻而易举地就宣告失败了。北宋王朝又回到“新政”以前的老路上去了。

二

“庆历新政”实施不到一年就夭折了，北宋王朝这辆破车，依旧在崎岖不平的古道上颠簸。宋仁宗在庆历之后的 20 年里，终日深居后宫，沉溺于筹觞和歌舞之中，再也不愿过问国计民生。宋仁宗死后，英宗赵曙即位。宋英宗在位仅仅 4 年，虽有满腔热血，但无奈病魔缠身。所以，宋英宗的政治抱负，只能落在了宋神宗的身上。

宋神宗 20 岁即位。他朝气蓬勃，很想有所作为，革除天下的积弊。他上台后不久便问当时已经是宰相的富弼，如何才能使国家富强起来。可是在经历了 20 余年的宦海沉浮之后，富弼早已把庆历时期的锋芒消磨殆尽了，他只是说：这只能慢慢来，20 年内不要谈对外用兵。富弼的想法实际上代表了当时一批元老重臣的意见，这使得宋神宗大感失望。在宋神宗看来，“当今理财最为急务”，即首先必须解决政府的财政危机问题。这时，一个在当时的官僚士大夫中颇孚众望的人物——王安石，引起了宋神宗的注意。王安石是三朝元老，他才华出众，能言善辩，不仅诗文极佳，思维敏捷，而且在政治上也很有抱负。王安石主张进行激进的、全面的改革。早在宋仁宗时，他就以一个地方小官吏的身份上《万言书》，提出宋初以来的传统政策早已不能适应国家的现实需要，只有把这些旧法度加以改革，才能改变北宋所面临的艰危处境。经过与王安石的一席长谈后，宋神宗决定封王安石为宰相，依靠他来主持变法，富国强兵，改变北宋“积贫积弱”的现状。

一场比“庆历新政”规模大得多的变法运动，在王安石主持下开始了。从宋神宗熙宁二年（1069 年）起，王安石先后制定了一系列“新法”，其内容相当广泛，涉及国家的经济、政治、军事、教育等众多层面的具体问题，其中最关键的、也是遭到反对最多的就是有关财政制度方面的改革。这些具体内容，前文已有记述，在这里我们还是围绕着朋党之争方面的问题来考察。

对王安石“新法”持反对意见的，主要来自以司马光为首的一大批“名臣”“老臣”。司马光也是中国历史上的名人，尤其是历史巨著《资治通鉴》更使他青史留名。在资历、声誉、性格等许多方面，司马光与王安石有颇多相似之处，他们不仅是同僚，而且在很长时间内还是朋友，彼此都十分尊重对方。不过两人在思想方法上却迥然不同，王安石思想活跃且激进，勇于标新立异；司马光则虑事缜密，沉稳持重而不喜创新。由此导致了两人在政见上的重大分歧。司马光实际上并不反对所有的政治改革，在王安石变法之前，他曾多次提出改革官制、兵制、役法、选拔人才制度等建议。但是，司马光的政治改革主张是温和的、渐进的，并反复强调要以儒家的“仁政”“德政”作为改革的出发点和归宿。而王安石则主张激进变法，大刀阔斧，一揽子解决；并且，他的政治思想较多地来源于中国先秦时期的法家而不是儒家，尽管王安石基本上还属于一个儒家的学者。

王安石“新法”出台后不久，就遭到了司马光、富弼、文彦博、范缜、程颢、苏东坡兄弟、欧阳修等一批当朝名臣的反对。他们认为，“新法”不仅不能改变旧弊，反而还会引出新的弊端。其中司马光的反对最激烈也最具代表性，他指出：王安石的财政改革实际是“聚敛”，即用各种办法巧立名目，把民间的财富搜刮到政府来。这种做法的结果固然会使一些富人受到一些损失，但他们照样可以丰衣足食，可对广大平民百姓而言危害就要大多了，因为他们本来就很穷，现在只会更穷。所以，“新法”完全违背了儒家“爱民”“保民”“利民”的一贯主张。司马光认为，要使国家富起来，首先应该是让百姓先富起来，百姓富了国家自然也就富了。改革财政是需要的，但办法应该是从节省国家开支着眼，裁减各种“冗费”，而不应该伸手向下面要钱要物，加重下层民众负担。

基于以上这样的认识，司马光给王安石连写了三封信，以朋友的身份直言不讳地谈了自己的看法，对王安石提出了严厉的批评，但同时还是承认王安石改革的立意是好的，是急于想使国家摆脱困境，他们之间目标一致，只是方法不同而已。王安石读了司马光的信后，写了一封简明的回信，逐条驳正司马光的批评，同时也认为自己在私交上与司马光相处得不错，只是在讨论国家大事时意见总是不合，这是方法不同所致。两人的观点没有调和的余地，司马光就不再做进一步说服的努力，而反对的态度则日趋激烈，利用一切机会宣传自己的主张，批评王安石的观点。当时有不少官僚士大夫支持司马光，因而形成了一股很强大的政治势力。再说王安石，他对变法将会遭遇的种种阻力早有预料，他曾提出著名的“三不怕”原则：即“天变不足畏”“祖宗不足法”“人言不足恤”。他坚定地顶着反对“新法”的浪潮，继续实行既定的变法。两派意见至此已经水火不相容，司马光见自己的主张未获得宋神宗支持，于是提出辞呈，到洛阳去撰写他的《资治通鉴》。其他官僚也纷纷效法，辞去官职，请求外放。当大批官员离去后，王安石为了保证变法能顺利推行下去，起用了一批支持变法的新人，由他们担任政府要职。世人就把这批人称之为“新党”，而反对派则成了所谓的“旧党”。朝廷成了“新党”的天下后，一系列“新法”陆续颁布，全国处在一个改弦更张的高潮之中。“旧党”虽然败下阵来，但并没有放弃斗争，他们仍在地方上不断提出反对意见。

“新法”实施了几年，确实收到了一定的效果，国家的财政状况出现好转。然而，百姓的抱怨之声却日渐高涨。因为从理论上讲“新法”是行得通的，但在实际的操作过程中却存在着许多难以克服的困难。再加上在具体执行“新法”的官吏中，有不少人借机敲诈勒索百姓，所以“新法”给百姓带来了许多痛苦。这时，“新党”内部又发生了分裂。在王安石起用的新人中，有不少是投机钻营分子，他们借拥护变法而牟取私利。如吕惠卿，他是王安石一手提拔起来的，并视之为臂膀，但当他官运亨通之际（任副宰相），便有了取王安石而代之的企图。熙宁九年（1076年），王安石的儿子死了，他非常悲伤，再加上“新党”内部的分裂，宋神宗也不似以前那样全力支持他了，于是他力请罢相，退居江宁度其余生，但“新法”仍在继续推行。

元丰八年（1085年），宋神宗病故，年仅10岁的宋哲宗即位，改年号为“元祐”，由祖母太皇太后高氏垂帘听政。高太后一直反对变法，而且又特别器重司马光。她秉政后立即召回被贬到洛阳的“旧党”领袖司马光，封他为宰相，由他来主持废除“新法”。司马光把刘挚、范纯仁、吕公著、苏东坡兄弟、文彦博、李常等一批反对“新法”的官僚统统调回京城，全力以赴地进行罢废工作，试图恢复到宋神宗即位以前的样子。然而，“新法”中虽然存在不少“扰民”的内容，但也有一些措施施行几年来效果一直良好。司马光不辨贤愚，一概予以废除，难免引起不少人的非议。这时“新党”成员都已被贬出朝，所以反对者主要是一些“旧党”人物，如苏东坡、范纯仁、吕公著等。他们认为对“新法”主要是纠正其弊端，不一定要全部废除，一些好的内容还可以保留下来。针对这些意见，司马光充耳不闻。他的性格与王安石极相似，当王安石坚持变法时，对批评意见也是丝毫听不进去，人们背后骂他“拗相公”，即指王安石脾气执拗，固执己见。司马光在废除“新法”时同样如此，一意孤行，意气用事，以至于苏东坡气得骂他为“司马牛”，形容他固执得像牛一样。

第二年九月，司马光病逝，王安石则比他早五个月在南京去世。元祐八年（1093年），高太后去世，19岁的宋哲宗开始亲政。年轻的皇帝对老祖母干涉国政早已不满，这时便改年号为“绍圣”，表明他要继承其父的遗志和事业。宋哲宗起用了章惇、曾布、蔡卞、蔡京等“新党”人物，重新推行“新法”。同时“新党”开始对“旧党”展开了大规模的报复。他们把元祐旧臣统统排斥出朝，重则被贬到岭南，轻则被贬到近地，连已经死了七八年之久的司马光也被追夺官秩和封号。有人甚至还提议开棺鞭尸、毁掉《资治通鉴》，幸而宋哲宗对这些建议没有采纳。

元符三年（1100年）宋哲宗死后，宋徽宗即位。“新党”中比较正直的章惇因曾反对徽宗即位，所以宋徽宗上台后就将其罢免，起用蔡京为相。蔡京的弟弟蔡卞是王安石的女婿，他们都属于“新党”中人。不过蔡京是一个一再变节、投机取巧的政客。当司马光下令要在五天之内撤除某一“新法”（募役法）时，“旧党”中人都认为时间太仓促而难以办到，唯独时任权知开封府的蔡京完成了，以至于司马光还号召“旧党”中人向蔡京学习。蔡京掌权后，再次下令全面实行“新法”，但这不过是他的一种宣传手段罢了，并未认真施行。他的目的是打击一切政敌。不仅继续打击“旧党”人士，而且对章惇、曾布、张商英等“新党”人士也同样予以严厉打击。他宣布包括“旧党”“新党”在内的309人为“奸党”，请宋徽宗亲笔书其名，刻石于宫门之前，称之为“元祐党人碑”，并下令全国各地也要照此立碑，他极尽能事对其政敌进行了残酷的迫害。不久，“新法”又被全部废除，一切恢复原状，而现实比原来更糟，北宋王朝的末日也为时不远了。

三

关于北宋官僚士大夫中另一类朋党之争，这里试举三例：

其一，北宋前期王旦、寇准与王钦若、丁谓之争。众所周知，北宋由北方统一南方，政府大权基本掌握在跟随赵氏兄弟打天下的中原人士手中，而南方籍官员大多是归附的降臣，一时根本无法与北方的官僚士大夫相抗衡。据说，赵匡胤曾亲书“南人不得坐吾此堂”，刻在宰相办公的政事堂石碑上。到了宋真宗时期，新一代南方官僚成长起来，并开始与北方官僚争夺政治地位，于是双方展开了激烈较量。真宗欲以江西新喻人王钦若为相，遭到了北方籍大臣的极力反对。当时的重臣寇准（陕西渭南人）、王旦（山东华县人）就是北方官僚的代表人物，他们都曾担任宰相之职。王旦对宋真宗说：“我看祖宗朝从来没有南方人当国（为相）的。虽然古人曾有立贤无方之说，但这仅适用于贤士。我作为宰相，不敢排斥别人，说得只是公论。”这里所谓的“公论”，实际上是北方官僚士大夫的公众舆论。一直等到王旦死后，王钦若才做了宰相，王钦若逢人就说：“王旦一句话，我迟了十年做宰相。”寇准是北宋前期的名臣，他在宋辽“澶渊之盟”中发挥过重要作用。但他对南方士人有极深的偏见。比如晏殊是中国文学史上的著名人物，他14岁应“神童试”，真宗非常赏识他的文才，赐同进士出身。寇准对此极力反对，理由仅仅是晏殊是“江外人”，即指他是江西抚州人。又比如当时江西人萧贯科举考试第一名，寇准正是此次考试的主考官。他便硬生生把萧贯评为第二名，而把山东平度人蔡齐拉上来做状元，理由是“南方下国，不宜冠多士”。事后，寇准洋洋得意地对其同僚说：“我又为中原夺得了一个状元！”寇准与当时的南方籍重臣丁谓（江苏苏州人）也始终不和，遇事必争，甚至连语音问题也要争一争。寇准坚持认为，西安、洛阳为天下之中，所以语音最为纯正；丁谓则指出，各地都有方言，唯有读书人然后为正，即读书人的发音正确。倘若撇开政治分歧来看的话，显然丁谓的意见是可取的。

其二，宋英宗时期的“濮议之争”。宋仁宗膝下无子，死去由堂兄濮王赵允让之子赵曙即位，是为宋英宗。英宗为帝后便遇到一个问题，即应该怎样称呼其生父。这本是一件小事，但当时的许多士大夫却认为是非常重要的大事，于是出现了两派意见，双方争得不可开交。一派以司马光、王珪为代表，提出英宗既然继承了宋仁宗的皇位，就应该称仁宗为“皇父”，而称自己的生父为“皇伯”。另一派以欧阳修、韩琦为代表，他们认为，自古以来没有称自己生父为“伯”的道理。这里，司马光等所强调的是传统宗法制度中的“大宗”与“小宗”之别，而欧阳修等则是从人之常情出发力辩。双方争到后来变成互相攻击谩骂，支持司马光的观点的吕诲、范纯仁、吕大防等痛骂欧、韩为“小人”，甚至请求将两人处以极刑。

其三，宋哲宗时期的“蜀洛党争”。当司马光死后，“旧党”内部也马上分化了，形成了以理学家程颐为首的“洛党”、以苏东坡为首的“蜀党”和以刘挚为首的“朔党”，这三党的名称是由其代表人物的籍贯而来的，各党基本上是由同一籍贯的官僚士大夫或师生组成的。其中“洛党”与“蜀党”的交争相对激烈，而“朔党”则依委于其间。当时，已经不存在“新法”的存废问题，因此三党之间实无原则性的分歧，仅仅是为了地域乡土之别，治学风格相异，师生关系等这些无谓的原因而展开争斗。如司马光病逝时，政府官员正集体参加一项国家的庆典活动，死讯传来，许多人认为应该马上去吊丧。“洛党”的程颐却极力反对，他提出：“孔子说过，哭的那一天是不能有歌唱之类的欢乐的，现在正在搞庆典，已经唱过歌，所以不能去。”苏东坡站出来反对：“孔子只说过哭的那一天不能唱歌，但并没有说过唱歌欢乐的那一天不准哭。你的那一套规矩不是孔子的，只是西汉初年的叔孙通发明出来的怪礼。”程颐觉得自己受到了奚落，于是一直想报复。不久他让自己的学生贾易、朱光庭出面弹劾苏东坡，说他在主持考试时故意设置诽谤朝廷的题目。“蜀党”当然也不甘示弱，起而反击。当时正好“朔党”的刘安世也与“洛党”交恶，他上奏说程颐等五人交结执政者弟子，时人骂他们为“五鬼”。“蜀党”的孔文仲趁机弹劾程颐，说他阴险奸诈，是“五鬼”的首领，理应贬职外放，决不能让他留在京师。最后“洛党”败下阵来，程颐只能卷起铺盖离开京城。就这样，三党中人经常是彼出“中央”，此入“中央”，进进出出，而对国家政事则置之不理。

四

北宋一朝的朋党之争为什么会如此频繁？这是一个比较复杂的问题，这里我们仅从政治制度、地域分野和思想传统三个层面略作分析。

首先，从北宋的政治制度来考察。大家知道，赵匡胤在“陈桥兵变”后“黄袍加身”，从历史的借鉴及亲身的体验出发，他意识到武将拥兵自重是中唐以来政局动荡、战祸频仍的根源。因此建国伊始，他便“以防弊之政，为立国之法”，采取了“重文轻武”的既定国策，但由此却又引出文官是否也会擅权的问题。从历史事实来看，宋初的皇帝们对文官也并不放心，因为整个国家机器的运转毕竟掌握在这批人手里。宋太宗就说过这么一番令人回味无穷的话：“国家没有外忧也会有内患。外忧不过是边防的问题，这是明白无误的，可以预防。但内患却是处在暗中的，因为奸臣的脸上并没有写字，这是最可怕的。所以，皇帝的心思必须常常放在谨防内患上。”于是，北宋初期又制定了种种防范文臣的制度。如：分散文臣之首宰相的权力，宰相只能负责行政事务，而由枢密使掌管军事，三司使掌管财政。采取名与实相分、职与权相分的官制，形成了“官”“职”“差遣”等一套非常复杂的制度。尤其值得指出的是，宋朝的皇帝还特别鼓励官吏之间互相检举弹劾，宋朝仅官吏监察机构就设了两个，一是“御史台”，一是“谏院”，两者的职责完全相同，就是监控文臣。然而“谏院”按照以往历代的制度规定，本应该是负责给皇帝提出建议的，现在性质却发生了明显的变化。之所以要设两个监察机构的原因也很简单，那就是一旦其中的一个被“野心家”操纵时，另一个还可以照常发挥作用。此外，监察官又被许以特权，可以检举任何一级的官吏，而检举时也不一定要有真凭实据，允许“风闻言事”，即道听途说也可以。即便检举错了也不会受到严厉的处罚，充其量不过是贬官外放而已，贬出首都开封，到地方上去担任

“知州”（州长）、“通判”之类的官职，过不了多久照样可以迁升。这与其说是一种处罚，还不如说是一种奖赏，以鼓励官僚士大夫们勇于说话，博得“不畏强暴”“正直忠良”的美名。总之，宋初的一切防弊之举，虽然解决了不少旧弊端，但却造成了许多新弊端，为频繁的朋党之争提供了条件。比方说，文官人数的激增，使朋党的纠结十分方便；允许“风闻言事”的检举。则开启了文人逞笔舌之能苟议政治的风气，也激发了一些喜欢意气用事的官僚士大夫偏好争论的恶习，使他们往往为一些实际上无关痛痒的琐事而争得面红耳赤、不可开交。

其次，从地域分野上考察。中国传统上就有重乡土的习惯，俗话所谓“老乡见老乡，两眼泪汪汪”。与其他人群一样，中国的封建官僚士大夫是比较重视所谓的“乡谊”的，他们身上同样留存着相当浓重的地域文化的“基因”，除了一般的政治认同、文化认同之外，他们也具有地域认同，这与地域经济、政治的权益又纠葛在一起。中国封建官僚士大夫的地域分野又有大小之分，即现在人们还在说的“小同乡”“大同乡”之别。由地域的分野，又往往会引出他们之间的地域冲突，这种冲突也是多方面的，如社会风俗、治学倾向、文化传统的不同等，政治冲突可以说只是其中的一个层面。从中国古代的历史进程来看，官僚士大夫的地域冲突主要表现为南北冲突。大而言之，自三国鼎立经西晋的“永嘉之乱”、中唐的“安史之乱”以后，冲突的焦点地区以黄河流域与长江流域为主，再具体点说则是黄河中下游地区与中国的东南地区为主。前面提到的寇准、王旦与王钦若、丁谓的争斗就是一例。再比如宋神宗时期的“新党”与“旧党”之争，虽然其主旨在于变革与反变革，但实际上其中也含有地域之争的成分在内。这只需看一看两党重要人物的出生籍贯就可一目了然：“新党”中的王安石是江西抚州人，吕惠卿是福建泉州人，章惇是福建浦城人，曾布是江西南丰人，沈括是浙江杭州人，蔡卞和蔡京兄弟也是福建人；“旧党”中的司马光是陕西夏县人，文彦博是山西介休人，富弼及程颢、程颐兄弟是河南洛阳人，韩琦是河南安阳人，韩维是河南杞县人。另外一些人物我们不再一一列举。当时，司马光在上书反对王安石变法时，曾就地域问题发表过议论，他说：“闽人狭险，楚人轻易。”这里的闽人即指福建籍人，楚人则指江西人。其所指非常明显，就是针对王安石、吕惠卿等人的籍贯而发出的攻击，认为宋神宗援引南方人士实施变法，将使朝中的士风、民间的习俗失去淳厚。司马光与吕惠卿在宋神宗面前争论变法时，甚至拉拉扯扯要动起手来，宋神宗也看不下去了，说：“大家讲是非吗，何必这样呢！”事后，旁人都说：“一个陕西人，一个福建子，怎么合得来！”与司马光等“旧党”过从甚密的理学家邵雍，尽管隐而不仕，但也反对新政。邵雍似乎能预知未来，他在洛阳天津桥上散步，听到杜鹃啼叫就叹息道：“不出三五年，皇上将用南士为相，多引南人，专务变更，天下自此多事矣！”别人问他为什么这么说，他的回答很奇怪：“天下将治，地气自北而南；将乱，自南而北。今南方地气至矣，禽鸟飞类，得气之先者也。《春秋》书‘六鹢退飞’‘鸜鹆来巢’，气使之也。自此南方草木皆可移，南方疾病瘴虐之类，北人皆苦之矣。”如果知道邵雍的籍贯是河北涿州，那么他的那套“怪论”就不难理解了。随着南方读书人不断涌入政界，北方籍官员还提出了科举考试南北分卷，宋哲宗朝就开始施行，特许齐、鲁、河朔五路士人考试成绩可以低于南卷标准而中进士，以保证北方士人参政的机会。这一现象的出现，又与中国历史上经济、文化重心的南移趋势相关。

再次，从思想文化的传统来考察。中国官僚士大夫从小所受的正统教育就是儒家的“四书五经”，所以，他们不能不受到儒家思想的影响。这里，我们仅就一点而言，那就是孔子关于“君子”“小人”的思想，在官僚士大夫的心中可谓根深蒂固、深入人心。众所周知孔子对“君子”“小人”有十分严格的区分，这是孔子“善者褒之，不善者贬之”最常用的概念。据统计，在《论语》一书中，“君子”共出现过 107 次，“小人”出现过 24 次，而其中两者对举的就近 20 次之多。在北宋的朋党之争中，“君子”和“小人”往往成为一种常用的标签，而“君子之党”与“小人之党”的区分，大抵可视为北宋朋党之争的传统思想的基础。当然，对这种区分我们要分别来看待。如“庆历党议”之时，基本上是以范仲淹、欧阳修为首的一群“君子”，展开对吕夷简、夏竦为首的一群“小人”的攻击，以及后者对前者的反击。而“新党”与“旧党”之争就比较复杂，很难做出区分。不过，司马光对王安石的攻击，其立论的依据还是“君子”与“小人”，他在给王安石的一封信中，引孔子弟子樊迟请学种田、孔子鄙之为“小人”之例比附王安石的变法，说：“使彼诚君子，则不能言利；彼诚小人，则困民财是尽，以饫上之欲，又何从乎？”这其实是对孔子“君子喻于义，小人喻于利”思想的具体展开。再比如，司马光在其名著《资治通鉴》以“臣光曰”的形式，借对唐朝“牛李党争”

事件所发的议论也进一步阐发了他的“君子”与“小人”之辨的思想：“夫君子、小人之不相容，犹冰炭之不可同器而处也。故君子得位则斥小人，小人得势则排君子，此自然之理也。”这一论述，也可视为是范仲淹、欧阳修等“君子有党”理论的延续。以上只是就北宋党争的主要方面来看的，其实，即使在一些无关大事的党争中，北宋的官僚士大夫也往往要用“君子”“小人”来对某一党贴标签。

五

北宋一朝朋党之争的持续不断，由此引出了不少很坏的后果。

第一，朋党之争对北宋士林风气的败坏起了催化剂的作用，一些不逞之徒趁机借党争来打击对手。那个在后世戏文中被人称为“包青天”的包拯，生活在庆历前后的宋仁宗朝，他就曾十分忧虑地说过：“近年以来，多有指明臣下为朋党者。其间奋不顾身，孜孜于国，奖善嫉恶，激浊扬清之人，尤被奸巧诬罔，例见排斥。故进一贤士，必曰‘朋党相助’；退一庸才，亦曰‘朋党相嫉’。遂使正人结舌，忠直息心，不敢公言是非，明示劝诫。此最为国之大患。”这就是说，朋党之争使得在当时的官僚士大夫中形成了正不压邪的恶劣风气。与此同时，一些投机钻营的士人又可以借朋党之争来牟取私利。如庆历时期的王拱辰，他一开始站在改革派的一边，后来见到宋仁宗忌讳朋党，于是就转而打击范仲淹等人。王安石变法时的杨畏也是如此，一开始支持变法，司马光上台后又积极反对变法，高太后死又再次主张恢复“新法”，以至于人们叫他“杨三变”；最典型的则是大奸臣蔡京，他的“事迹”前面已提过了。再比如王安石“新党”中的邓绾、李定、舒亶、蹇序辰、王子韶之流，都是利用朋党之争来谋取功名利禄，被时人目为“十钻”。其中最无耻的当数邓绾，他完全是依靠专门写颂扬王安石的文章而当了官，乡里的人都讥笑谩骂他，他却毫不在乎，还厚颜无耻地说什么：“笑骂从汝，好官还须我为之！”北宋的吏治一直很糟糕，范仲淹的“庆历新政”本想从吏治入手，但因朋党之争的缘故，马上就失败了。此后，贿赂公行、侮慢法令、戕害民物、贪污盗窃等等，史不绝书。到宋徽宗朝，奸臣蔡京当道，腐败达到了顶峰，“花石纲”“应奉局”等搜刮民财之举在中国历史上都非常出名，这在《水浒传》中有十分生动形象的描述，这里就不必再讲了。总之，当时整个统治集团都已沉溺于醉生梦死的享乐之中了。

第二，朋党之争使得任何政治改革都难以取得真正的成功。北宋的朋党之争，不仅使得两次重大的变法从一开始就步履维艰，也使得变法的成果难以巩固，最后导致变法以失败告终。从中国历史上看，党争的兴起往往与整个统治危机的逼近有关，一些为了维护统治秩序、挽救国家命运的官僚士大夫挺身而出，积极主张变法以求遏制乃至消弭统治危机。但在朋党之争的影响下（当然不完全是党争的影响），这种变法一般都归于失败。就北宋来看，范仲淹等发起的“庆历新政”，其性质完全是一次为国更法、为民除弊的政治改革和自救运动。但由于政敌的攻击，再加上范仲淹、欧阳修等以

“君子之党”自居，公开赞赏朋党，授人以柄，所以到头来一场严肃的政治革新变质为个人毁誉的斗争，于是“谤毁浸盛，而朋党之论滋不可解”，“新政”也像昙花一现般的逝去了。王安石变法的持续时间虽然较长，但由于新旧两党的积怨已深，两派中人意气用事，许多方面完全超出了政治范围而变成个人的恩怨之争。最典型的就是司马光，他甫一当上宰相就对“新法”进行全盘否定，这与其平素慎重沉稳、虑事周密的一贯作风大相径庭，个中显然掺杂了因朋党而引起的意气之争。

第三，朋党之争使得整个国家机器的正常运转受到了极大破坏。作为以朋党为主体的官僚士大夫集团，一般都是国家的重臣，他们担负着维持国家机器正常运转的责任。然而，朋党之争使得这些官僚群体时而擢升，时而贬逐，来去匆匆，朝令夕改，在这种情形下国家机器的正常运作是根本不可能实现的。如司马光一概排斥“新法”，蔡京、蔡卞等又一股脑地恢复“新法”；“洛党”“蜀党”“朔党”的轰然而来、轰然而去的现象，都可以说是这方面的典型例证。

第四，朋党之争大大加速了社会大动乱的总体性危机的爆发。朋党之争所引出的吏治腐败、挽救危机的改革失败和国家机器运转失灵等种种恶果，必然会产生一系列横向的连锁反应，其中最主要的就是使各种社会固有矛盾迅速激化，最终导致社会大动乱的出现，使整个社会陷入崩溃的状态。这在中国历史上，一般表现为农民暴动、军阀混战或外族入侵。就北宋而言，则主要体现在外族入侵这一点上。北宋后期的朋党之争，使得政治腐败到了极点，这不能不反映在当时的民族战争中。当时，抗金名将李纲曾非常沉痛地指出：“用兵与士风似不相及，而实相为表里。士风淳则议正而是非明，朝廷赏罚当功罪而人心服。……数十年来，奔竞日进，议论徇私，邪说利口，足以惑人主之听。元祐大臣，持正论如司马光之流，皆社稷之臣也，而群枉嫉之，指为奸党，颠倒是非，政事大坏，驯至靖康之变，非偶然也。”李纲对司马光的评论是否完全允当或可讨论，但他指出北宋的朋党之争与北宋亡国的相互关系，是有相当道理的。

六

明清之际的王夫之在其名著《宋论》一书中，曾不无感慨地说过：“朋党之兴，始于君子，而终不胜于小人，害及宗社生民，不亡而不息。”这段话的意思是说，在朋党之争中，君子常败，小人常胜。事实大抵也是如此，因为历史上的党争（并不限于北宋），一般是由君子一方首先发动的，理由很简单，因为他们有着儒家所谓“修身、齐家、治国、平天下”的道义担当，不满现实政治的腐败和黑暗，因此就会挺身而出，“以天下国家为己任”。但君子都是守正之士，他们的立身处世有一定的原则，对自己的行为也能严加约束。而小人则不然，他们为了达到目的可以无所不用其极。苏东坡在其《续朋党论》中已经认识到了这一点，他说：“君子以道事君，所以人主必然对之敬而远之，其关系是疏远的。可小人就善于察言观色，极力去讨人主的欢心而顺从其意愿，所以其与人主的关系肯定更加密切。疏远者最容易离间，亲近者则很难批评。此外，君子如果不得志，就会引退，乐道不仕。小人如果不得志，就会挖空心思试图钻营和报复别人。这就是小人必胜的原因。”这样看问题虽然有表面化的倾向，但也不能说一点道理也没有。北宋的朋党之争，其结果就是如此。

以上仅是就表面上的所谓“君子”与“小人”之争来看朋党之争，如果我们再深一步思考的话，就应该想一想儒家的“君子”与“小人”之辨是否完全正确的问题，以及这对概念是否会成为朋党之争的工具？儒家从“义”与“利”、“德”与“才”来区分“正”与“邪”、“贤”与“不肖”，这不能说毫无道理，但也不是无可指摘的，因为无论人群还是个人的品性都是复杂的，良莠不齐、此一时彼一时的现象很正常，机械地分为“君子”或“小人”，而且非此即彼，显然不足以说明人的复杂性。危害更大的是，这种简单的两分往往会成为官僚士大夫群体内部政治斗争的工具，进而导致巨大的政治动荡和残酷的相互倾轧。

譬如说，司马光的“邪正不并立、冰炭不同器”的论述，从抽象意义上讲当然不错，但任何事物都不是孤立的、静止的，司马光的失误就在于他以一时一地的表现和单纯从观念出发的思想来判断某个人绝对的好或绝对的坏，这明显是不足取的。而把王安石的“新党”统统斥为“小人”，那就更成问题了。王安石实际上也是满怀治国平天下之志的人，他的《淮南杂说》一书，时人都比之为《孟子》。王安石也的确以孟子“当今之世舍我其谁也”自许，他把孟子引为自己的千古知己，在其《孟子》一诗中他吟诵道：

沉魄浮魂不可招，遗编一读想风标。

何妨举世嫌迂阔，故有斯人慰寂寥。

王安石在没有出任宰相前，口碑极好，但一当了宰相并实施“新法”的改革，却马上就变成了“小人”。

这种乱贴标签的做法，只能导致情绪化的激烈争斗，本来只是方法的不同，现在一方既然自许为“君子”，那么另外一方又怎么会甘心沦为“小人”？这一点南宋的理学大师朱熹在论述“庆历党议”时就已经指出过了，他认为：一旦我以“贤”自许，谁又肯自认为是“不肖”；一旦我以“公正”自赞，谁又肯自骂为“邪曲”呢？这番话是有道理的。一个人可以认为他旁边的人毫无人格，对方同样也可以认为此人在装腔作势地用“圣贤之道”来掩饰自己的无能。于是双方都找出一堆“古圣”“先贤”的语录或什么“祖宗宝训”来证明自己绝对正确，然后把食指戳向对方的鼻尖痛骂一通。这难道不是对儒家思想的一个极大的讽刺吗？最坏的则是一群本属于孔子所说的“小人儒”、荀子所说的“俗儒”或“贱儒”，他们口诵儒家经典中的词句，称自己为“君子”，把别人则统统称作是“小人”，在道德的掩盖下党同伐异、争权夺利，把儒家的思想作为谋取私利的工具，这不能不说是儒家思想的悲哀。

再从具体的现象上来看，一些被许多人目为“小人”的人实际不尽是“小人”；反之，一些被许多人目为“君子”的人实际也不尽是“君子”。如被司马光等“旧党”骂作“奸邪小人”的章惇，他的道德操行“卓尔不群”，他的行政才能“聪察强毅”；而被司马光等人称为“君子”的文彦博、吕公著、韩维之流，其子弟亲戚布满要津，千方百计谋取各种特权，无德之举很多，而在治国方面却又以无才无能见载于史册。所以，无论是“新党”还是“旧党”，其中的成员因个人的政治观点、道德修养、政治才能有异而显得良莠不齐，决不能简单地进行“君子”与“小人”两分。

综上所述，无论是从“君子有党”的理论本身来看，还是从其实际的政治后果来看，这一命题都很难说有很大的积极意义，而其消极影响则十分严重。

苏湖粮仓
两宋经济的状况

上有天堂，

下有苏杭。

苏湖熟，

天下足。

——宋代时谚（《吴郡志》记）

人们常称宋朝“积贫积弱”，可有一个非常简单的事实却被有意无意地忽略了，那就是所谓“积贫”的两宋，又怎么能承担得起巨额的官员俸禄开支、巨额的军费开支？又怎么能在“澶渊之盟”后，每年拿出“岁币”银10万两、绢20万匹，以及后来对西夏每年的“岁赐”银7.2万两、绢15.3万匹、茶3万斤呢？还有宋金“绍兴和议”后每年的“岁贡”25万两白银、25万匹绢，“嘉定和议”后每年“岁币”银50万两、绢50万匹，再加一次性的“犒军钱”银300万两？至于宋代历朝皇帝的挥霍，如大兴土木建造宫观寺庙等等，姑且不论。以上这个问题，仅仅用一句“残酷剥削广大劳动人民”的话来解释，恐怕是难以完全令人信服的。我们发现，当年的宋朝，在军事上虽然是一个弱国，但在经济上却是个当之无愧的强国、富国。

说到宋代经济的发达，我们首先需要考察一下我国古代经济重心的转移这个问题。

一

我国古代的经济重心，早期是在黄河中下游平原，后期则转移到了长江下游三角洲地区。而其转折的关键时期，就发生在从五代到北宋这一阶段。

春秋战国时期，黄河中下游地区的经济在全国可谓遥遥领先。当时农业已普遍推行了牛耕，土地基本上也得到了开发。在成书于战国的《尚书·禹贡》中，把当时全国土地利用的情况分为九等，其中第一到第六等即雍、徐、青、豫、冀、兖六州，都集中在这一地区，特别是秦国所在的关中地区和齐国所在的山东半岛一带，经济相当发达。秦汉时期，黄河中下游地区的经济有了进一步的发展。司马迁在其《史记·货殖列传》中记曰：“关中之地，于天下三分之一，而人众不过什二，然量其富什居其六”，而“齐带山海，膏壤千里，宜桑麻，人民多文彩布帛鱼盐”。据统计，西汉平帝元始二年（2年），全国共有户1200多万，人口5900多万，垦田800多万顷，其中绝大多数分布在黄河中下游地区。粮食生产也有明显的增长，汉初政府自黄河下游漕运至关中的粮食不过10万石，至元狩元年（前122年），已经增加到了600万石。反观当时的南方，除四川盆地西部之外，大多是地广人稀，经济落后，生产技术原始粗放，如司马迁说："江南卑湿，丈夫早夭""地广人稀，饭稻羹鱼，或火耕而水耨""无冻饿之人，亦无千金之家"。经济发达导致政治和文化上的优势，两汉的三公九卿、儒林文苑人物，几乎都集中在黄河中下游地区，南方则近乎空白。

但自魏晋以后，黄河中下游地区的经济开始逐渐呈现衰退趋势，而南方尤其是江南地区却日渐得到开发。这主要是由两方面的因素所造成的：

一与自然条件有关。黄河流域地处温带，四季分明，平原广阔，土质疏松；南方地区气候湿润，雨量充沛，地多丘陵，土质坚实。上古时期，由于生产力水平低下，农业种植在黄河流域比起南方来不仅容易，而且更为必要，再加上黄河中下游地区当时的人口相对集中，所以这一地区首先成了我国古代的经济重心。然而我国南方的自然条件实际上要优于北方，南方的土地虽没有北方平坦，但丰富的水、热资源十分有利于发展种植业，在同样的生产力水平、同样多的劳动力和资本投入的情况下，南方可以得到更多的回报。而且，由于雨量丰沛，农作物很少会大面积歉收，灾荒的出现率也明显少于北方。

二与人口的迁徙有关。北方是我国古代的政治中心，无论是统治者内部的战争，还是农民战争，北方大多是主要战场。更重要的是，北方地区与我国西北地区接近，又成为骑马民族南侵、中原王朝抵抗的主战场。魏晋以降，黄河流域连年战乱不断，这一方面造成了这一地区的社会生产遭到极大的破坏；另一方面也迫使大量中原地区的百姓向东南逃难。大量人口的南迁，还带来了先进的生产技术，再加上南方优越的自然条件，所以南方的经济自魏晋开始出现飞跃。而中国封建时代三次大的人口南迁浪潮——西晋末的“永嘉之乱”、唐中期的“安史之乱”和两宋之际的“靖康之难”——成为我国古代经济重心南移从开始到完成的三个重要里程碑。

二

宋朝国内的政治统一，为社会经济的恢复和发展提供了一个相对安定的环境，而“守内”政策又为进一步优化这个环境提供了有利条件。无论是农业、手工业，还是国内商业、对外贸易，宋代都有长足的发展。从唐代开始，我国南方的经济发展已领先于北方；到了宋代，南方经济的持续发展就远远地超越了北方。当时经济最发达的地区在东南，即长江三角洲、宁绍平原，那里的经济发展状况已经到了足以影响全国经济形势的地步。

北宋初年，流民四徙、土地荒芜，不要说边远地区，就是京畿四周方圆几千里范围内的土地，被开垦利用的也只占二三成。南方的情况较好，但也并非完全没有流民和抛荒地。为了稳定统治，增加税收，宋政府采取了一些恢复农业生产的措施，解决流民和荒地，是这些措施的核心。

太祖、太宗两朝多次下诏，劝阻流徙、招集流民、奖励垦荒。

宋初，地方州县按传统做法，经常派人到乡村检查登记农民所开荒地，然后马上就对所垦荒地征收赋税，严重伤害了农民的垦荒积极性，致使许多很容易开垦的荒地也长期无人开垦。宋太祖发现这个问题后，于乾德四年（966 年）颁发了《劝栽植开垦诏》："自今百姓有能广植桑枣、开垦荒地者，并令只纳旧租，永不通检。"宣布对农民只征收熟耕地的赋税，垦荒地永远不检查登记征税，激发了农民的垦荒积极性。但国家财政法则决定了"永不通检"只能是有期限的奖励性政策，迟早总是要"通检"的，从这个意义上来说，"永不通检"是一个骗局，将损害国家信用。宋仁宗时，广西转运使李师中在岭南号召开垦荒地，并根据诏令，宣布"永不通检"，结果受到朝廷的处罚，其罪名是"擅除税"。

宋太宗于淳化五年（994 年）颁布诏令，规定"凡州县旷土，许民请佃为永业，蠲三岁租"。这里所说的"请佃"，是报官后开垦耕种，不是一般意义上的租佃，垦荒地成为农民的"永业"，既享有其所有权，并且可以免缴三年赋税。虽然只是免税三年，但比"永不通检"更可行，于政府于农民都比较实际。"许民请佃为永业"的规定一直沿用到南宋。

战争结束后，不但要召集流民，还要防止产生新的流民。灾荒是和平环境中产生流民的一个主要原因。为防止因灾荒而产生新的流民，乾德五年（967 年）宋太祖颁诏："夏秋以来水旱为灋，深虑民庶至于流离，宜令诸州长吏，告民无转徙，被灾者蠲其租。"用免除赋税的办法使灾民留在家乡。

国家不是“均田制”式地分配荒地，而是鼓励开垦荒地，多开垦多占有，允许土地私有。流民通过垦荒成为小土地所有者，既减少了流民，又增加了耕地。从宋初到宋哲宗元符二年（1099 年），100 多年间，居民从 300 多万户增加到 2000 万户，以平均每户 3 人计算，总人口达 6000 万。流民人数减少，就是社会不稳定因素的减少，居民人口增加，就是农民生产劳动力的增加。

农业劳动者生产积极性的高低，是影响农业生产能否迅速恢复、持续发展的重要因素。开荒农民成为独立的自耕农，其生产积极性不但高于均田制下的附庸农民，也高于向地主租田耕种的佃农。宋代总体上不限制土地买卖，“有钱则买，无钱则卖”。虽然宋仁宗曾经颁布“限田”诏令，宋徽宗、宋钦宗时推行过粗暴剥夺私有土地的“公田法”，宋代的土地私有权还有“溥天之下，莫非王土”的阴影，但与前代相比，“不立田制”（允许土地私有，国家不分配土地）、“不抑兼并”（允许土地自由买卖），毕竟更有利于刺激农民的生产积极性。

宋代农业生产发展的一个重要标志，是耕地数量的增加和质量的提高。如果说，北方耕地的增加主要体现为垦荒，那么，南方主要就是开发圩田。圩田就是围田，是在江南滩涂上围出来的农田，宋朝之前就已出现。最初是江南无地农民在无奈之中采用的垦殖方法，后来成为江南平原地区增加农田的主要途径，连国家也参与其中了（官圩）。宋代耕地的数量，据《宋史·食货志》记载，最高额是宋真宗天禧五年（1021 年）的 524 万多顷，但这只是纳税耕地的数量，加上逃税耕地

（70%），就是1700多万顷。

耕地质量提高的标志，是水田、灌溉地的增加。宋代是一个农田灌溉水利工程大发展的时代，无论是渠堰的数量和规模，还是农田灌溉的面积，都远远超过前代王朝。对农田水利建设的重要性，宋代统治集团有较清醒的认识。

在水田建设方面，北方的自然条件没有南方好，但在认识到水田优越性的基础上，宋人还是努力地进行了尝试。宋初，河北水涝成灾，沧州节度副使何承矩上书建议“因其势，大兴屯田，种稻以足食”，许多人对此不以为然，但宋太宗表示支持，于淳化四年（993年）任命其为制置河北缘边屯田使，让他带1800名镇兵到河北各州建设水田。第一年，水田建成了，种的水稻却因河北霜早而颗粒无收；第二年，他改种从江南引进的早稻，终于获得成功。

至道元年（995年），度支判官陈尧叟、梁鼎联名上书，指出搞好农业的关键，“必在乎修垦田之制，建用水之法”，并认为水田优于旱田，“水田之制由人力，人力苟修，则地利可尽也，且虫灾之害又少于陆田，水田既修，其利兼备”。宋太宗非常欣赏这份奏疏，迅速派出两名官员到各州考察水利建设之事。

江南、两浙水利资源丰富，以太湖流域为中心，建成了一个水田灌溉网，太湖周围的苏、常、湖、秀四州，成了宋朝著名的粮仓。苏州的水田是当时全国建设得最好的。秀州在太湖东南，是太湖流域后起的水田农业发达地区。

宋代对水浇地（灌溉耕地）的建设也很重视。关中盆地原来有较好的灌溉系统，郑白渠在秦汉时期可灌溉农田4万顷，但唐末五代以来，年久失修，到宋仁宗景祐年间，只能灌溉3000顷了。经宋仁宗、宋神宗两朝的多次修治，恢复到灌溉3万顷。以后，在华州、泾阳、栎阳、岷州、熙州、河州、兰州、湟州，都有规模不一的灌溉工程。从关中到兰州一带，出现了堪与汉唐媲美的农田水利灌溉系统。

宋代农业生产发展的另一个重要标志，就是耕作制度的改进、耕作技术的提高、经济作物地区的出现和单产的提高。

耕作制度是在一定的社会制度和自然条件下形成的作物种植制度，耕作制度的改进，总是由少种到多种、由粗放到集约、由低产到高产、由地力衰退到地力不断提高。宋代耕作制度的改进，主要表现在一年两熟和两年三熟面积的不断扩大。宋初，官府一方面劝谕南方各州农民扩大粟麦种植面积，并从淮北各州调入所需种子；另一方面则以免税为手段奖励北方各州农民种植粳稻，试图改变江南专种稻、江北专种谷的偏废现象，既能满足消费者的不同口味、平抑粮价，也扩大了稻麦两熟地区，有利于粮食产量的提高。

宋初统治者改进耕作制度的另一项重要措施，是向江淮地区引进占城稻。占城稻原产越南，后传入我国福建。大中祥符五年（1012年），因江淮、两浙地区大旱，水稻歉收，宋真宗下令从福建运进耐旱的占城稻种3万斛，让农民根据耕地的实际情况选择种植。这种稻除了耐旱，还有生长期短、适应性强的特点，它的引进，对在江淮、两浙地区逐步推行一年两熟、两年三熟，有着重要的作用。

在农业耕作技术方面，出现和推广了一些比较先进的农具，如耕地用的犁刀、踏犁，插秧用的“秧马”、灌溉用的水车、筒车等等，减轻了劳动强度，提高了劳动效率。

与气候、交通、技术等条件紧密相关，宋代开始出现一些种植经济作物的专业户，形成了经济作物的专业经营区域。如太湖中洞庭山的农民专门种柑橘，江西营州种金橘，温州种黄柑等。另外各地还有以种花为生的花农（洛阳等地）、蔗农（泉州等地）等等。专业户和经济作物区域的出现和形成，表明这些作物的产量和栽培技术在相关地区已经达到相当的高度。

农作物的单产，宋代也有提高。汴京一带每亩约收3斛，陕西的屯田每亩约收1石。尤其是太湖流域各州的单产特别高，苏州水田在中熟之年，也能亩产米二三石，以50%的出米率算，亩产稻谷四到六石，明州地区，稻谷亩产达六七石。仅太湖流域所产粮食就能供应全国所需，于是时谚有所谓“苏湖熟，天下足”的说法。

三

在农业发展的基础上，宋代手工业也比前代有了很大的发展。宋代手工业的新特点是各个行业的规模扩大，分工细密，生产技术和产品数量、质量都有所提高，并出现了一些专业性的著名城镇。

宋代手工业包括专业性手工业和副业性手工业。专业性手工业又因经营者的不同身份而分为官营和民营两种。

官营手工业是封建国家控制的手工业作坊、院场等生产单位，如制造皇室婚娶物件的后苑造作所，制造皇室舆辇、册宝等物的文思院等。官营手工业作坊的规模一般都比较大，作坊中的工匠，多的可达数千人，少的也有二三百人。官营手工业的原料来源，一是官府经营的矿场山林；二是农业税中征收的丝、麻、毛、角、皮等物；三是由官府向有关工商户派购的各种物品。从原料、生产到消费，构成了一个庞大的官营手工业体系，在全国手工业中占有重要地位。

专业性民营手工业又有两种，一是城乡个体手工业者，他们有自己的生产工具，有的也有店铺，带有少量的徒弟；二是手工业作坊，作坊主依靠雇工进行生产，这种作坊主被称为“富工”，与“富贾”“大农”并列。

副业性手工业，指农村家庭手工业。这种手工业以纺织业为主，所谓男耕女织，就是指这种副业性手工业，是我国封建社会持续时间最长、分布地域最广的家庭手工业，宋代仍然是这样。与各种经济作物地区相配套的，有制茶、制糖手工业等；与当地物产有关的，有制砚、制瓷手工业等。

民营手工业作坊的雇工多数在一二十人之间，但也有规模较大的，如韶州岑水场的民营官收铜冶作坊，一度聚集了十余万雇工，铜产量之多，甚至已使官府“患无本钱可买”。宋代手工业技术和产量，在许多方面都处于世界领先地位。矿冶业方面，宋太宗末年（997 年）银的年产量已达 72.5 万两，丝织业方面更是辉煌，如金华地区，“万室鸣机杼”，号称“衣被天下”。有如此繁荣的手工业为后盾，宋廷能承担“澶渊之盟”的岁币银 10 万两、绢 20 万匹，也就不足为怪了。其他方面如笔墨纸砚业也空前发达，既体现了手工业的繁荣，也反映了文化事业的繁荣。

宋代手工业的技术成就，则主要表现在采矿、冶炼、制盐、纺织、陶瓷、造纸、印刷、漆器等方面。

四

在农业、手工业发展的基础上，加上政治统一、水陆交通的便利，以及国家对轻商、抑商政策的修正，宋代商业空前活跃。

宋代商业的新特点，是在自然经济占支配地位的情况下，商业经济比前代有较大的发展，10 万户以上的大城市增加，在城市中打破了前代对营业地点和时间的限制。随着农业中商品经济的发展，农村集市贸易日趋繁荣，在城市周围和水陆交通交汇处，形成了许多集市贸易场所（“坊场”）。最初的坊场多为自发形成的定期举行的集市，所以有的地方称之为“虚市”。但随着交换活动的日益频繁，不少坊场常年有市，虚市演变为“实”市（市镇）。集市附近定居人口不断增加，市镇规模扩大，又推动了州县布局、行政区划的变动，经常有市镇升格为县城，县城升格为州城。

全国大、中、小城市获得了较大的发展。北宋 10 万户以上的州、府，宋神宗元符年间为 40 多个，宋徽宗崇宁年间为 50 多个。宋代首都汴京的布局已不再沿袭唐代京城的封闭式坊里制度，商人只要纳税，就可以随处开设店铺，因而出现了一些新的商业街道和场所，与住宅区互相交错，形成了工商与居民杂居、面街而居，大街小巷店铺林立，勾栏瓦舍热闹异常的景象，彻底改变了唐以前的坊市制度，开辟了我国封建社会城市商业发展的新阶段。宋代以前，市有一定的营业时间，城门、坊门入夜关闭，有比较严格的限制，宋代汴京突破这一限制，宋初即规定三鼓前不得禁止行人，宋神宗还规定旧城各门在三更一点闭，到五更一点开。宋徽宗时有州桥夜市、马行街夜市等，营业直到三更。南宋临安府的夜市，营业时间还可延长到四更。北宋的开封，是当时世界上规模最大、人口最多的城市，共有居民 20 万户，以每户 5 人计，约有百万人之多，这还不包括大批没有户籍的“游手浮浪”人和几十万军队。北宋时开封已有 6400 多家资本比较多的大中型工商业者，另有八九千家小商小贩。南宋的临安，则是当时世界上最大的城市。

商业发达，国家的商税进项就多。宋代城市商税主要分两种：一是商品营业税“住税”，税率千分之二十；一是商品流通税，税率千分之二十。对草市、集镇等次一等的商业场所，允许商人承包税款，称为“买扑”。宋代商税已是国家财政的重要支柱，宋太宗时，一年商税总额为 400 万贯，宋仁宗时达到 2200 万贯，随后一直保持在 1000 万贯上下。按“过税”和“住税”的平均税率千分之二十五计算，1000 万贯商税所支撑的是 4 亿贸易额，北宋居民最高为 2000 万户，那么平均每户有 20 贯的交易额，这是一个相当可观的数字，反映出宋代商品经济的发展水平。

宋朝的对外贸易也非常活跃。除了与辽、夏等周边少数民族的贸易往来外，还出现了前所未有的繁荣的海上对外贸易。唐代沿海通商口岸只有登州和广州两处，海船航程的最远地点是波斯湾一带。宋代沿海的通商口岸陆续增加到广州、泉州、明州、杭州、密州、秀州华亭县、青龙镇（通惠镇）和上海镇、温州、江阴等十几处。朝廷在有关通商口岸设置了外贸专管机关“市舶司”。宋代海船的航程也更长，最远到达红海口的亚丁甚至东非。跟宋朝通商的国家有 50 多个，其中宋朝海船直接到达的有 20 多个。海上外贸取代了古代以“丝绸之路”为主的陆上外贸的地位。

随着商品经济的发展，社会对货币的需求激增。宋朝官府为适应这个需求，逐年增加金属货币的铸造，神宗元丰年间，每年铸铜钱 506 万贯，铸铁钱 88 万余贯，比唐玄宗时的铸钱额（每年 32 万贯）增加了几十万贯，但仍然供不应求，不断出现钱荒现象。于是宋代由采用唐代“飞钱”，逐步发展为正式的纸币——“交子”，宋仁宗天圣元年（1023 年）宋朝官府设立益州“交子务”，自次年二月起，正式发行交子 125.6 万贯，面额从 1 贯到 10 贯，开始了钱楮（纸币）并用时代。此后，交子或会子、钱引等的发行量逐渐增多，到南宋时已成为主要流通手段。后来，由于官府滥印纸币，造成了恶性通货膨胀，但是，纸币的出现，本身就显示了宋代商品经济的发展，反过来又有推动宋代商品经济发展的作用。宋代纸币的产生和流通，标志着中国开始从金属铸币时期进入信用货币时期。

宋朝“守内虚外”总政策中的“虚外”，使其在对外关系方面，经常处于被动挨打、割地赔款的屈辱境地，但“守内”政策，却使其社会经济发展到了前所未有的高度，这也是我们所应该看到的事实。

东京梦华
城市发展的缩影

东南形胜，三吴都会，钱塘自古繁华。烟柳画桥，风帘翠幕，参差十万人家。云树绕堤沙。怒涛卷霜雪，天堑无涯，市列珠玑，户盈罗绮竞豪奢。

重湖叠巘清嘉，有三秋桂子，十里荷花。羌管弄晴，菱歌泛夜，嬉嬉钓叟莲娃。千骑拥高牙。乘醉听箫鼓，吟赏烟霞。异日图将好景，归去凤池夸。

——柳永《望海潮·东南形胜》

一

说起北宋画家张择端所画的风俗长卷——《清明上河图》，大家一定有印象。城郊的农田、村舍和酒肆，汴河的船只、岸上的纤夫，汴河两岸熙熙攘攘的行人、骡马，最热闹的还是要数宛如飞虹一般的“虹桥”周围一带：桥上桥下人头攒动；桥头有用席棚搭成或用大伞遮阳的小吃摊、杂货摊、刀剪摊；临河而建的茶馆、酒店；逆水而上的大客船正在与桥洞下的激流搏斗；城门洞里一队载货的骆驼正在缓缓前行，城内街道两侧分布密集的店号；各行各业的人物……据统计，在全长 5 米多的画卷中，共画了 500 多个各色人等；各种牲畜近 60 头；各种车、轿 20 辆左右；大小船只 20 多艘。这幅图中所描绘的，正是北宋首都汴梁城（开封）的热闹景象。

随着宋代农业、手工业的发展，商业和城市也随之兴旺起来。两宋的城市发展，对中国历史也起到了一个承上启下的作用。

从原始社会末期至夏朝，可以说是我国城市发展的起步阶段，此时的城堡（邑）实际上是一种“有围墙的农村”。商、周时期，以宫殿为中心的设计布局初露端倪，这些在目前已发掘的许多考古遗迹中可以得到证明。到了春秋战国时期，天下纷争，筑城也成为“国之大事”之一。于是，一方面，城市如雨后春笋般地兴起；另一方面，一套比较完整的、有独特风格的城市布局理论也在此时出现了，《周礼·考工记》中所记的有关内容即是。秦汉时期，城市的规模进一步扩大，形成了棋盘似的布局样式。到隋唐时期，随着中央集权制度的加强，城市发展形成对称轴线封闭式棋盘格局，而唐代的长安城可谓是这一格局的典型代表。

唐长安城面积达 84 平方公里，主要宫殿区在城市的北部中央（因大明宫和兴庆宫是后来修建的，故分别在城市东北和靠近东城墙处）。宫城南设官署区，皇城左右及南部设 100 多个“坊”（居民居住的地区）。南北有 14 条街，东西有 11 条街，店铺集中的地方叫作“市”，长安共分东、西两市，设有专门的“市门”。经过南门的明德门、朱雀门的大街，是城市的中轴线，市内纵横交叉的街道，形成了十分整齐的棋盘形网格，每格即为1“坊”，每坊约1里见方，都有高墙封闭，设有两门。当时，不仅坊、市分开，而且坊门和市门每天早晚都是定时开启和关闭的，控制比较严格。

从总体上来说，中国古代城市的发展，与欧洲城市的发展走的是完全不同的道路。首先，我国古代城市从其建立之日起，就与政治关系密切。大城市往往就是国家的政治中心，无论是中央还是地方都不例外。要么就是抗击外部敌对力量的据点，这在边境地区一般是如此。因此，中国古代的城市，都毫无例外地有一套完整的官僚机构，有一支相当规模的军队，即聚集了数量不等的官吏群和军人群。所以，与欧洲古代和中世纪的城市相比，中国古代城市的政治意义远大于其经济意义。其次，这些城市一般都是消费型城市，这与上述特点是紧密联系在一起的。官吏群和军人群都不是劳动生产者，但消费却是必不可少的，且还要远远高于一般的百姓。由于需要大量的消费，所以城市商业也就相对发达；又由于城市人口中的大多数是专门从事政治活动的，因此，城市中的服务性行业远比生产性行业要更加重要。这又形成了中国古代城市与欧洲城市的第二个不同，即其消费的意义要大于生产的意义。正由于以上这两个特点，所以在中国古代，一旦政治条件发生变化时，城市也立即会发生显著的变化。譬如说，某一城市一旦不再是国家首都的所在地，其地位、规模等马上就会降下来，成为二等甚至三等城市。又譬如，当边境军事形势于我方不利之时，许多城、关之类的城市，就会失去往日的繁荣景象，甚至会迅速湮没无闻。

除了与政治息息相关之外，中国古代的城市与交通，尤其是与当时水路交通的关系亦甚大。是否处在水路交通的枢纽、水路交通发达与否，都与城市的兴衰有密切的关系。如“陶”这个城市，是春秋战国时期号称“天下之中”的五大都市之一，但由于水系发生了变化，五丈河（广济河）的湮废，到宋代时这个城市已经基本衰落了。

二

宋代城市的发展，在最基本的方面，并没有脱离以上所述中国古代城市的一般特点。宋代的大都市，如北宋的汴京、南宋的临安，人口规模都超过了百万。而汴京、临安之所以拥有如此众多的人口，原因主要就在于是当时的首都所在地，所谓“首善之区”，人口自然会大量增加。但当汴京不再作为首都时，它便从第一大都市下降为二三等城市，人口也随之大减。此外，汴京与临安的地理条件也符合中国城市发展的要求，即水路交通发达。汴京是汴河、黄河、五丈河、蔡河、金水河（天源河）的交汇点。其中的汴河，是隋炀帝为沟通黄河与淮河、长江而开凿的一条十分重要的人工河（时名“通济渠”）。隋唐时期中国经济重心开始南移，长安、洛阳两京的物资供应，很大一部分来自江淮流域，所以汴梁的地位变得重要起来。到了宋代，这里更成为当时国家漕运的中心，四面八方的物资集中到这里，才能养活百万以上的人口。而临安则是大运河在南方的终点，北以大运河与太湖流域和华北相通，东从钱塘江出海，与浙、闽、粤沿海地区通航，西以富春江和新安江与浙西、皖南相联系，特别是由于它的东面还有靠海的明州，又是当时海外贸易的交通大港。所以，这两个城市成为大都市是具备了所必需的条件的。

我们再看两宋的次一级的城市。从杭州沿大运河向北，有苏州诸城，过江则有真、扬、楚、泗诸州。扬州在唐代曾为国内第一大都市，有所谓“扬一益二”（“益”为益州，即四川成都府）之称，经唐末大乱后扬州有所衰退。至于长江沿岸的情况，自扬州溯江而上至镇江府、江宁府，这是长江下游的两个重要城市，南宋时全国三个榷务中的两个就分别设在这两个城市。再往上可到达鄂州、江陵诸地，尤其是鄂州，“武昌十万家，落日紫烟低”（姜夔《春日书怀》），其繁荣程度可以想见。洞庭湖与长江交汇处有岳州，而岳州之南、湘江之滨的潭州，在唐代即有“小长安”之称，到南宋时更成为一个都会。沿海而下，则有京东路的板桥镇、两浙路的明州、福建路的泉州和广南东路的广州，这是宋代对外贸易的四大港口。此外，海州、温州、福州等，也是沿海的重要城市。这些都是由水路交通而形成的城市。另外，由于农业、手工业的发达，也使一些城市发展起来，这里就不一一列举了。

在城市与乡村之间还形成了商贸交换的中间环节，即为数众多的镇市。镇在前代开始建立时，是在军事要冲之地，设险防守，屯驻军队之所在。而军队屯驻之地，往往成为市井繁盛的商业居民点，这是一方面。另一方面，由于商品经济的发展，在两宋时期涌现出了许多镇市。宋代设镇的标准是，“民聚不成县而有税者，则为镇”。也就是说，政府可以有一定的税收是设镇的主要条件。所以，宋代监镇官的主要职责就是监税。这样一来，一些村市、草市和在交通要道上的驿站，一旦人口增加，形成了商业居民点的话便往往会上升为镇。据统计，在北宋神宗元丰年间，全国的镇市就已经有 1900 多个，而其中南方诸路就占去了 1300 多个，尤其是两浙、江东、福建所占比例更高，这也从一个侧面反映了当时南方经济发达的情况。而镇市的税收，在两宋全国的总税收中也占据了很大的比重。

镇市以下还有草市和圩市，除近城草市发展成为城市的一部分之外，其余的草市和圩市一般是广大农村的定期集市，即商品交换的初期市场，是周围农村中的小农、小工比较固定的商贸交换场所。这样，就形成了两宋城市、镇市、草市和圩市的城镇网络，它们对打破农业与家庭手工业相结合的自然经济的限制，促进商品经济的发展，都起到了很大的作用。

三

两宋城市发展的基本方面虽没有脱离中国古代城市的特点，但就其具体发展情况而言，还是与前代有许多不同之处。

如前所述，隋唐城市的格局是坊、市分开，坊为居民区，市为商业区，城市的贸易和交换在划定的范围内进行。但随着城市人口的增长、商业日益繁盛和店铺的不断增多，原来的坊、市制度显然难以原封不动地维持下去了。早在后周时期，首都汴京已经是“华夷辐辏，水陆会通，时向隆平，日增繁盛”，而“坊、市之中，邸店有限，工商外至，络绎无穷”，坊、市格局已摇摇欲坠。北宋建立以后，汴京城的人口更急骤增长，商业也随之日益发展。北宋官府不能不去适应这一发展了的客观需要，也不得不做出一些相应的调整。宋真宗咸平五年（1002年），因“京师衢巷狭隘”而加以拓宽，使“衢巷广袤，及禁鼓昏晓，皆复长安旧制”。拓宽衢巷当然是必要的，但仍不能解决问题。自唐代以来，坊、市既相互隔离，因而“京师街衢置鼓于小楼之上，以警昏晓”，专门为启闭坊门而设置。可是，到了宋神宗统治时期，已是“二纪以来，不闻金鼓之声”。随着这咚咚鼓声的消失，坊与市之间的藩篱被打破了。从孟元老《东京梦华录》的记载中可以看出，街衢上到处可以开设店铺，坊、市的格局完全被打破了。而且，由于店铺越开越多、越开越大，占去了原来街道的一部分，因此在宋徽宗统治时期，政府不得不征收“侵街房廊钱”这种名目的税收。封闭式的坊、市制被打破，而被开放式的街巷制所取代，这可谓中国古代的一次“城市革命”。从此以后，大街小巷到处可以开设店铺，形成了居民住宅与商业店铺交互错杂的格局，从而构成我国中古后期城市布局的一种基本定式，影响一直延伸至近现代。

两宋城市的发展，并不仅限于城内坊、市格局的被打破，值得注意的还有城郭限制的被打破。原来在城市的城门以外或城郭附近，有一些定期的贸易场所——草市。随着城市规模的不断扩大，草市变成了固定的贸易场所，贴近城墙的城郭一带，也开设了各种作坊、店铺，成为新的商业区。宋朝政府对此也只能承认既成事实，而不加以任何的干预。这样一来，汴京以外的许多城市，由于近郊草市发展而成为重要商业都市的不在少数。一些地方，由这种城郭周围的草市发展而来的新市区，其繁盛程度甚至超过了原来的老城区。如南宋前期的鄂州（武昌），因为是江防重地，故城市建筑规模不大，后来由于商业发展的需要，在城外发展起了南市。这个南市："沿江数万家，廛闬甚盛，列肆如栉，酒垆楼栏尤壮丽，外郡未见其比。盖川、广、荆、襄、淮、浙贸迁之会，货物之至者无不售。"（范成大《吴船录》卷下）"城外南市亦数里，虽钱塘（杭州）、建康（南京）不能过，隐然一大都会也。"（陆游《入蜀记》卷四）城市化的过程，实质上就是农村人口大量涌入草市、镇市和都市。由于两宋城市的迅速发展，城市人口也随之快速增长。汴京、临安人口都在百万以上，这是学术界早已公认的。至于如扬州、建康、成都、武昌、长沙这些城市，人口也均在万户以上，许多甚至达到10万户之多，如果有10万户的话，一般就有50万人左右。据宋代经济史专家漆侠先生统计，在北宋神宗时期，城市人口已占全国人口总数的百分之十二左右（参见漆侠《宋代经济史》）。两宋城市的管理制度，由于人口的增加，也较前代发生了很大的变化，那就是由以前的坊市区分变为厢坊制度。南宋的临安继承了汴京的厢坊之制，也都设厢官统治。诸州县城镇户口则按城镇户口编制管理。

城市扩大了，就能容纳更多的作坊和行铺。所以，两宋城市发展的另外一个重要现象，就是手工业"行"的大量增加，从隋唐时期的112行发展到南宋的414行。根据漆侠先生的分类，这些"行"大致有：

1. 各种手工作坊。包括官府和私家两种。官府作坊如修内库、八作司、广固作、后苑作、书艺局、内酒坊、绫锦院、文绣院等等，这类作坊在当时的汴京、临安较集中。其特点是规模较大，工匠人数较多；其产品大多不进入流通，而是供皇室、官衙使用，只有极少数产品作为官府专利品出售。至于私家作坊则种类繁多，有的是专门制造各种产品的，有的则还兼营买卖。这类亦工亦商的作坊在城市作坊中占据较大的比重，并在以后诸朝乃至近代一直保留下来。

2. 各类商业行铺。这类行业以生活消费品占大宗，如在汴京，“东华门外市井最盛，盖禁中买卖在此。凡饮食、时新花果、鱼虾鳖蟹、鹑兔脯腊、金玉珍玩、衣着，无非天下之奇”（《东京梦华录》卷一）。在临安，“菜市、花市……鲜鱼行、布行……花团、青果团……”（《咸淳临安志》卷十九）。此外，在行铺中，还涌现了代表商业资本的“交引铺”，代表高利贷资本的“当铺”等。

3. 服务性行业。这其中饮食业所占的比重甚大，如称“正店”的大酒楼、“脚店”的小酒铺、饭铺等等。此外还有茶坊、浴堂等，这些在宋人所记的《东京梦华录》《武林旧事》等著作中记载得有声有色。

从上述城市行业的结构来看，一类属于生产性的各种手工业作坊；一类属于非生产性的服务性行业。这其中又以服务性行业所占的比重为大，这可以说是宋代城市中十分普遍的现象，也可以算是中国古代城市的特点之一，即消费意义大于经济意义。

四

两宋城市的富庶繁华，堪称两宋城市的一大特色。本章开篇，我们引了宋代两位著名人士的作品，张择端所画即为汴京（汴京又有“东都”之称），而柳永所吟则为杭州。从他们的作品中，我们不难看出当时这两地的繁华。尤其是柳永的那首词，把“天堂”杭州的富丽描绘得淋漓尽致，据说公元1161年，金国的海陵王完颜亮对南宋发起大举进攻，在某种程度上就是受到了这首词的影响。

今天还保存着不少宋人记录当时首都盛景的著作，如孟元老的《东京梦华录》、耐得翁的《都城纪胜》、吴自牧的《梦粱录》、周密（题为“四水潜夫”）的《武林（杭州）旧事》、佚名的《西湖老人繁胜录》等，其中除《东京梦华录》为记汴京之外，其余皆为记临安的。这些著述所记当时汴京和临安的盛况，就是在今天读来也令人叹为观止。

这些著述的最大特点，就是详细地记载了在一般正史中根本无法读到的、当时之人真实的生活世界，如饮食起居、四时节令、民风民俗、娱乐消遣等等。

我们就先来说说城市娱乐：随着两宋城市经济的发展及城市人口的增多，市民阶层开始登上中国的历史舞台。反映市民文化生活的种种娱乐活动，也从农村分散的小规模的演出形式走向城市，变成有固定演出场所、专业性的、规模大小不等的城市文艺团体，为市民进行多种类型的文艺演出，从而把我国民间的百戏、曲艺推向一个高峰。在这种情况下，城市中“瓦舍”（亦称“瓦子”）、“勾栏”便兴起了。

“瓦舍”是一种很值得重视的我国中古时期的社会和民俗现象，上面提到的那些著述中，都记载了瓦舍内的情形及在其中演出的节目。何为“瓦舍”？据《梦粱录》卷十九《瓦舍》条：“瓦舍者，谓其来时瓦合，去时瓦解之义，易聚易散也。”至于“勾栏”，原是借用我国古代大车车厢上勾栏装置而得名，意指在瓦舍中由不同专业的艺人，用栏杆等物圈起来的演出场所。瓦舍、勾栏起源于何时？宋人自己也不得而知，这是因为当时之人不注意这类事物之故。根据北宋汴京的情况来看，大概在北宋中期，这种瓦舍、勾栏已颇为盛行，全国各地的一些著名艺人，纷纷到汴京演出，以为谋生之路。到北宋末期，汴京的瓦舍、勾栏已相当热闹。宋都南迁杭州后，那里的瓦舍、勾栏发展得更快，又大大超过了汴京。南宋中期，杭州城内有南瓦、中瓦、大瓦、北瓦、蒲桥瓦，以北瓦为大，有13座勾栏；城外有20个左右的瓦舍，如钱湖门里勾栏、门外瓦子、嘉会门瓦、侯朝门瓦、小堰门瓦、四通馆瓦、新门瓦、荐桥门瓦、菜市门瓦、艮山门瓦、米市瓦等等。在两宋的瓦舍中，各种勾栏荟萃，热闹异常，大的可容纳千余人，演出不论风雨寒暑，每天如此。而演出的节目，更是令人眼花缭乱，有杂剧、杂技、魔术、讲史、说书、说唱、曲艺、皮影、傀儡、散乐、诸宫调、角觝、相扑、花鼓、舞剑、驯兽……真可谓应有尽有。至于观众，其成分十分复杂，市民当然是主体，还有官僚幕客、文人书生、武士军卒、贵家子弟等等，可谓是士庶咸集，少长毕至。

城市中大批瓦舍的出现，不仅丰富了市民的娱乐生活，也促进了城市商业和服务性行业的发展。因为，许多瓦舍兼有多种功能，所以在当时也被称为“瓦市”“瓦肆”等。此外，在两宋的城市中，寺观庙宇林立。每年定期的庙会，除了祭祀各种各样的神灵之外，经济活动和文化娱乐活动是最重要的两项内容。在庙会上，大都有由民间组成的社火演出，为了演出的方便，还临时搭建了露天舞台。而街头巷口的一些开阔地带，则是流动的“路岐人”的活动场所。这些艺人与城市瓦舍、勾栏中的专业艺人，共同繁荣了城市的文化生活。

中国人重吃，这是老祖宗的传统。有关吃的记载，更足令那些褒称“美食家”，贬称“老饕”的人垂涎三尺。这里我们也略选一点以飨读者：

> 所谓茶饭者，乃百味羹、头羹、新法鹌子羹、三脆羹、二色腰子、虾蕈、鸡蕈、浑炮等羹、旋索粉、玉棋子、群仙羹、假河鲀、白渫齑、货鳜鱼、假元鱼、决明兜子、决明汤齑、肉醋托胎衬肠沙鱼、两熟紫苏鱼、假蛤蜊、白肉、夹面子茸割肉、胡饼、汤骨头、乳炊羊肫、羊闹厅、羊角、炙腰子、鹅鸭、排蒸荔枝腰子、还元腰子、烧臆子、入炉细项、莲花鸭、签酒炙肚胘、虚汁垂丝羊头、入炉羊羊头、签鹅鸭、签鸭、签盘兔、炒兔、葱泼兔、假野狐、金丝肚羹、石肚羹、假炙獐、煎鹌子、生炒肺、炒蛤蜊、炒蟹、炸蟹、洗手蟹之类。(《东京梦华录》卷二《饮食果子》)

> 面食名件：猪羊盦生面、丝鸡面、三鲜面、鱼桐皮面、盐煎面、笋泼肉面、炒鸡面、大熬面、子料浇虾燥面、熬汁米子、诸色造羹、糊羹、三鲜棋子、虾燥棋子，虾鱼棋子、丝鸡棋子、七宝棋子、抹肉、银丝冷淘、笋燥齑

淘、丝鸡淘、耍鱼面。(《梦粱录》卷二《面食店》)

最后，要指出的是，两宋都城的繁华，也为当时统治阶级的奢靡享乐创造了条件，南宋诗人林升题在临安旅店墙壁上的诗，正是对统治者偏安苟且、穷奢极欲的最好揭露：

山外青山楼外楼，西湖歌舞几时休？
暖风熏得游人醉，直把杭州作汴州！

国运文明
文教事业的勃兴

宋代是我国封建社会发展的最高阶段，其物质文明和精神文明所达到的高度，在中国整个封建社会历史时期之内，可以说是空前绝后的。

——邓广铭《谈谈有关宋史研究的几个问题》

的确，两宋的国势孱弱，外患频仍，军事上不如汉、唐那样有一度“威震四夷”之盛（这样的时间实际并不长），而政治上的“冗官冗费”现象亦十分普遍，这些都是不争的事实。但反过来说，北宋毕竟还是挡住了辽国的进犯，自“澶渊之盟”直至辽国灭亡，宋辽关系是持续和平的；北宋与西夏的战争，前期虽然吃了败仗，但范仲淹、韩琦主持战事后就打成平局，西夏还是对北宋称“臣”的；至于南宋，也以半壁江山与金、元对峙了150多年；且不说当时宋朝所面对的外敌，已不是如汉、唐所面对的单纯的游牧或狩猎民族，而是深受汉文明影响，模仿汉制建立起完整的封建政权体制的骑马民族。两宋在政治上毛病不少，但也并非一无是处，如当时的中央集权统治还是比较开明的，士大夫敢批评现实政治；两宋300多年里没有出现过如汉、唐、元、明、清那样大的农民起义，也没有出现过如汉、唐、明那样外戚或宦官专权的统治阶级的内乱。这些情况在中国历史上都堪称鲜见。此外，有宋一朝，还有为其他朝代所没有的优势，那就是两宋经济的繁荣和文化的昌盛。

宋代文化的昌盛，表现在各个领域，由于哲学和科学技术这两个非常突出的方面，本书有专章论及，这里我们只是综合地谈一下两宋在教育、文化事业和文史等方面的成就。这些内容虽不能涵盖两宋文化的全部，但重要领域都已涉及。

一

教育对推动文化的进步有着实质性的影响，因此其作用之重要是不言而喻的。举例来说，理学之所以能够对中国封建社会后期产生如此巨大的影响力，其中十分重要的一点，就是理学家都非常自觉地重视教育实践。他们通过办书院、兴讲学，把理学的基本思想推及一般的读书人，进而再由读书人向全社会辐射。此点在北宋时期已经比较普遍，至南宋尤为突出。

尊师重教本是儒家传统，孔子、孟子、荀子都是大教育家。两汉经学昌明，博士讲学之风仍盛。降及魏晋，此风始坏。唐代的吕温尝言："魏晋之后，其风大坏，学者以不师为

‘天纵’，独学为‘生知’。译疏翻音，执疑护失，率乃私意攻乎异端。以风诵章句为精，以穿凿文字为奥，至于圣贤之微旨，教化之大本，人伦之纪律，王道之根源，则荡然莫知所措矣。”（《吕衡州集》卷三）魏晋南北朝时期教育之风的衰颓与当时政治分裂、战争频仍、士家大族等有相当关系。此时的经学传授，主要通过家学的形式出现，所以师教就自然退居次要地位。陈寅恪先生论及隋唐制度渊源时指出：“盖自汉代学校制度废弛，博士传授之风止息以后，学术中心移于家族，而家族复限于地域，故魏、晋、南北朝之学术、宗教皆与家族、地域两点不可分离。”（《隋唐制度渊源略论稿》第17页）另外，魏晋南北朝时期佛、道二教的冲击，也是儒家师道衰微的重要因素之一。进入隋唐，师道衰微的状况并无多大改观，韩愈在《师说》中曾发出感慨：“嗟乎！师道之不传也久矣！”类似的不满在柳宗元那里也能见到：“今之世，为人师者众笑之。举世不师，故道益离。”（《柳河东集》卷十九）进入五代，“干戈贼乱之世也，礼乐崩坏，三纲五常之道绝，而先王之制度文章扫地而尽于是矣！”（《新五代史》卷十七）处在这样的乱世之中，教化之陵夷不难想见。许多目不识丁的武夫，还极端鄙视文化，说什么“安朝廷、定祸乱，直须长枪、大剑，至如毛锥子（毛笔），焉足用哉！”（《旧五代史》卷一〇七）

宋兴之后，虽然皇帝“右文”，但教化与师道一下子还难以确立起来。只是到了庆历之际，在范仲淹、胡瑗、孙复、石介等一批人的大力倡导下，情况才开始发生变化。胡瑗、孙复、石介，这名列《宋元学案》卷首的“宋初三先生”，之所以受到后人的重视，除了他们的治学风格以及学术上开风气之先外，很重要的原因，是因为他们三人是仁宗朝首出的教育家，且先后进入刚刚兴建的国家最高学府太学任教官。此外，从庆历之际开始，宋代的教育事业逐步发展起来，无论是中央还是地方，学校教育受到了统治者高度的重视。以后又不断扩大影响，整个北宋时期，在政府组织下的大规模的“兴学”活动就出现了三次：一是宋仁宗庆历年间的太学兴建；二是宋神宗熙宁、元丰年间的太学“三舍法”实施；三是宋徽宗崇宁年间的“三舍法”向州县推广。宋代教育事业通过这三次大规模的发展而进入繁荣期，终南宋灭亡不息。

两宋的学校教育主要有官学和私学两大类，官学中又有中央学校与地方学校之分。

宋初中央官学主要有国子学、太学、四门学、律学、武学、医学六所，其中以国子学和太学最重要。承袭传统，唐代国子学仍具有贵族子弟专门学校的性质，三品以上、国公子孙，方可入学。北宋时国子学不再具有贵族学校性质，初为高中级官僚子弟的混合学校；以后低级官僚子弟以至寒素子弟均可进入听读，同时逐渐向太学转化。至南宋，国子学彻底合于太学。太学在宋初仅系国子学下设置的三馆中的一馆，于庆历四年（1044 年）分出，单独建校，成为混杂士庶子弟的普通学校。熙宁四年（1071 年），立太学“三舍法”。以初入学生员为外舍生；自外舍升内舍，内舍升上舍。元丰二年（1079 年），太学发展到 80 斋，每斋 30 人，生员总数计 2400 人。到崇宁三年（1104 年），太学生总数已升至 3800 人。北宋政府从多方面抬高太学地位，给予太学生以优厚的经济和政治待遇，使得太学格外兴旺，而国子学则日趋衰败，至南宋初，国子生附读于太学，国子学不复独立存在。这一变化，说明了宋代教育的普及化，即最高学府不断地向社会更广大的阶层打开大门。而大门的打开，也就意味着招生人数的扩大。这对宋代文化的发展，是一个极为重要的因素。

至于地方学校，大中祥符二年（1009 年），真宗赐曲阜孔庙“九经”“三史”，诏立学舍，选儒生讲学，以重振孔子故乡的学风。此举被视为宋代复兴州、县学之滥觞。庆历四年（1044 年），从参知政事范仲淹之请，诏令各地兴办学校，史称“庆历兴学”。此后北宋又曾出现两次大规模的兴学运动：一是宋神宗时的“熙宁兴学”；二是宋徽宗时的“崇宁兴学”。借此，州、县学发展迅猛，“学校之设遍天下，而海内文治彬彬矣”。（《宋史·选举志》）据有关的统计资料，崇宁三年（1104 年）全国学生总数达 21 万；大观三年（1109 年）全国学生总数 16.7 万。学生多，且又不受门第等级的限制，于是，得到培养、并能脱颖而出的有用之才也就更多。宋代许多著名的政治家、思想家、文学家，如范仲淹、李觏、欧阳修、王安石、张载、苏轼等等，都起于孤寒之家。这从一个侧面说明宋代整个社会的文化素质远迈汉唐。

再看两宋的私学。两宋私学主要是书院。书院起于唐代，当时既有官设也有私建，前者是官方藏书、校书及储才之地（这在宋代称“馆阁”），后者乃私人读书、讲学之所。宋代的书院即由后者发展而来。北宋时全国闻名的就有睢阳书院、嵩阳书院、白鹿洞书院、岳麓书院、石鼓书院、茅山书院等，其中前四者被称为北宋的“四大书院”（有不同说法，此系一说）。到了南宋，书院的发展更快，“四大书院”的后两个改为吕祖谦创建的丽泽书院和陆九渊创建的象山书院。南宋书院的大发展，以朱熹于公元1179年至1180年重修庐山白鹿洞书院为契机，据《续文献通考》载：宋宁宗时建有衡山南岳书院、涪州北岩书院；宋理宗时建有应天明道书院、苏州鹤山书院、丹阳丹阳书院、太平天门书院、徽州紫阳书院、建阳考亭书院和庐峰书院、崇安武夷书院、金华丽泽书院、宁波甬东书院、衢州柯山书院、绍兴稽山书院、黄州河东书院、丹徒濂溪书院、道州濂溪书院、兴化涵江书院、桂州宣成书院、全州清湘书院；宋度宗时建有淳安石峡书院、衢州清献书院等。以上这些书院，都不包括《宋史》和《宋元学案》中提到的书院在内。1934年出版的盛郎西先生所著《中国书院制度》一书，还辑录有60多家书院。由于书院多是私学性质的，所以往往成为社会“清议正论”之所出，即成为学者讲学论道、批评时政的基地，流风直至元、明、清。所以，书院的发达，成为宋代文化史上的一个重要标志。

还值得一提的是，除上面所说的那些学校外，宋代还有遍布全国的蒙馆、乡校、村学、私塾、冬学这类启蒙学校，许多偏远的乡村、山区，也往往出现“三家村”的私塾。至于像《蒙求》《杂字》《神童诗》《千字文》《百家姓》《三字经》《千家诗》《太公家教》等启蒙读物，也是从两宋开始多了起来。

二

读书人增加了这么多，对书籍的需求自然也就多起来。所以两宋时期，图书的收藏、编订、刊刻、整理等文化事业，也出现了“郁郁乎文哉”的景象。

在经历了唐末五代的大乱之后，图书毁佚的情况十分严重。北宋建国初年，昭文馆、史馆、集贤院“二馆”的国家藏书，仅有数柜，共1.3万卷左右。在统一的进程中，北宋王朝很注意收集原各割据政权的藏书，以充实自己的国家图书馆。在收集各地图书的同时，北宋政府还奖励民间献书，凡民间所献“三馆”所缺之书者，小则付给报酬，大者授以官职。对一些不愿献书的民间收藏者，政府也不强迫，只是向他们借来或派人去誊抄缮写。这样，经过一段时间，国家的图书可谓稍备。

在编书方面，宋代最出名的无过于“宋初四大书”，即太宗、真宗两朝时编的《太平御览》《太平广记》《文苑英华》和《册府元龟》。其中除《太平广记》为500卷外，其他三部均为1000卷。前三部是太宗朝完成的，《册府元龟》是真宗朝完成的。

《太平御览》为大型类书，初名《太平总类》，“太平”即太宗“太平兴国”年号的略称。公元977年诏修，984年成书。全书分55部、5363类，有些类还有附类（共有63种附类）。它是我国现存古代类书中保存五代以前文献最多的一部大书，所引古书，十之七八今已失传，因此成为后人辑录佚书的宝库。

《太平广记》为野史小说总集，与《太平御览》同时开始，三年完成。全书按题材分为92大类，附以150多个小类。它被称为我国古代“小说家之渊海”（《四库全书总目提要》），收录了以前历代传奇、志怪小说，许多都已失传。今天我们还能见到的如《古镜记》《枕中记》《柳毅传》《南柯太守传》《莺莺传》等许多著名的传奇小说，均藉《太平广记》而得以完整地保存下来，它成为后世通俗文学研究不可或缺的宝贵资料。

《文苑英华》为文学总集。公元982年，当《太平御览》的编修已近尾声，太宗又决定继梁昭明太子《文选》之后，续修诸家文集，986年完成。《文选》所收自先秦迄萧梁初，此书所收则自萧梁迄五代。全书文体模仿《文选》，为38类，选录作家2200人，作品2万篇，其中90%以上为唐人之作，仅收录唐诗就有1万余首。此外，本书还收录了不少诏诰、书判、表疏、碑志，又往往可考订史籍得失，补充史传缺漏。

据南宋时人说，宋太宗编这三部大书的目的，是为了使那些原割据政权的旧官们能有事干，不再去动作乱复国念头。于是把这批人组织起来，让他们“役其心”，“卒老于文字之间”（王明清《挥麈后录》）。这个说法在南宋时就有不同意见，我们姑且不论。就从这三部大书本身来看，还是具有相当价值的，它们保存和整理了大批古代的文献，对后来的学术发展起到了一定的作用。

《册府元龟》为分类政治通史，原名《历代君臣事迹》。“元龟”意为大龟，古人用龟甲占卜未来，把可资借鉴的事称

"龟鉴"，因此书名意即可为君臣鉴戒的古籍大书。与《太平御览》《文苑英华》的卷数虽然相同，但在实际篇幅上《册府元龟》却要多出一倍，为四大书中最大的一部。全书分 31 部，1116 门。每部前有总序，各门又有小序。所收范围限于历代正史，兼及经书、子书，不收小说，所采资料严守不改旧文的原则。由于其所采资料皆北宋以前古本，对后世校史、补史有很大价值。

两宋文化事业对广大百姓影响最大的还在于大量刊刻书籍。宋代是我国雕版印刷的黄金时代，而且还有活字印刷的发明和应用，这为大量刊刻图书提供了物质条件。伴随着社会经济和文化的发展，社会风气普遍尚文，所以两宋的刊刻书籍呈现出空前繁荣的局面。所刻书籍涉及各个领域，如儒佛道三家的经典、历史、天文、地理、农工、医药、诗文词集、小说、民间必用书籍、前人及当代人的著作等等，应有尽有，刻书机构遍布全国。

北宋初年，书籍的数量还很少，读书人求书不易，这种情形到宋真宗时已经有了很大改观。景德年间，国子监祭酒邢昺曾对真宗说：儒家经典"国初不及四千，今十余万，经、传、正义皆具。臣少师业儒，时经典有疏者，百无一二，盖力不能传写。今版本大备，士庶家皆有之，斯乃儒者逢辰之幸也"(《宋史·邢昺传》)。到北宋中期以后，随着印刷技术的进步，书籍数量更是成倍增加。这一点只需去翻一翻清代的《四库全书》，我们马上可以发现，自宋代开始，各种书籍突然多了起来。两宋的书籍刊刻，研究者一般把其分为三大系统：官刻、家刻（私刻）和坊刻。

官刻中又可分为中央政府和地方机构两大系统。这些机构主要刊刻经、史之类的典籍。主持的衙门，中央政府有：国子监、崇文院、秘书监、司天监等。地方机构又分两类：一是各路的安抚司、转运司、提刑司、茶盐司、漕司、仓台、计台及州（府、军）县机关，统称“公使库本”。这是一个颇为有趣的现象，一些本来与文化事业毫不相干的机构，也都争相刻书。这一方面与朝廷的倡导、鼓励、弘扬文化事业有关；另一方面也与当时的整个社会风尚有关，但更主要的恐怕还是地方上有这样的经济实力来刻书。地方机构中刻书的另一大类，是各级学校机构，如州学、军学、郡学、县学等。以上的各类官刻书籍，不少可以定价出售，进入市场流通领域。

家刻即由私人或私塾出资所刻的书籍。两宋多文人，且经济条件一般都不错，所以他们不仅注意收藏书籍，还有不少人会根据自己的爱好刊刻一些书籍。由于家刻书籍有较大的自由，所以人们一般以刊刻自己喜欢的历代文人的集子居多。如北宋前期的古文家穆修，深喜韩愈、柳宗元的文章，所以就用时 20 多年进行整理，然后自己出资刻印数百本，拿到当时京城（开封）最热闹的相国寺边上设摊出售。一些青年士子到他的地摊前随便翻看，穆修认为他们很不严肃，就板着脸对他们说：“你们谁能够完整地读通其中一篇（即不能有不认识的字、白字、断句错误等），我就送一部给你。”还有一些人不惜巨资刻书，务求精致，所以其刻本在字体、行格、墨色、校勘等各方面都堪称上乘，还以韩、柳文集为例，如南宋廖莹中出资所刻“世彩堂”本《韩昌黎集》和《柳河东集》，就被收藏家一致推为宋版书中之神品。

坊刻是指书坊即经营刻书和卖书的作坊所刊刻的书籍。这样的书坊在宋代的名称不少，如书肆、书林、书堂、书铺、书棚、书籍铺、经籍铺等等。坊刻书籍是以赢利为目的的，因此是一种商品生产。由于书籍大规模的刊刻和流通，我们可以发现，刻书和卖书竟成为宋代的一个新兴的行业，每个书坊都有自己的写工、刻工和印工。两宋刻书的坊肆，遍及全境，尤以浙、蜀、闽、赣、皖为盛，并形成了东京、浙江、四川、福建、江西五大刻书中心。由于坊刻以赢利为目的，所以其所刻书籍经、史、子、集四部俱全。也由于与谋取钱财有关，所以，在两宋时期，令出版界头痛的翻刻、盗版等不法现象也随之出现，于是针对性的一些禁例，也在宋代产生了。

另外，两宋还有一些不属于以上三类的刊刻书籍，如寺院刻书、道观刻书、祠堂刻书等等。总之，两宋刊刻书籍的发达，对传播和普及文化知识，开拓民智，促进文化教育的发展，有着十分重要的作用，仅就书籍的价格而言，刻本就比抄本便宜得多，按一般估计，前者仅是后者价格的十分之一。书籍从此不再是那些世家大族所独有的奢侈品，小康人家也完全可以拥有。所以，从宋代开始，中国的耕读之家就多了起来，而工、商（中国古代工、商的社会地位要低于农民）之家出现颇有成就的读书人的情况，也屡见史载，这是文化普及的最有力的证明。

至于两宋时期对书籍的整理，这里就不必详述。仅举整理书籍的公私书目而言，官方有北宋的《崇文总目》《秘书总目》，南宋的《中兴馆阁书目》《中兴馆阁续书目》，这都是由官府负责、馆阁执行的对国家图书馆所藏图书的整理与校勘。私家书目方面，至今仍流传的有南宋尤袤的《遂初堂书目》、晁公武的《郡斋读书志》、陈振孙的《直斋书录解题》，其中后二者在学术界影响甚大。这从一个侧面反映出，当时私人藏书的风气亦相当兴盛，否则很难出现这么好的私家书目。

三

宋代的文学在中国文学史上有其独特的地位，人们通常用“汉赋”“唐诗”“宋词”“元曲”“明清小说”来涵盖这些朝代的文学主流。此说虽点出了宋代文学最有成就的一个方面，但却流于太简，缺漏不少。实际在文、诗、曲、小说等方面，宋人的成就也是相当高的。如唐宋散文八大家，其中宋人就占了六席，欧阳修、王安石、苏东坡的文章，决不在韩、柳之下。尤其是苏东坡的文章，如其自谓：似行云流水，初无定质，常行于所当行，止于不得不止，嬉笑怒骂，皆成文章。而宋诗之美，在清瘦，在义理，在意态。这里我们简单地谈谈宋代文学创意最多的词，和引发后世新的文学样式的小说与戏剧之雏形。

词肇始于中晚唐，至五代初兴，而造极于两宋。中国古代文学，按正统的观念认为，“诗以言志”，“文以载道”。而对人的情感，尤其是男女之间的爱情，在“载道”的文章中一般是不许有的，在“言志”的诗中也只能委婉地透露。此外，诗的体裁约束较多，字数、句数、韵脚等限制很大，也较难表达十分复杂的情感。所以，词的出现是对诗的一种突破。突破主要表现在两方面：一是形式上的突破，即比诗的要求放宽了，所以词又有“长短句”“诗余”之称；二是内容的突破，可以直抒内心深处的细腻情感，一些擅写修身齐家治国平天下这种庄重严肃文章的作者，也不排斥填一些似“妇人语”的词，如欧阳修就是典型的一例。但是，词也不是只能写婉约，而不能写豪放的，从苏东坡开始，豪放词成为一种样式，后来南宋的辛弃疾也是写豪放词的高手。

至于两宋历史上有成就的词人，实在太多，有专集存世的也不少，这里很难枚举，我们只能割爱。还是以词作最丰富的苏东坡为例吧，尽管他在正宗的词家那里被认为是“别格”，即不太注重歌唱的声律。实际上，他不是不懂声律，而是不愿意太受声律的束缚，以影响其文学上的表达。苏东坡既擅写“须关西大汉执铁板”唱的豪放词，亦擅写“只好十七八女孩执红牙拍板”唱的婉约词。他的《念奴娇》“大江东去”和《水调歌头》“明月几时有”都太有名了，我们就另选两首来看看：

江城子·密州出猎

老夫聊发少年狂。左牵黄，右擎苍。锦帽貂裘，千骑卷平冈。为报倾城随太守，亲射虎，看孙郎。

酒酣胸胆尚开张。鬓微霜，又何妨。持节云中，何日遣冯唐。会挽雕弓如满月，西北望，射天狼。

江城子·乙卯正月二十日夜记梦

十年生死两茫茫。不思量，自难忘。千里孤坟，无处话凄凉。纵使相逢应不识，尘满面，鬓如霜。

夜来幽梦忽还乡。小轩窗，正梳妆。相顾无言，唯有泪千行。料得年年肠断处，明月夜，短松冈。

同一个“江城子”词牌，苏东坡可以写出风格迥异的内容。前者写出猎，有胆有识、孔武刚健，抒发其抗敌御侮、保家卫国的英雄气概；后者思亡妻，一句一恸、感伤凄凉，抒发其出自肺腑、真挚深婉的苍凉心境。宋词之所以能与唐诗媲美，主要就是因为它以千百个小令慢曲的词调为载体，运用多变的句式、灵动的笔致、优美的造语、和谐的韵律，表达出作者人生历程中或敏锐，或深沉，或细腻，或豪放的心灵感受及情感体验，并唤起读者的共鸣。我们从上引苏东坡的这两首词中，即可窥宋词美之一斑。然而，优美的宋词又岂止苏东坡这一家。

我们知道，小说、戏剧在西方文学中是主流，而在中国则兴起较晚，至元、明、清才发展起来。这是因为，中国自《诗经》《楚辞》以后，诗一直是文学的主流，而赋、词也只可谓诗之流裔。但从宋代开始，出现了小说和戏剧的雏形，这也是中国文学史上的一个重大突破，两宋在这方面则成为承前启后的一个转折点。

由于手工业、商业的发达，宋代出现了繁华的城市。城市居民众多，要求有符合他们口味的娱乐。在市井的诸种娱乐中，有所谓“说话人”，就是讲故事的。当时，说话人有四家：小说、讲史、讲经、合生或说诨话。其中以“小说”和

“讲史”两家为最重要，前者讲短篇故事，后者讲长篇历史故事。而讲“小说”的人数又比讲史、经的多一倍以上。说话人所用底本曰“话本”。元、明以后的短篇白话小说与长篇章回体小说，就是从宋代“话本”之“小说”和“讲史”中演变过来的。

至于戏剧，在宋代城市的“瓦子”“勾栏”里，傀儡戏、影戏、杂剧等都已颇为流行，还有一种以歌舞讲唱为主的戏曲。其中以“杂剧”最为流行。“宋杂剧”是从唐代“参军戏”发展而来的，开始多是一些滑稽或讽刺短剧。试举一个最短的为例：王安石变法，由于原来的朝廷重臣多不与他合作，他就提拔了一批听话的新人，然而这些人良莠不齐，其中不乏品质低劣之徒。这引起人们的不满，就用杂剧来进行嘲讽。一次正好宋神宗看戏，其中有一出戏的内容是这样的：一演员扮演的人物骑着毛驴要登上皇宫的圣殿，左右武士把他喝住，他假装痴呆呆地说：“怎么，毛驴不能上去吗？我还以为有脚的都能上呢！”（参见南宋朱彧《萍洲可谈》）类似这种幽默的杂剧，在宋时还有不少，所讥刺的对象甚至包括皇帝在内。以后，杂剧无论在结构形式还是在演员人数上，都有所完善和增加。据南宋吴自牧的《梦粱录》记载，当时的杂剧已分成“艳段”（正戏开场前的小节目）、“正杂剧”（正戏）和“杂扮”（正戏后的玩笑段子）三部分；而演员则有“末泥”“引戏”“副净”“副末”和“装孤”五个。可知此时的杂剧，在剧本结构和演员角色方面已具备了戏曲的基本条件。以上所提到的，可以说都为元代杂剧奠定了基础。另外，宋代还有“温州杂剧”，亦称“南戏”，其情节比较复杂，影响到明、清的长篇传奇戏曲。

史学在宋代也相当发达。在官修史书中，有“起居注”“时政记”“日历”“实录”“会要”“国史”等类别，这些类别都有专职的机构负责，而所记录的都可称之为原始资料，当然其中也包含了不少弄虚作假的成分，如吹捧皇帝、粉饰太平之类。宋代史学的成就，主要不是体现在这些官修史书上，而是体现在私家著述的质量及其创立的体裁方面。综观两宋史书，在三个方面相当突出：一是编年体史书的质量很高；二是当代史的研究发达；三是史学体裁的创新。

宋代出现的编年体史书名著，当然首推司马光的《资治通鉴》，其他如李焘的《续资治通鉴长编》、李心传的《建炎以来系年要录》、徐梦莘的《三朝北盟会编》等，都属于中国史学史上的编年体名著。

司马光《资治通鉴》最精彩之处，是唐至五代十国部分，然而这还只能算当时的近代史。依他的设想，还想写一部《资治通鉴后记》，记北宋建国以后的历史，也就是司马光的当代史。他的笔记《涑水纪闻》，就是为其撰《通鉴后记》所准备的资料汇编之一。可惜他的这一愿望最终未能实现。但上面提到的李焘、李心传和徐梦莘的史著，却都是以当代人记当代事的当代史著作。

史学的体裁方面，宋人创发颇多。司马光在编写《通鉴》时，首先把有关资料编成“长编”，最后又把没有采入正文的内容或奇异记载下来，编成另册，名之为《考异》，与其《通鉴》并行。这在中国历史编纂学上，开创了一种新的而且是很好的方法和体裁。先编制“长编”，是对史料的系统整理，为以后的正式撰写做了扎实的案头准备；而于正书之外再有《考异》，则可以为后来的研究者提供“递相稽审，质验异同”的余地，同时也可让后世读者了解作者所著正书在材料取舍、价值判断上所取的态度及是非得失。南宋的史学家如李焘、李心传，在撰写《续资治通鉴长编》《建炎以来系年要录》时，虽然没有如司马光那样把各种异说编成“考异”，与正书并行，但他们的著作于每条记事下面，大多附有大段的注文，胪列出各种异说、异文，实际上完全是沿用了司马光的做法。如李焘撰《续通鉴长编》时，他本人虽号称“耻读王氏（王安石）书”，但在记宋神宗朝史事时，却大量引用了王安石的《熙宁奏对日录》，不仅附于注文中，还有写入正文的。这部《日录》不久即亡佚了，但我们藉李焘所引，可更深入地了解有关王安石变法的许多事情。

宋人在史著体裁创新方面，还必须提到的是袁枢的《通鉴纪事本末》和朱熹及其门人赵师渊的《资治通鉴纲目》。我们知道，编年体史书虽然时间过程清晰，但也有一个很难克服的缺陷，那就是把每个历史事件的完整性割裂开来，尤其是那些历时较长的事件，编年体往往会造成“首尾难稽”的情形。袁枢把卷帙浩繁的《通鉴》文字进行重新编排，以事为中心，每事定一专题，将分散的材料汇编起来，构成一个完整的事件，从而克服了编年体所固有的缺陷。这在中国历史编纂学上也是一大创新，是自编年体、纪传体之后出现的又一个新体裁——纪事本末体。纪事本末体的出现，受到了后世的欢迎，后世出现许多以这种体裁编写的史著。至于朱熹及其门人赵师渊的《资治通鉴纲目》，其书虽仍用编年体裁，但在叙事上有纲、目之分，纲仿《春秋》笔法，写史事标题，用大字顶格；目仿《左传》，叙述本事，用小字低格分注。比起单纯的编年叙事，眉目也要清晰得多。

儒学更新
思想文化的新统

佛教经典言："佛为一大事因缘出现于世。"中国自秦汉以后，迄于今日，其思想之演变历程，至繁至久。要之，只为一大事因缘，即新儒学之产生，及其传衍而已。

——陈寅恪《金明馆丛稿》

说到两宋文化的昌明，我们不能不提到两宋的哲学，它是两宋文化中的一个最大的亮点。

众所周知，中国是世界上最悠久的文明古国之一。和世界上那些差不多与中华古文明同时出现、也曾辉煌一时的古老文明——古埃及、古巴比伦、古印度及玛雅文明相比，后者早已神魂俱逝、面目全非，唯留下一些断垣残壁、陈迹往事，供旅游者登临凭吊，发思古之幽情。而中国的文明则传承不绝，精魂犹存。这不能不归功于中国悠久的传统文化，以及由它凝聚起来的中华民族强大的生命力。可以说，中华民族之所以能够屹立于世界的东方，创造出绵延五千多年、灿烂辉煌的中国文化，除了具有一定的物质条件之外，更重要的是有其不可或缺的、坚实的思想基础，它是中国传统文化的价值和精神之所在。这个思想基础的核心，就是博大精深的中国传统哲学。而宋代的哲学，是继先秦之后中国哲学发展史上的又一高峰，它标志着中华民族理论思维所进入的一个新阶段，在整个人类的认识历史上也占有光辉的一页。

一

中国古代哲学发轫于殷周时代，到春秋战国时期，儒家、墨家、道家、法家、名家、阴阳家等诸家并起，展开了思想争鸣，形成了中国学术思想的高度繁荣时期。秦始皇“焚书坑儒”，中国文化发展受到了一次重大挫折。汉朝继起，学术逐渐复苏，到汉武帝时期，终于形成了“罢黜百家，独尊儒术”的思想格局。这一重大的转折，实际是中国古代社会发展的一种必然的历史选择。自秦汉大一统封建帝国开创，统治者为了统一意识形态，曾先后选择过法家和黄老道家的学说作为其统治思想，但实践证明它们只能行于一时。相比之下，只有儒家思想才能真正适应封建统一帝国的长远需要。因为比较其他各家，儒家与中国古老的经济社会传统有更深的现实联系，它不是一时崛起的纯理论主张或虚玄空想，而是以具有极为久远的氏族血缘的宗法制度为其深厚根基，从而能在家庭小生产农业为经济本位的社会中始终保持现实的力量和传统的有效性。儒家一贯强调“孝悌”是立国之本，强调作为社会等级的伦常秩序的重要性，总是非常有效。所以，选择儒家学说在当时可谓势在必行。

不过，随着两汉以后中国整个思想和学术格局所发生的巨大变化，随着新思潮的崛起，外来文化的冲击，整个儒家思想在魏晋南北朝至隋唐的700多年里，遭受了前所未有的严峻挑战与冲击，从而踏上了时运不济的蹇途，处在一个中衰的状态之中。首先是来自玄学思潮的冲击，以后又有佛教和道教的挑战，所以儒学在这一时期逐渐失去了两汉时所拥有的“独尊”优势。到隋唐时期，统治者与老子“攀亲”，佛教无论在政治领域还是在意识形态领域也拥有很大的势力，儒学实际已经降格为统治思想中的鼎足之一。另外，始于隋而盛于唐的科举取士制度，重“进士”而轻“明经”，“缙绅闻达唯文章”，由此形成了读书人群趋竞集于进士一科的现象，五尺童子耻不言文墨，而佶屈聱牙的儒经则被束之高阁。“三十老明经，五十少进士”的时谚告诉我们，非唯思想领域和政治领域，即便在教育领域里，经学的权威也已是今非昔比。

但是，应该知道，儒学之所以能够成为封建统治学说，绝不是出于汉武帝个人的一时好恶，而是由于它与中国封建时代的小农经济、宗法制度以及大一统政治结下了不解之缘。它适应中国封建土地所有制，适应专制主义的中央集权制度，适应以封建宗法制度为基础的社会伦理关系。因此它具有其他思想学说所无法替代的社会功能，即能有效地维护社会统治秩序的正常运转，能为全社会提供其必不可少的纲常名教。这种社会功能，以前的法家和黄老道家无法替代，现在的佛教和道教同样无法替代。两汉以降，整个儒学的地位虽然每况愈下，但它作为传统思想文化的正宗及王道政治和宗法制度的理论基础的地位并没有丧失，尤其是在伦理领域的权威从未发生过多大动摇，儒家所强调的“三纲五常”，依然是包括割据政权在内的每一个朝代所依赖的指导思想。每一次政权更迭，无不是依据儒家经典来确定朝纲朝仪，至于有关立国的禅诏、告书，有关国家军政大事的诏书、奏章，有关刑政制度的确立或修订，也皆是引据儒经。儒家的“忠孝之道”，依然是整个社会所必须遵循的基本行为规范。佛道二教不能动摇这种传统的伦理道德观念，它们往往只能去迎合这种观念，许多佛教徒和道教徒甚至还自我辩解说他们的教义并不违背“忠孝”大伦。就以动荡不安的魏晋南北朝来说吧，由于政治秩序的非正常化运作，所以儒学安定社会的作用难以得到发挥，但因为社会的宗法性特征并没有因此而改变，儒学在伦理领域内的作用就依然十分有效。如东晋南朝，世家大族极重门第血统，而财产与权力的分配与再分配，仍依赖于宗法制度。

综上所述，把儒学作为占统治地位的思想学说，这是一种必然的时代选择，只要封建主义还在进行，只要中国的政治、经济、社会结构没有发生根本性的转变，恐怕就很难产生别的什么选择。另外值得特别指出的是，已有的民族文化传统因素，也必然会对这一选择起到一种无意识的导向作用。中国封建主义的必然历史取向，是选择儒家学说作为其统治思想，因此，儒学地位下降的趋势不可能长久地持续下去。

然而，自孔子以后，儒学所弘扬的主要是“齐家”之学和“治平”之术。儒家道德的形而上学虽也有子思、孟子一系的阐发，但却始终具体而微，不为大多数儒者所重，更遑论有进一步的发展。所以，魏晋以降，士大夫正心修身之资，释、老二家实已夺孔孟之席。尽管当时儒者排佛道甚烈，但其范围不出强调儒学正统、伦常纲纪、夷夏之辨及经济因素这四个大的方面，却没能从思想理论的深度上加以批判，激烈有余而切中要害者不多。可是，佛道久排而不去的症结，恰恰就在于它们拥有颇为精致的形而上学的理论体系。儒学要想重新获得至高无上的地位，就必须压倒佛、道学说，更主要的是压倒外来的佛教思想。可是，依靠儒学的旧有形态——以“天人感应”神学目的论为理论框架，以章句注疏、名物训诂为表现形式的汉唐经学——显然是达不到这个目的的，魏晋以来儒者屡次排佛、道斗争失败的事实，已经对此做出很好的说明。儒学首先必须经历一场自身的改造更新运动，以增强其与佛、道思想的抗衡能力，才能最终战胜它们。

儒学的改造更新，是一场具有划时代意义的文化变迁运动。它的实质是要消化外来的异质文化，重振儒学，恢复它作为统治思想的“独尊”地位。而重振儒学的方式，可以称之为“思想整合”。所谓思想整合，就是调整儒学内部的结构，摒弃汉唐儒学中“天人感应”神学目的论的内涵，把佛、道学说中有关宇宙论、心性论这些具有形上本体论性质的思辨内容，经选择改变后整合到儒学中来，使儒学变成一种以人伦纲常作为宇宙万物本原的本体论哲学。稍具体一点说，就是儒学亟须强化其统摄人心的作用，把儒家本来日用伦常的“心”“性”“理”“道”等概念范畴升华，赋予其宇宙论、本体论的意义。并立足“此岸”，以“超越”而不离世的方式，对佛、道两家所提出的各种涉及人生“终极关怀”的宗教和哲学问题，做出新的、儒学化的回答与再解释。以类似“戒定”的“修养功夫”，营造一个可与“天国”“彼岸”相媲美的“入圣”境界，从而使儒学的面目一新，而又能保持其修己安人的入世传统，并因此使其具有社会功能上类似宗教、而理论结构上非宗教的特征。这是一个新的思想形态，它不同于先秦以来的儒学形态，却又保持了传统儒学的基本特征。当然，思想整合的展开是需要条件的。不过，这一条件在从魏晋南北朝至隋唐的儒、佛、道三家的不断冲突、涵化后已经成熟。于是，儒学的复兴运动就成为历史赋予宋代思想家们的时代课题。

二

关于宋代的主流哲学，学术界历来存在多种指称：或“道学”，或“理学”，或“宋学”，或“新儒学”，不一而足。其中“新儒学”一名，原为二十世纪三四十年代时冯友兰、陈寅恪等先生一度采用，以后主要在海外学界被广泛沿用，只是近二十年来才在国内部分学者的论著中出现。究其含义，乃是指称宋代开始出现的，有别于先秦原儒、汉唐经儒的新的儒学形态。至于“道学”“理学”和“宋学”三者，均为中国历史上旧有的名称，尽管它们出现的时间有先后之别。概言之，“道学”之名出现最早，在北宋时已有运用，但其指范围较狭，尤其在两宋时期大多仅指周敦颐、张载、程颢、程颐兄弟和朱熹之学；“宋学”之名为清代考据学家所习用，以作为其所治

"汉学"之对称，此名虽然能包容宋代哲学诸家，但却不仅专指哲学，亦可泛指如史学等在内的其他学术，这有点失之宽泛；"理学"之名始于南宋（佛教所谓"理学"不在论列），它成为指称宋代以来形成的哲学主流之专名，今人采用此名者居多，尤其是近几十年来的国内哲学史界。

"理学"之名有狭义、广义之分，这种区分，又可从学派和性质两个角度着眼。就学派而言：狭义的"理学"，仅指周、张、程、朱之学，一般亦称"程朱理学"，即上面提到的"道学"；稍广一点，则既指"程朱理学"，亦指以南宋陆九渊为代表的"心学"，它与明代的王阳明之学合称为"陆王心学"。当代学者有更广义的理解，那就是除了程朱、陆王两大派外，还包括"气学"（以北宋张载、明代罗钦顺、王夫之为代表）、"数学"（以北宋邵雍为代表）、"新学"（以北宋王安石为代表）、"蜀学"（以北宋苏轼为代表）、"婺学"（又称吕学，以南宋吕祖谦为代表）和"湖湘学"（以南宋胡宏、张栻为代表）等。就性质言：狭义的"理学"专指"性理之学"，即着重探究"理""气""心""命"之类概念范畴的学问，有时也称作"心性之学"。广义的"理学"，则是指"义理之学"，即有别于汉唐儒生治经所注重的章句训诂之学，旨在寻求儒经中蕴含的大义和道理的学问。两者之间的关系是："义理之学"早于"性理之学"出现，并能涵盖"性理之学"，而"性理之学"则为"义理之学"的精髓（详见徐洪兴《思想的转型——理学发生过程研究》，上海人民出版社 1996 年）。

理学的发生，人们一般可以追溯到中唐以后的韩愈、李翱、啖助、赵匡、陆淳等人那里。但真正作为一种时代思潮，是从北宋仁宗的庆历前后发端的。理学思潮之所以会在北宋中期发生，有其作为思想文化自身发展的内在逻辑。这一内在逻辑，前面已经有过论述。但是，从另一方面讲，北宋理学思潮的崛起，也与当时的现实政治有着十分密切的关联。从某种意义上说，理学思潮就是北宋中期政治变革运动的产物，而范仲淹、欧阳修领导的“庆历新政”，正是理学思潮得以登上历史舞台的政治契机。

宋初的最高统治者，在确立了其立国的一系列基本国策后，在对待思想学说的态度上，则采取按需所取，不囿于一家一派，照搬唐代儒、佛、道“三教并行”的政策，既尊崇儒学，对佛、道二教亦予以相当的重视与扶持。所以，在现实政治的影响下，宋初80年的思想学术界的状况，大致可以概括为：一、思想混乱，儒、佛、道三家学说并行不悖；二、儒家思想并没有得到特别的重视，一般学者研究经学多墨守汉唐以来的章句注疏之学；三、知识分子思想沉闷保守，热衷于科举时文。

这样的格局到北宋第四代皇帝宋仁宗统治时期便开始维持不下去了。庆历之际，伴随着求变呼声的不断高涨以及“新政”的一度施行，学坛上兴起一股批判性的社会思潮。整个思潮在三个层面上同时展开，即否定汉唐经学，排斥佛、道“异端”和抨击四六骈体文。而思潮的总倾向则是要求复兴中衰已久的儒学。与以儒学精神来指导现实政治的主张相映成趣，振兴日益衰颓的儒家学说，成为庆历之际学者高举起来的旗帜。然而，他们所提倡的儒学，并不是自汉迄唐所延续下来的章句训诂、笺注疏义之学；恰恰相反，这种传统儒生所传习的学问，成了这一时期学者所集中批判的对象之一。于是，可以看到这么一个颇为奇特的现象，即当时学者一方面在为儒学的衰微感到愤慨，强调要“通经学古”，一方面却把批判的锋芒对准了汉唐以来的儒家经学。正如当时的李觏所指出的“世之儒者，以异于注疏为学”。在庆历之际儒学复兴运动的批判思潮中，作为思潮的一翼是对汉唐经学的反对，因为它们被视为回归到孔孟、“三代”的内在障碍；与此相关联的思潮之另一翼，则是要打击造成儒学每况愈下的外在对手，即佛、道“异端”和四六科举“时文”。于是在庆历之际的学坛上，同时出现了以排佛为主的“攻乎异端”的热潮，以及抨击形式华美、内容空洞的四六时文，倡言以散体取代骈体的古文运动。

庆历之际理学思潮的倡导者，是范仲淹和欧阳修，而胡瑗、孙复、石介、李觏等都是这一思潮中涌现出来的有代表性的学者。在政治上，他们主张励精图治，革新除弊，改变宋初以来沉闷、因循、保守的政治局面。在思想学术上，他们积极主张振兴儒学，恢复儒学作为统治思想的独尊地位；排斥佛、道二教，从佛、道手中夺回失去很久的精神阵地。他们否定汉唐儒者所着重从事的章句训诂、笺注疏义之学，提倡以自己的主观体验来把握、领悟孔、孟的“微旨精义”，并初步开始注意对儒家经典中义理成分的阐述及发挥。在文学领域里，他们否定浮华空洞的四六骈体文，倡言“文所以明道”的古文运动。在人格完善和名节砥砺方面，他们能够开风气之先，积极主张正风俗、励人心、尚道德、重气节，力图扭转五代以来寡廉鲜耻和偷闲淫惰的士林风气。在这方面，他们中的许多人不仅重言而且重行，以自己亲身的践履树立起了一个崇高的人格风范，“先天下之忧而忧，后天下之乐而乐”，以天下国家为己任，高标儒家“名教”，严辨“君子”“小人”，强调“君子有党”，“以通经学古为高，以救时行道为贤，以犯颜纳说为忠”。他们利用一度掌握的国家权力，大力整顿腐败的吏治，改变科举考试的程式，竭尽全力发展地方和中央的教育事业。他们中的不少人，都是长期从事教学实践的教育家，他们利用讲坛，把自己的思想传播开去，影响了不止一代的学子士人。但是，这一时期的学者，在理学理论范畴体系上建树不大。这一方面与他们自身的理论素养不足有一定的关系，但更主要的原因在于旧有的理论体系仍相当强大。历史赋予这一阶段思想家的使命，与其说是去构建新的理论体系，毋宁说是去破坏旧的理论体系。实际上，这一阶段思想家们的最大贡献，恰恰就在于拆除了旧有的理论殿堂，为此后新理论的出现扫清了道路。倘若没有他们“筚路蓝缕，以启山林”的开创性工作，理学思潮的进一步发展是难以想象的。

随着批判的深入和汉唐经学“殿堂”的被拆除，自宋仁宗末年即嘉祐之后，北宋理学思潮开始进入其第二个发展阶段，即新理论的创建阶段。持续到宋神宗的熙宁、元丰年间前后，这一思潮达到了高潮。在这一阶段中，涌现出了许多“有概括能力的思想家”，真可谓学者辈出，学派林立。周敦颐、邵雍、张载、司马光、王安石、程颢、程颐、苏轼等，是这一时期的代表，他们分别代表了当时的“濂学”“象数学”“关学”“朔学”“新学”“洛学”和“蜀学”等学派。他们中的许多人，不仅是学界的领袖，同时也是参与国政、在政界极有影响的人物，他们的思想学说，对当时的理学思潮产生了最直接的推动作用。这些人各自分属于不同的学派，代表着不同的阶层，出于不同的立场，提出了许多不同的思想观点。这些观点尽管差异很大甚至对立，但在根本的取向上却是一致的：那就是为了挽救当时统治理论所面临的“家异道，人殊德”的严重危机，试图能“一道德而同风俗”，为封建伦常纲纪提供哲学本体论的依据。这些不同的学派和思想家以及他们的思想学说，从本质上说都属于理学思潮的产物。

在作为以理论的创新为主要标志的北宋理学思潮的第二阶段中，汉唐的经学体系已被彻底击垮；佛道二教在理论上的优势已基本被儒学所夺走；古文运动也取得了决定性的胜利，但同时也造成了这一运动的分裂，以苏轼为代表的文士和以二程为代表的理学家开始分道扬镳。在哲学理论范畴方面，王安石以《洪范》五行为研究基点的“气”一元论，张载以《周易》为出发点的“气”本论，二程以《大学》《中庸》《论语》《孟子》为出发点的“理”本论，司马光以《太玄》为出发点的、以“虚”为本的本体论，以及苏轼以《周易》结合佛道思想的理论等等，争鸣于当时的思想舞台。这些理论虽然有精粗深浅的不同，但却都是新的或至少是部分新的、不同于以往的儒家思想，由此牵涉到他们在认识论、人性论等许多方面的不同。在对理想人格的塑造、对人生态度的关注方面，这一阶段也得到了突出的重视：探寻“孔颜乐处”，追求“天人同体”，高标“浩然正气”，涵泳“圣人气象”，成为当时的思想家们所共同关注的课题；“为天地立心，为生民立命，为往圣继绝学，为万世开太平”，“仁者浑然与物同体”，“极高明而道中庸”，“人皆可以至圣人”，“民吾同胞，物吾与也”，“存，吾顺事；没，吾宁也”，这些格言成为时代的座右铭，它们在抽象意义上赋予了人生以完美、永恒、崇高的意义，使人们产生“虽不能至，心向往之”的憧憬，为人们树立了一个“法乎其上”的理想境界。然而，北宋理学思潮发展到第二阶段时，第一阶段的那种“先忧后乐”，以齐家、治国、平天下为己任的儒家理想人格，也开始逐渐出现转向。诚意、正心、修身的内在反省日渐为学者们注重，并进一步引向“存天理，去人欲”的倾向。甚至像王安石这样非常重视“外王”事功的思想家，在理论上居然也会激烈地批判追求物欲，进而大谈“去情却欲”，认为“去情却欲以尽天下之性，修神至明以超圣人之域”。至于二程及其后学们，则更注重“内省”和“持敬去欲”的理论的探讨。

在北宋理学思潮的高潮中，学派虽出现了不少，但真正处在中心位置的无非是三个，即“关学”“新学”和“洛学”。这三个学派以后的发展情况是：

“关学”自张载去世后开始式微。吕大临、苏昞等一批张载的高足，加入程门“洛学”的行列。由此，“关学”出现了明显的“洛学化”倾向。“关学”的“正而谨严，精思力践”的古朴学风，逐渐为涵容义理、穷究“心性”的“洛学”风格所取代，尽管“关学”的风格与“洛学”的风格终究还是有所区别。

“新学”自王安石变法失败后，曾一度遭到“旧党”人士的排斥，但不久因得到蔡京、秦桧等权臣的支持，在两宋之际的半个多世纪里占据了统治思想的地位。不过，此时的“新学”也已变质，非但没有出现有影响的思想家，更有甚者，其学被蔡京、秦桧之流利用成为排斥异己的工具。这是王安石的悲剧，也是“新学”的悲剧。到南宋中期，随着对王安石变法的否定，“洛学”逐渐成为学界主流，“新学”也就被当作“异端邪说”，不断地遭到贬低乃至否定。

至于“洛学”，由于二程一生以从事教育为主，因此培养了大量弟子。程门的弟子遍及当时的中原、河东、蜀中、关中、吴越、湖湘、闽赣各地，所以“洛学”自北宋后期开始蔚为学界大宗，也成为北宋后期唯一能与受到官方支持的王安石“新学”相颉颃的最大的一个学派。而且，“洛学”的关键人物如程颐、杨时，都享高寿（程颐 75 岁、杨时 83 岁），在学界老成凋零之际，成为独步一时的学坛泰斗。他们在政治上不得志，所以主要时间多用在从事教育方面，培养了大量学生，在思想学术界有很大影响。不过，“洛学”在两宋之际始终处于受排挤和压制的地位。情况有所改善是从北宋末以后慢慢开始的，其中的斗争一直十分复杂与曲折。

南宋建立以后，在宋高宗建炎至绍兴年间，围绕着如何对待二程“洛学”的问题曾展开激烈的斗争。自靖康元年解除“学禁”后，“洛学”弟子开始被朝廷起用。宋高宗起初想利用“洛学”的影响来巩固政权，所以如杨时、尹焞、胡安国、朱震、范冲等相继被起用。然而此时反对“洛学”的声音也不小，如陈公辅就曾上疏痛斥“洛学”，但此时的学禁比北宋末要宽松多了。南宋开始对“洛学”学禁的渐松，加速了“洛学”的传播，至南宋中期，“洛学”已经遍及当时的南宋境内，出现了如朱熹、陆九渊、张栻、吕祖谦等大儒，但同时也出现了以反对“洛学”传人朱熹之学的“庆元党禁”，程朱之学被目为“伪学”。一直到南宋后期宋理宗统治时期，在朱熹传人真德秀、魏了翁等的积极倡导下，“程朱理学”的地位才被官方所正式认可。宋理宗在淳祐元年（1241年）下诏褒扬“北宋五子”和朱熹，并为之追加封号。之后，“程朱理学”逐步开始向官方哲学发展，其生命力也随之慢慢地被消解。

南宋的学界可谓是“洛学”的天下，当时出名的学派有以朱熹为代表的“闽学”，以陆九渊为代表的“江西之学”（即“心学”），以张栻为代表的“湖湘学派”，以吕祖谦、叶适、陈亮为代表的“浙东学派”（下又可细分为“金华学派”“永嘉学派”和“永康学派”），以朱震为代表的“象数学”等，它们或多或少都与二程的“洛学”有一定的关系。这一阶段也是宋代理学发展的高峰时期，在经过100多年的发展以后，理学已进入其成熟期。朱熹、吕祖谦、张栻，当时号称“东南三贤”。但由于张、吕均英年早逝，朱熹就成为一个集大成者。朱熹继承了北宋周敦颐、张载、二程兄弟的思想，尤其突出了二程的“理”本论，并加以补充完善，建立了一个完整的哲学理论体系。而作为内部的反对派，也在此时出现，那就是陆九渊“心学”的形成，陆九渊吸收了程颢的“心学”因素，并与佛教禅宗的思想结合起来，把“心”提高到哲学本体的高度，完成了“心”本论。而以叶适、陈亮为代表的浙东事功学派，则高扬儒家“经世外王”的思想传统，反对空谈“身心性命”。

以上是对宋代哲学历史发展过程的鸟瞰，如果从其发展的内在逻辑来看，理学中最先出现的是“气学”，它是专门针对魏晋南北朝以来盛行的佛教和道教崇尚虚空的思想学说而发的。周敦颐强调“太极元气”、张载提出“虚空即气”的命题，认为“气”为宇宙的终极实在，因而从宇宙论的根本上打击了佛、道二教的出世思想，为儒家学说建立了一个宇宙论的论证。接着是邵雍“象数学”的出现。它研究实在的宇宙过程和历史过程的规律性问题，比“气学”进了一步，但其弱点是在致力于寻找宇宙、社会演进的规律时，始终未能摆脱中国传统术数的神秘色彩。因而“象数学”之数最多只能反映宇宙和历史演化的周期，却无法真正揭开世界的规律。此外，“气学”和“数学”还有一个共同的问题，那就是它们探讨宇宙实体与宇宙规律的学说，均未能与传统儒家的核心思想即伦理道德原则紧密结合起来。“理学”（即程朱理学）的出现，正是为了弥补这方面的缺陷。程朱理学开始把伦理原则上升为宇宙本体和普遍规律，又吸取和结合了“气学”“数学”的一些重要内容，使得儒家思想有了更为坚实的本体论基础。然而程朱理学也有其弱点，它虽然把伦理原则上升为宇宙本体和普遍规律，但在道德实践方面更多地把伦理原则作为一种外在的权威，而忽视了人作为道德实践主体的能动性，于是也就有了“心学”的出现。陆九渊的“心学”从弥补程朱理学的以上弱点出发建立自己的理论体系。他们反对程朱理学的实践论，提出以人的“本心”作为道德主体，“本心”自身就决定道德法则，突出强调实践的主体性和人的主观能动性问题。所以，我们可以认为，正是“气学”“数学”“理学”“心学”的历史展开，显示了宋代理学思潮发展演变的内在逻辑。

三

宋代理学的内部尽管十分复杂，但仍可以分为理论及实践的几个不同派别，而这些不同派别都称为“理学”，是由于它们具有一些共同的性质和特点，共同承担并体现了这一时代的民族精神。这些特点包括：

1. 以不同方式为发源于先秦的儒家思想提供了宇宙论、本体论的论证；

2. 以儒家的圣人为理想人格，以实现圣人的精神境界为人生的终极目的；

3. 以儒家的仁义礼智信为根本道德原理，以不同方式论证儒家的道德原理具有内在的基础；

4. 为了实现人的精神全面发展而提出并实践各种“为学功夫”，即具体的修养方法。

至于宋代理学讨论的问题，主要有“无极”“太极”“理气”“心性”“格物”“致知”“道心人心”“天理”与“人欲”“主敬”与“主静”“知行”“天命之性”与“气质之性”“王霸之辩”“义利之辩”等等。而这些命题本身又可引申出一系列问题，如“理气”就可以引申出“理气动静”“理气同异”“理气强弱”等命题。

这些概念、范畴和命题，专业色彩太强，且不同的哲学家对它们的用法也有所不同，即使同一个哲学家也常常在不同的场合、不同意义上使用同一个概念，所以理解起来有一定的困难。这里仅举一例：譬如说，最一般、最笼统地讲，我们可以这么界定，“理”这个范畴是指法则、规律而言的。但这只是最一般的理解，如果要细致分析的话，马上就变得复杂起来。因为“理”在宋代理学家那里至少就有五种不同意义上的理解：

1. 作为宇宙的普遍法则的理，在这个意义上经常被称之为“天理”；

2. 作为人性的法则的理，在这个意义上经常被称之为“性理”；

3. 作为道德规范的法则的理，在这个意义上经常被称之为“伦理”；

4. 作为事物本质和规律的理，在这个意义上经常被称之为“物理”；

5. 作为一般意义上道理、情理、事理、逻辑判断能力等的“理”，在这个意义上经常被称之为“理性”。

此外，“理”还有“玄理”（此属于道家）、“空理”（此属于佛教）等意思。

关于以上理学的各种概念范畴，这里就不多说了，仅举一个人们相对熟悉的人性善恶问题，来看看理学家的理论探讨：

人的本性究竟是怎样的？人的行为的善恶之根源如何？类似的追问，是中国哲学史上受到特别重视并经常讨论的问题，这与中国文化注重人性、注重人是有很大关系的。

中国历史上第一个系统讨论人性问题的思想家是孟子。

孟子首先提出了“人性本善”的命题，以后这一理论引起了长期而热烈的争论。就当时而言，与孟子展开争辩的是告子。告子认为人性无所谓善恶，就像流水不分东西南北一样，这一观点遭到了孟子的激烈批评。孟子在强调人的本性存在先验的“善”之同时，提出人之所以会有不善，是由于外界影响和人自己是否有向善的主观愿望两方面的原因所造成的。孟子与告子的分歧，其实质是两人讲的是不同的“性”。告子说的是人的本能，人人皆然，无所谓善恶，这本来也不能说就是错的。但是，告子的失误在于仅仅把人的本能当作人性，这就使得人与动物没有区别了。而孟子强调的人之所以为人的“性”，即“人之所以异于禽兽”的“人性”，其主要的标志就在于人有道德意识，也就是有仁义之心。孟子关于“人性本善”的命题，肯定了人类道德生活的可能性和重要性，揭示了人类与动物之间的根本区别之所在，这是有积极意义的，对推动中国古代伦理学的发展有很大的作用。在后世中国思想发展过程中，关于人性的问题，基本上都是围绕着孟子提出的观点展开的。但是，孟子对“人性本善”的论证是有漏洞的，因为他实际上没有讲清人之所以会有恶的真正原因，他只讲受外界的影响，但外界的这个恶（最原初的恶）又究竟是从哪里来的呢？正因为存在这一缺陷，所以后来又有荀子“人性本恶”命题的出现。

荀子与孟子截然相反，提出了“人性本恶”的观点。他认为，人性就是与生俱来的、质朴的一种自然和本能的属性，这种属性所遵循的是趋利避害、好逸恶劳的原则，所以人性是本恶的。人之所以能“善”，只是后天教化和学习的结果，这就是“伪”，即通过人为来陶冶人的性和情、“化性起伪”的结果。“伪”的标准是“圣人”制定的“礼义法度”。这又延伸出荀子对教育和学习的重视。他认为，学习对人是至关重要的，教育决定了人后天的成长，知识和德行修养是通过积累而形成的。荀子的“性恶”论认为，道德是人创造的，强调人必须自觉地用现实社会秩序规范来努力改造自己，这是可取的。但他的理论也有不足之处。首先，荀子和告子一样，不仅没有把人性作为人区别于动物的本质特征，反而把人性作为人与动物等同的规定性，他所说的人性实际是人作为动物的本能，但人之为人，恰恰不在于他的生物性而在于他的社会性。第二，荀子一方面说“性出于天”，另一方面又说“人性本恶”，这里他无法解决的一个问题是，这个产生人性的自然（“天”），究竟是善的还是恶的？第三，荀子强调“化性起伪”的改造，但是对这种恶的自然（“性”）的改造如何成为可能？荀子认为这是由于人有心知，人的“心”能“知”礼义，于是便能节制欲望，通过心知然后再积学而成“伪”，但接下来的问题是“心”何以能知“礼义”？荀子也没有解决这个问题。

秦汉以下的儒者中，出现了董仲舒的“性三品”说、扬雄的“性善恶混”说，但就对人性问题讨论的深度而言，他们都没有超过先秦的孟、荀。进入中唐以后，随着理学思潮的逐步兴起，为儒家所重视的人性问题重新凸显了出来，韩愈、李翱发其端，至北宋的周敦颐、邵雍、张载等，都对人性问题有所涉及，其中成就较高的当数张载和二程兄弟。张载试图解决历史上关于人性善恶问题的争论，提出了“天地之性”与“气质之性”，前者由天道而来，是普遍的、绝对的道德本体，它是善的根源；后者由气化而来，指本能、素质等感性存在，因为人生而有形体，故有气质之性，天地之性就寓于其中，又由于人之气质有清浊、厚薄等差异，所以气质之性有善有恶。二程兄弟在张载理论的基础上，进一步从哲学本体论层面完善了儒家的人性理论。

与张载一样，二程也主张人性是分为不同层次的，但他们的区分，较之张载更为具体。首先，二程有物性与人性的区分。所谓物性，就是“五行之性”，这是生物所共有的。人作为动物，自然也有“五行之性”，那就是人的自然本能、本性。但人之为人，主要不在于他的动物性，而在于他的社会性，所以就人而言，又人人具有仁、义、礼、智、信的“五常之性”。人的“五常之性”，也就是人的社会本性，认为它们是人所固有的，也是人区别于其他生物的标志之所在。就性的禀受和本原而言，二程又有“生之谓性”与“天命之谓性”的区分。在讨论这两个命题时，二程引入了“气”的观念，他们有一段著名的话：“论性不论气，不备；论气不论性，不明。”按照二程的观点，“性即理也”，性即是道德理性。但他们必须要解决的一个问题是，道德理性是纯粹抽象的，如果离开了感性存在，道德理性就无法真正说清楚。所以，他们必须要引进张载说过的“气质之性”。在二程看来，传统的性善论把恶归之于外在的后天环境影响，这缺乏本体论依据，他们之所以引进“气”的概念，实质上就是为恶提供本体论的依据。所以他首先肯定告子的“生之谓性”，并把它与“气”联系起来，而“生之谓性”的“性”，就可落实到“气禀”上面。以“气禀”为前提，进而提出善恶是“气禀”所表现出来的必然趋势，善固然是性，但恶也不能说不是性。换言之，恶不完全是后天决定的，善性是性，恶性也是性；正如清水是水，浊水也是水一样。但是，就作为“理”之体现的本然之性，并没有善恶的对立，但人的本然之性不离“气禀”而存在，即没有生命也就谈不上“性”；而当人出生后可以说“性”时，便已不单是人的本然之性了，而是兼有了“气禀”之性。孟子所说的“人性本善”没错，但这只是指人的本然之性，没有涉及“气禀”之性。以水为喻，水流有清浊不同，清浊也有程度不同，但这不影响它们是水的性质；同样，性之流行和发用有善恶之别，但这不影响善恶是性；关键在于，“元初水”是清的，当澄清浊水时，不是将清水来换浊水，而是把浊水沉淀去污还原为“元初水”；所以性之本也是善的。这样就首先肯定了性之源头只善不恶，而是本善的性在流行、发用过程中，由于“气禀”而出现恶。当然，并不是说凡“气禀”都是恶，但却必须说恶是由于“气禀”之故。本然之性纯善不恶，恶由“气禀”使然；个人虽可修治“气禀”，去浊而扬清，但不能对本然之性有所加或有所损，修治的结果只是显现出性之本然而已。所以，在二程看来，历代讨论人性问题的儒者，都存在着不足，孟子是“论性不论气”，其不足在于“不备”，即不完整；而其他儒者则是“论气不论性”，其不足在于“不明”，即没说清楚。显然，后者的问题更大。而他们关于人性的理论，则两者兼备，且又通过突出“性之本”或曰“天命之性”而坚持了“人性本善”观点，因此从理论上回答了长期没能解决的人性善恶的问题。当然，二程实际上是在坚持孟子性善论的同时，修正了孟子的观点。

四

宋代的理学，自南宋后期开始受到了官方统治者的重视，摆脱了从其出现以来就受压制的局面，逐渐开始登上统治思想的“宝座”。从元朝后期开始，程朱理学被定为科举考试的标准答案，明、清两朝维持不变，一直到科举制度被取消。理学自成为统治学说之后，其性质也就发生了异化。就作为官方哲学而言，理学支配着中国封建社会后期的整个意识形态领域，其影响渗透到政治、经济、文化各个层面。同时，它的辐射面还远播海外，影响到整个东亚文化圈，如李朝时代的朝鲜、德川幕府时代的日本，程朱理学都是那里正统思想的代表，并拥有举足轻重的地位。

自“五四”新文化运动以后，人们谈起宋代理学，往往会产生许多误解，不求甚解、人云亦云的现象十分普遍。这主要表现在：

首先，理学往往总是与僵化的八股“道学先生”联系在一起，鲁迅先生的文学作品更为这种形象做了极为生动的描述。但是，事实上宋代理学并不完全是这么回事。反之，宋代理学思潮最明显的一个特征，恰恰在于它具有强烈的思想解放的色彩。具体说来就是，它富于怀疑精神和批判精神，即对早已被汉代以后的封建统治者神化了的儒家“圣经贤传”的怀疑，以及对被汉代以后历代统治者规定为儒经标准解释的笺注疏义的批判。这种怀疑和批判，就其实质性而言，是一场深刻的思想解放运动。从西汉中期至北宋初期，学者治经，恪守传统的章句训诂之学而不移，同守所谓“师法”和“家法”，只能在前人划定的规矩中思考，不敢越雷池一步，正如韩愈所说的“曾经圣人手，议论安敢到”！经、传、注、疏、注疏的注疏，形成了一个可怕的怪圈，而“传不背经，疏不破注”又是既定的治学原则。这种繁琐的章句训诂注疏之学，不仅仅使儒学在当时佛、道学说的挑战面前显得虚弱无力，更为重要的是它严重地束缚了读书人的思想和创造力，所谓“皓首穷经，愈博而愈不知其要”。要想使得思想学术有所发展，就必须打破这个怪圈。北宋理学思潮的出现，正是从解放思想这一点上下手，力图改变“万马齐喑”的格局。当庆历之际，一批忧国伤时的士大夫在寻觅“济世”良方的同时，在思想学术上也提出了必须要树立独立思考、不盲从的学风。他们努力摆脱汉唐儒生章句训诂注疏的羁绊，凭己意自由地解释儒经，注重儒经中所谓“义理”的阐发，进而讲求微言大义和身心性命之理。这种新的学风在当时来说是充满革新精神的，因此显示出了强大的生命力，很快就成为整个学术界的普遍的思想取向。正是在这样一场思想解放运动中，义理之学包括性理之学才可能脱颖而出，成为时代精神的代表，独领风骚数百年。理学最终的僵化，是明代以“八股文”取士以后才出现的，与宋代初兴的理学不是一回事。

其次，也是更严重的误解，即认为宋代理学就是讲“禁欲主义”，完全可以用“存天理，去人欲”“饿死事小，失节事大”和清儒戴震批评的“以理杀人”三句话来一言以蔽之。这不仅把后世封建统治者利用理学来为自己的统治服务，与宋代理学家探讨学理问题混淆在一起，而且对理学家讨论的命题本身也做了极其肤浅甚至不负责任的曲解。因此，这里有必要稍作辨析。

先说“存天理，去人欲”，这实际是一个道德哲学的命题。根据道德哲学的学理，在人的伦理生活的实际中，人的内心常常交织着道德意识与感性情欲的冲突，义务论伦理学认为，道德的基本特征是要求在意识活动中用道德理性限制、压制个体的利己情欲。德国的著名哲学家康德在其《实践理性批判》一书中提出：作为指导人们行为的社会普遍道德原则必须是理性的原则，而不能是感性经验和欲望的原则，因为基于感性欲望的原则只能引向快乐主义。尽管后者可能会是某人的做人原则，但这决不能成为社会的普遍原则。康德举了一个著名的例子：一个人为了满足自己的私欲，借了别人的钱不还；但“借钱不还”只能成为此人的做人原则，而决不能成为社会的普遍原则，因为假如“借钱不还”成为社会的普遍原则，那么这个社会就不会存在借钱给人的经验事实。换言之，假如“借钱不还”成为社会的普遍原则，那就等于抽去了“借钱”这件事的本体论依据。大家知道，以“理”节“欲”，这本是自孔子以来儒家的固有思想，宋儒对儒家的这一思想不仅继承而且大大发展了。这一思想的实质，就是要强调提高人的道德自觉，努力使道德意识最大限度地支配人的行为。“存天理，去人欲”的命题，其中的“天理”是指社会普遍道德原则，“人欲”则指超出合理界限的人的私欲（即与道德原则相冲突的感性欲望）；命题所要强调的，实际是作为社会普遍道德原则的只能是“天理”而不能是“人欲”。这一点，如果限于道德哲学学理的一般纯粹性的话，那无疑是可以成立的。所以，问题不在于理学家提出了“存天理，去人欲”，而在于后来的统治者利用了这一命题中对自己有利的一面，而抹杀了其作为社会普遍原则的一面，并把自己当作“天理”的化身，强调被统治者的义务而剥夺其权利。实际上，理学家这一命题的提出，是具有普遍意义的，它针对任何人都是有效的，而且首先是针对统治者而言的。正如已故的哲学史专家张恒寿先生指出的：

存天理，去人欲说，从普遍意义上讲，是修身立德之通则，可以适用于任何人，但从施行程序及社会效果方面讲，则是专对政治上的统率者而指出的。(《中国社会与思想文化》，人民出版社 1989 年版，第 263 页。)

所以，我们应该区分理学家的立论意向，与后世封建统治者的实际行为之间的区别。当然，我们也不否认，理学家的这一命题，虽然没有一概排斥人的自然欲望，但其总的倾向是强调把个人的欲望尽可能减低，以服从社会的道德要求，而当时的社会道德要求恰恰是遵循封建的等级制度，客观上为后世统治者所利用提供了方便。这才是应该指出的理学家理论的不足之处。

再来看由程颐提出的“饿死事小，失节事大”这个命题。小程是在回答其弟子提问时说这句话的：

又问：“或有孤孀贫穷无托者，可再嫁否？”曰：“只是后世怕寒饿死，故有是说。然饿死事极小，失节事极大。”(《二程集》第 301 页)

小程的这句话实际是从孟子的“舍生取义”的一般原理中引申出来的。就小程所针对的具体内容而言，此话在今天看来诚有过当之处，但就“饿死事小，失节事大”这个命题本身而言，则“节”并不专指妇女的贞节，也可指气节、节义等道德操守。

我们知道，“节”或“义”是可以有层次的，其代表的原则体系中也有高下主次之别，一般说来，并不绝对要求人在生命欲望与每一道德原则相冲突时都选择后者。然而，从学理形式的纯粹性来说，只能强调原则本身，而不能强调其高下主次之分。如果强调原则的高下主次之分，确认某些“节”当舍生、某些“节”不当舍生，势必会造成人们寻找借口而不履行道德义务。“饿死事小，失节事大”正是作为一条普遍原则来强调的。所以，问题也不在于程颐提出了“饿死事小，失节事大”的命题，而在于如何理解这一命题。

应该说，这个命题不是没有缺陷，但绝不是“禁欲主义”的。这一命题的缺陷在于，由于命题本身突出强调了学理形式上的纯粹性，就势必会隐含着否认原则有高下主次之分的危险，甚至还会把道德的最高标准与最低标准之间的区别性抹杀了，把本来作为理想形态的最高标准，当作人人必须遵循的最低标准强加于每一个人。宋代理学家主观上希望人人都能成为“圣贤”，但许多人实际做不到或根本就不想做，于是就会出现大量的“假道学”，嘴上一套，行为又是另一套，这是哲学唯理论所固有的一种缺陷。这一缺陷除了会给一般人造成较大的道德心理负担之外，更有可能会被统治者所利用，把原本正常的道德规范，变成一种片面强调义务而不讲权利的压迫手段，正常道德规范由此而异化成为僵硬的教条。

明清时期的统治者，确立程朱理学为官方哲学，这一隐含的危险就逐步化为了现实，于是就出现了戴震所指出的“以理杀人”的现象。但是，我们并不能因此就把这个责任完全套到宋代理学家头上去，更不应该把讲“理”的哲学家简单地说成是杀人者。

梦溪笔谈
宋代科技水平

对于科学史家来说，唐代却不如后来宋代那么有意义。这两个朝代的气氛完全不同。唐代是人文主义的，而宋代则较重于科学技术方面……每当人们在中国的文献中查考任何一种具体的科技史料时，往往会发现它的主焦点就在宋代。不管在应用科学方面或在纯粹科学方面都是如此。

——李约瑟《中国科学技术史》

中国旧时的历史学家，他们在研究历史时，往往把注意力过多地集中在政治方面，以为经济属较次要的地位，而能够重视文化的人就更少了，至于能考察历史上科学技术进步者，则实属凤毛麟角。这当然与中国传统文化的特点有关。实际上，今天许多人都知道，科学技术不仅属于社会生产力的一个主要组成部分，而且从人类认知能力方面来看，科学技术又属于人类文化中的一个主要组成部分。因此，科学技术的进步，必然会给历史进程以深刻的影响。马克思在《资本论》中曾指出："工艺学会把人对自然的能动关系，人类生活的直接生产过程暴露出来，因此也会把人类社会生活关系及从此生出的思想观念的直接生产过程暴露出来。"

中国自隋唐至两宋这近600多年间，就科学技术而言，真正发达的时期是在两宋而不在隋唐。相比较言，隋唐时期的人文文化堪称发达，而科学文化却黯然失色，人文与科技之间处在一个不平衡的状态之中。但在两宋时期，这两方面则处在一个比较平衡的状态中。《中国科学技术史》作者、英国著名的汉学家李约瑟博士曾对此作过比较，他认为："对于科学史家来说，唐代却不如后来宋代那么有意义。这两个朝代的气氛完全不同。唐代是人文主义的，而宋代则较重于科学技术方面。……每当人们在中国的文献中察考任何一种具体的科技史料时，往往会发现它的主焦点就在宋代。不管在应用科学方面或在纯粹科学方面都是如此。"应该承认，李约瑟的结论大致是符合当时历史实际的。

一

两宋时期，在整个社会经济、文化全面发展的推动之下，科学技术也得到了长足的进步。两宋的科技成就，不仅成为我国古代科学技术史上的一个高峰，而且在当时的世界范围内也居于领先地位。别的且不说，就对整个人类文明发展产生重大而深远影响的我国古代四大发明，其中的三项——活字印刷、火药、指南针，就是在两宋时期完成或开始应用的。

谈起印刷术、火药、指南针这三大发明，我们首先想引用两位中外大哲的看法。英国哲学家弗朗西斯·培根曾说过：

> 这三种发明将全世界事物的面貌和状态都改变了，从而又产生无数的变化。印刷术在文学，火药在战争，指南针在航海。历史上没有任何帝国、宗教或显赫人物，能比这三大发明对人类的事物有更大的影响力。我们现在很清楚地知道发明是来自中国的。

至于中国的大哲，我们想引一些反话，因为批评往往比表扬更有价值。鲁迅先生曾以调侃的语气说过：指南针在外国是用来航海的，在中国则用来相风水；火药在外国是用来做炸药、火器的，在中国则用来做烟花、爆竹；印刷术在外国是用来印科学文化书籍的，在中国则用来印《太上感应篇》之类的书籍。鲁迅先生的这番话曾被不少人用来说明这些伟大的发明在自己家乡的悲惨命运。实际究竟如何呢？在我们看来，首先，鲁迅先生说的是大实话；其次，鲁迅先生说的又是气话。他主要是针对他所处的那个时代而发的，也可以说是针对明清以来中国科学技术落后的现状而发的议论，这其中，含有很大成分的是“恨铁不成钢”“怒其不争”的意味。我们从历史的事实来看，这些发明对推动历史演进的作用还是显而易见的，至少在两宋时期是如此。

二

先来看印刷术。印刷术究竟是什么时候发明的，学术界历来有不同的说法，如“汉朝说”“东晋说”“六朝说”“隋朝说”“唐朝说”“五代说”“北宋说”等，但能被比较多的人接受的是“唐朝说”。不过，就是“唐代说”也有许多分歧，有人认为是初唐，即公元7世纪到8世纪初就出现了雕版印刷技术；也有人则认为，这一技术出现在中唐、晚唐。目前所知现存世界上最早的印刷品，是在韩国发现的8世纪初的唐印本《无垢净光大陀罗尼经》。雕版印刷技术从晚唐至北宋初有了很大的发展，现存英国伦敦的唐懿宗咸通九年（868年）王玠造《金刚经》，其雕版印刷技术已相当精美，卷首有扉画，刀法纯熟，印刷十分清晰。五代、北宋初，我国的雕版印刷技术在四川地区最为发达，后蜀时曾刻印《文选》和儒家的“九经”，北宋初也在那里刻印5000多卷的佛教《大藏经》(《开宝藏》，系我国首出的刊刻《大藏经》)，和太宗时编的《太平广记》等。

但是，雕版印刷技术有一个最大的缺陷，那就是每印一页就须刻一块板，费时费力费材料。尤其是遇到大部头的书籍，仅雕版就需大量时间，还要占用许多房屋来存放书版。而且，一般都是一次性使用，再版的机会很少，所以很浪费。因此，到了雕版印刷技术相当发达的北宋中期，就出现了活字印刷的尝试，据沈括《梦溪笔谈》卷十八中记载：

> 庆历中有布衣毕昇又为活板。其法用胶泥刻字。薄如钱唇，每字为一印，火烧令坚。先设一铁板，其上以松脂蜡和纸灰之类冒之。欲印，则以一铁范置铁板上，乃密布字印，满铁范为一板，持就火炀之，药稍熔，则以一平板按其面，则字平如砥。若止印三二本未为简易，若印数十百千本，则极为神速。常作二铁板，一板印刷，一已自

布字，此印者才毕，则第二板已具，更互用之，瞬息可就。每一字皆有数印，如“之”“也”等字，每字有二十余印，以备一板内有重复者。

毕昇用火烧硬的胶泥活字印，一个个胶着排列在铁板上印书，虽然非常原始简单，但却与现代通行的铅字排印的原理是一样的。毕昇发明的这套宝贵的印刷工具，后来为沈括的侄辈获得，但可惜的是，这些人只把它当作古董一样收藏起来，并没有把这一技术发扬光大。毕昇应该说是世界印刷史上发明活字印刷的开山人物，他比欧洲最先用活字印《圣经》的德国人谷腾堡早了400年。但当时的统治者对这种发明漠不关心，所以史书上根本不记载这件事，只是沈括知道此事的重要性，所以把它记录了下来。但就是沈括的记载，关于毕昇的事迹也相当模糊，甚至连其籍贯也没有交代，引起后世许多的猜测与争议。毕昇的发明虽有记录，但其所印书籍未能传世。不过他的思路、方法对后世的影响十分重大，以后逐渐出现陶活字、锡活字和铅活字，都是毕昇发明的延续和完善。目前所知，宋代以泥活字印书最可信者，是南宋时周必大于公元1193年（宋光宗绍熙四年）所印自著的《玉堂杂记》。到元代初期，王祯发明了轮盘拣字盘，说明活字印刷已经流行开来了。

印刷技术的提高，对宋代的历史产生了重大的影响。前面我们说过，两宋书籍和读书人比前代多出许多，这固然与宋朝统治者的“右文”政策有关，但印刷术（还应包括造纸术）这一物质基础却是不能忽视的。在中国上古的竹简木牍时代，书是十分稀罕的东西，这其中原因很多，但很重要的一点是“力不能传写”。如用竹简来书写，每简只能容纳40个字，一部

《左传》，如用竹简来写，就要4500多枚简。汉武帝时的东方朔上书，用了3000枚木牍，由两名大力士抬进宫去，汉武帝花了两个月的时间才读完，可计算下来不过12万字左右。所以，当时一个人读了几本书就算很了不起了。庄子形容惠施的学问曰："惠施多方，学富五车"，实际上"五车"书在今天看来，最多装满一书包而已。两汉开始，经学成为正宗的学问，那些士家大族的门阀之所以能垄断文化，最主要的一点就在于他们拥有经书，以后逐渐成为"累世经学"的文化世家和官宦世家，形成了所谓的"家学渊源"，这一情形可以说一直延续到隋唐时期。所以，印刷术的出现和不断完善，对文化普及的作用是决不能低估的，它是打破中世纪贵族垄断文化的最重要和最直接的物质手段之一。

三

第二来看火药。中国是火药和火器的故乡，最早的火药，是那些追求长生不死的道士们在炼制丹药时，无意之中配制出来的，所以它的名称就与"药"相连。由于这种"药"容易起火，故称"火药"。当然，既名之为"药"，它也有治病的功效，如辟湿气、治疮癣、治瘟疫等。但火药的功能，主要还在于它的燃烧和爆炸方面，即从鞭炮、烟花直到军事用途。

关于火药的发明，学术界也有多种说法。但一般认为，在唐代道教书籍《真元妙道要略》一书中，对火药的性能已经有了清晰的描述：当时的道士在硫磺伏火的实验中，认识到点燃硝石、硫磺、木炭的混合物，会产生剧烈的燃烧，他们还掌握了控制反应速度的手段，即懂得了如何控制爆炸。

把火药应用于战争即制造火器，大约是在唐宋之交。据说，公元904年，杨行密的军队围攻江西南昌时用了“飞火”，即把火药团点燃引信后用箭射出去。公元1000年，有个名叫唐福的人，制造出“火箭”“火球”“火蒺藜”等献给宋廷。在北宋中期曾公亮的《武经总要》中，记录了当时人们已经掌握了三种火药武器——“药烟球”“蒺藜火球”和“火炮”。

宋代的民族矛盾尖锐，战争时常发生，这促进了火药武器的发展，并使人们进一步认识到如何利用火药的爆炸性能。北宋末年，人们制造出了“霹雳炮”“震天雷”等爆炸力较强的武器。公元1126年，李纲就是用“霹雳炮”击退了金兵对汴京城的围攻。至于“震天雷”，则是一种铁火炮，其威力很大，据《金史》卷一一三记载：“火药发作，声如雷震，热力达半亩之上，人与牛皮皆碎迸无迹，甲铁皆透。”特别值得一提的是，在宋代已有管形火器出现。公元1132年，陈规守德安时用“长竹竿火枪二十余条”（《德安守御录》）。公元1259年，寿春府“造突火枪，以巨竹为筒，内安子窠，如烧放，焰绝，然后子窠发出，如炮声，远闻百五十余步”。（《宋史》卷一九七）。到元代时，就有了铜铸的火铳，中国历史博物馆珍藏的元朝至顺三年（1332年）铜火铳，是已发现的世界上最古老的铜炮。以上所提到的管状火器，也就是近代枪炮的最直接的前身。

在我国，火药除用于武器制造外，还应用于娱乐方面，主要就是烟花、爆竹、流星这些游艺。这方面也以两宋的记载为早。如《东京梦华录》中就提到在皇宫中放爆仗和烟火。《梦粱录》在这方面记载的更详细：“十二月有卖爆仗、成架烟火之类。”一直到解放前夕，我国民间还有在一二丈高的木架上施放的烟火。这种烟火与我们今天施放到空中的烟花不同，其时间可长达二三小时，其间可以出现各色灯火、流星、爆仗等，有时还有重重帷幕降下，出现亭台楼阁、飞禽走兽等布景。

火药和火器后来是通过蒙古大军先传到了阿拉伯地区，以后又传到了欧洲。而其真正的作用就是在那里产生的，即如马克思所说的：“火药把骑士阶层炸得粉碎”，首先是意大利的佛罗伦萨这个欧洲文艺复兴的策源地，以后英、法、德诸国，相继都开始了资本主义的历史过程。又过了几百年，就是这些西方人，用中国人发明的火药来侵略中国了。

四

第三就要说指南针了。中国人很早就发现了物质的磁性，《管子·地数》中记载：“上有慈石者，下有铜金。”当时把磁石叫作“慈石”，取如父母慈祥地抚摸儿女之意。正因为很早就对磁性有了认识，所以，指南针在我国的发明时间也较早，战国时期韩非子说过：“先王立司南以端朝夕。”“端朝夕”就是正四方的意思。“司南”大概可认为是指南针的老祖宗了。这以后，在两汉、六朝、隋唐的典籍中，都有关于“司南”的记载。但是，这些记载均未涉及人工磁化的问题，所以一般推测，当时的“司南”都以天然磁石为之。

在宋代，关于人工磁化的问题被解决了。《武经总要》前集卷十五中记载了制造“指南鱼”的内容：“以薄铁叶剪裁，长二寸，阔五分，首尾锐如鱼形，置炭火中烧之，候通赤，以铁钤钤鱼首出火，以尾正对子位（正北），蘸水盆中，没尾数分则止，以密器收之，用时置水碗于无风处，平放鱼在水面令浮，其首常南向午也。”这里所说的加热至通红，并沿南北方向放置铁片，是利用淬火相变和地球磁场的磁化作用，来提高磁性增加矫顽力。但是，这种磁化法获取的磁性还是较小，加之由于放在水中，稍有振荡即无法使用，所以其实用价值还不高。于是，不久又有了更新的东西出现——“指南针”。

沈括在其《梦溪笔谈》卷二十四“杂志一”中记载：当时有人以磁石磨铁针，这种磁化方法比利用地磁场淬火磁化不仅简便，而且磁化效果也好。另外，以针代片，不仅减少了退磁的麻烦，也提高了指向的精度。沈括曾实验过四种制造“指南针”的方法：把磁针横贯灯芯浮在水上、架在碗沿上、架在指甲上和用缕线悬挂起来，比较的结果，是“线悬”最有实用价值。特别值得一提的是，沈括还发现指南针“常微偏东，不全南”，也就是说，他发现了地磁偏角（即地磁子午线与地理子午线不重合，存在一个夹角）。据推算，当时沈括居住的长江中下游地区磁偏角仅三至四度，沈括能发现这个微小的偏角，很了不起。

以后，在南宋陈元靓的《事林广记》一书中，还介绍了当时民间流行很广的另外两种指南针装置，即木刻的指南鱼和指南龟。前者是把一块天然磁石塞进木鱼的腹中，让木鱼浮在水上指南；后者的原理与此相仿，它是在木龟的腹部下方挖一小穴，然后将它安装在竹钉上，使它能自由地旋转，当其静止的时候，就是南北指向。这后一种方法实际就是后来罗盘的先声，当然它还必须与方位盘配合起来。有关罗盘的最早记载，目前所知是在南宋，南宋曾三异在其《因话录》中将其称之为“罗经盘”。这种罗盘已经应用磁偏角的知识了，在方向盘的二十四向中，不仅有子午针（以磁针确定地磁南北极方向），还有子午丙壬的缝针（以日影确定的地理南北极方向），二者之间的夹角就是磁偏角。

把指南针与方位盘连为一体，根据指南针在方位盘上的位置做出精确的定向，这是指南针发展史上的一大飞跃。它发明以后，被广泛地运用于军事、生产、日常生活、地形测量等方面，而应用最广、作用最大的无疑当推航海。秦汉时期，我国虽已经与朝鲜、日本等有了海上往来，到隋唐时更与阿拉伯各国开展了海上贸易活动。但当时都还只能靠日月星辰来确定航向，如一旦遇到天气阴晦，便会束手无策，往往还要停船待晴。这种状况至少在唐代还是如此。但从两宋开始，这一情况得到了很大的改善。尤其是南宋时期，我国的海上交通得到迅速发展。南宋时期，福建的泉州、浙江的宁波、温州等地的航海业与造船业都相当发达。南宋的官方或民间，常常有庞大的船队往返于南太平洋和印度洋上，所以有“海上丝绸之路”之称，这不能不说与当时指南针技术的运用有很大关系。成书于北宋末年（1119 年）的朱彧《萍洲可谈》卷二中明确记载：“舟师识地理，夜则观星，昼则观日，阴晦则观指南针。”二十几年后的徐兢《宣和奉使高丽图经》中也有类似的记载：“唯视星斗前迈，若晦冥则用指南浮针，以揆南北。”由此来看，当时主要还是依靠日月星辰来导航，只是在特殊天气下才使用指南针，这说明指南针的使用还处在早期阶段。但到了南宋末和元初，人们已经不论阴晴都用指南针来导航了。

指南针的运用，使人们获得了全天候航行的能力，人类开始进入在茫茫大海上自由航行的新时代。从此，陆续开辟出了许多新的航线，缩短了航程。正是依靠指南针，才会出现明代的郑和七次下西洋及以后的哥伦布发现新大陆、麦哲伦环球航行。而我国的指南针大致也在元朝时由海路传到了阿拉伯，然后再传入欧洲。

五

在我们讲到两宋科学技术时，常常提到沈括及他的《梦溪笔谈》。沈括是我国古代著名的科学家，被李约瑟博士誉为“中国整部科学史中最卓越的人物”，而他的《梦溪笔谈》则是“中国科学史上的坐标”（《中国科学技术史》第一卷）。

沈括，字存中，钱塘人。青少年时代曾随做地方官的父亲（沈周）游历过四川、福建、河南、江苏等地。24 岁开始参加一些地方的行政工作。33 岁考中进士，入昭文馆参加编校图书的工作。他积极参与了王安石的变法，后因西夏战事不利而被贬官。晚年闲居润州，筑室名“梦溪园”，从事著述，直至病故。

沈括才华横溢，于学无所不窥。《宋史·沈括传》中说他“博学善文，于天文、方志、律历、音乐、医药、卜算，无所不通，皆有所论著”，这是实事求是的评价。沈括的著作，据《宋史·艺文志》所录多达 22 种，但亡佚颇多，今存仅《梦溪笔谈》二十六卷、《补笔谈》三卷、《续笔谈》一卷，《苏沈良方》十五卷,《孟子解》一卷,《长兴集》十九卷,《图画歌》一卷等。

《梦溪笔谈》是沈括晚年定居镇江，在“梦溪园”中将其一生的研究心得和所见所闻，以笔记的体裁写下的著作。此书的内容十分丰富，范围也甚广，涉及政治、经济、文化、科学技术，共有600余条。其中关于科学技术的内容占了三分之一，具体涉及数学、天文、历法、地质、气象、地理、物理、化学、生物、农业、水利、建筑、医学、药物学、动植物等方方面面，可谓是一部当时科学技术的百科全书。

在天文学方面，沈括曾主持司天监工作，力主在实测日、月、五星行度的基础上改进历法。他对五星运行轨迹和陨石坠落的情景，均做过翔实而生动的描述。为测验北极星与北极的真实距离，他设计出了能使北极星保持在视场之内的窥管，连续3个月，每晚观测3次，画出了200多幅图，得出北极星与北极的距离为3度略多的较科学的结论。他花了十多年的时间对“晷漏”（古代测日影以定时刻的仪器）进行观测研究，写成了《熙宁晷漏》这部著作，第一次推导出冬至日与夏至日的时间长度。此外，沈括还提出了在当时来说相当科学的历法、用实验方法演示月亮盈亏的现象等等。

在地质学方面，沈括曾对浙江的雁荡山、河北的太行山、陕西的延州等地进行了实地调查，提出了地形受流水侵蚀作用的理论。他曾明确指出，华北平原是由黄河等许多河流挟带大量泥沙冲积而成的，这是对冲积平原成因的最早的科学解释。他对古生物、地史、化石、地下水、矿物和矿床，特别是石油，都有重要的论述，其中关于石油性能、用途的记载，历来受到科学界的重视。

在物理学方面，沈括研究声学中的共振现象；研究光的直线传播、小孔成像、各种反光镜的成像、虹的成因；在磁学研究方面，他提出了地磁偏角的理论；在数学方面，沈括创造了“隙积术”和“会圆术”，前者是求有空隙的堆积体的体积，是高级等差级数求和问题的基础；后者是我国数学史上第一个由弦和矢的长度来求弧长的近似公式。

在地理学方面，沈括第一次采用二十四至的表示方法来绘制地图，打破了前人的八至方法，从而使地图的准确性有了很大的提高。

在药物学方面，沈括根据实物，对药物的名称做了大量证同辨异的工作，修正了前人的一些错误；他编撰的《苏沈良方》，在中国药学史上有相当的地位。

此外，沈括在农业、水利等方面亦有不少建树，这里就不一一列举了。

沈括之所以能够做出如此多的贡献，这与他的思想方法有着密切的关系。沈括具有朴素唯物主义的思想，他肯定物质及其规律的客观可知性，敢于冲破传统观念的束缚，强调实地调查和科学实验与实践，并能够尊重广大劳动人民的聪明才智。而这一点，也与当时思想界比较开放自由有一定的关系。所以，在两宋时期，许多哲学家，如张载、程颢、程颐、邵雍、朱熹等等，都比较重视自然科学的研究和发展。沈括只是其中更偏重于自然科学方面的一个学者罢了。

六

两宋时期的科学技术成就，决不仅仅是三大发明、沈括及其《梦溪笔谈》。

在天文学方面，北宋时期，从公元1010年至1106年的近百年间，进行过5次大规模的恒星位置观测工作。1010年，韩显符新制浑仪，观测“外官星位去斗、极度数”，这次测量以冬至点为起量点，所得数据为赤经，与传统的二十八宿距星为标准而测得示经差的方法是不同的。1034年，韩显符在杨惟德编撰《景祐乾象新书》时，做了第二次观测，在《宋史·天文志》中保存了这次测定二十八宿距星的成果。1049—1053年，周琮、于渊、舒易简等人铸铜仪，对周天星官做第三次观测，它包括了345个官距星的入宿和去极度。1078—1085年间的第四次观测，其结果由黄裳绘制成星图。1247年左右由王致远按黄裳原图刻石，这就是闻名世界的苏州石刻“天文图”。1102—1106年，姚舜辅等人又进行了第五次观测，这是最精确的一次。观测的结果见姚舜辅的“纪元历”，其度数给出了度以下的少（1/4）、半（1/2）、太（3/4）等值。其中，二十八宿距度误差绝对值平均仅有0.15度。得出如此精确的数据，在当时的条件下是很不容易的。沿用了300多年的唐代僧一行的观测数据，至此才为新的观测结果所取代。应该特别指出的是，僧一行虽从实测中发现了二十八宿距度古今不同，但未提出说明，而姚舜辅则明确提出了这些距度从古至今一直在变化，因而得出各个时代的“天道”是各不相同的。这既可谓科学的观测，亦可谓科学的论述。此外，在天文学与机械制造方面，差不多与沈括同时，北宋的苏颂有一部名著《新仪象法要》，其中记载了世界上首创的水动天文钟——“水运仪象台”，这也是一项了不起的创造。

在数学方面，两宋时期在中国古代以筹算为主要计算工具的传统数学的发展过程中，可谓是一个登峰造极的阶段，在许多方面都取得了极其辉煌的成就，这些成就都远远超过了同时代的欧洲。如高次方程的数值解法要比西方早了近 800 年，多元高次方程组解法和一次同余式的解法要早 500 余年，高次有限差分法要早 400 余年等等。贾宪、秦九韶、杨辉等数学家，也堪称中国数学发展史上的杰出代表。